冨田 弘著

板東俘虜収容所

日独戦争と在日ドイツ俘虜

冨田弘先生遺著刊行会編

法政大学出版局

編者まえがき

ここにまとめたのは、冨田弘先生が生前発表された、第一次世界大戦におけるドイツ人俘虜に関する研究の成果である。著者の急逝により資料研究の段階を越えることはかなわなかったが、この分野における先駆的研究であり、このような形で広く世に問うことは今後の研究の発展に大いに資するものである、と考える。

徳島県の板東俘虜収容所は、日本で最初にベートーベンの第九交響曲が演奏された所として語られることが多い。しかしそれは単に一つのエピソードに過ぎない。そこでは音楽会をはじめとする多彩な文化活動が行われていたのであり、さらに相互扶助の組織なども整備され、それ自体がひとつの完成した社会を形成していたのである。著者はここに強い関心を持った。研究方法は実証的で、一切の思弁性を排したものであるが、個人としてのテーマへの関心は、自らの生きた時代と社会に対する複雑な思いと密接に関わっている。戦時俘虜というある種の異常状況においてなお機能することを止めない知的・文化的関心の強さは、成り上がりの「経済大国」には及びもつかないヨーロッパ文化の底深さを教える。そこから「文化とは何であるか」という根源的な問いが、「非人間的であることに変わりない戦争という状況においても、なお人間であり続けることを可能にするような文化をわれわれは持っているか」という問いが生まれる。七十有余年前のドイツ人俘虜を見ながら、それに否と答えざるを得ない苛立ち、そのような俘虜の文化的水準に対して当時の日本人が素直に抱いた敬意に比して、第二次大戦時の日本人の傲慢な野蛮性を見る時の、悲しみと怒りと恥ずかしさの入り交じった思い、それが著者を動かしていた一つのモチーフである。
そしてドイツ人俘虜のそのような収容所生活を可能にしたのは、当時の日本政府のハーグ条約遵守の態度であったが、第二次大戦時のわが国は、敵・味方いずれの兵隊にも、そのような形で俘虜になることを許さなかった。その戦争に関わった者として著者は、将来への警告も含めて、社会と時代を見極めておきたいという思いに突き動かされていたのである。

編集にあたって編者が手を加えたところについては、編者注にそれを明記したが、それ以外は明らかな誤記・誤植を正すにとどめた。その際疑問の箇所についてはできる限り原資料にあたったが、確認できないものについては、発表時のテキストを尊重した。論文掲載順序は発表年順とは異なる。第一・第二章には全体像を概観するのに適した内容のものを、次に箇別の問題をあつかった論文を配置した。また第三章は、実際には八年間に五回に分けて発表されたものである。くわしくは、「初出一覧」を見られたい。

一九八八年八月三日に冨田先生が病により急死された後、（元）同僚、友人及び後輩が集まって、先生が最後の十年余情熱を傾け、心血を注いだドイツ人俘虜に関する研究を集大成して出版したいと相談した。ここにその希望が実現し、まことに喜びに耐えない。これも多くの方々のご援助・ご協力のおかげである。まず第一に、著者を識る多くの方々の資金面でのご協力がなければ、この出版はとてもかなわなかったであろう。鳴門市ドイツ館の宮本豊館長はじめ職員の方々には、資料の確認、図版の撮影の際に労を惜しまずご協力いただいた。また鳴門教育大学には、昭和六十二・六十三年度文部省特定研究報告書の『『板東俘虜収容所』研究』に収録された著者の講演の転載を快くご許可いただいた。そして大変地味な研究にも関わらず出版を引き受けていただき、さらに編集にあたっては細部にわたりご助言をいただいた法政大学出版局の稲義人・平川俊彦両氏にも御礼申し上げたい。また同出版局との仲介をしていただいた、京都府立医科大学の山本尤氏にも心より感謝しなければならない。

一九九一年八月三日

冨田弘先生遺著刊行会

初出一覧

一　第一次大戦と板東俘虜収容所
　　昭和六二年一一月二六日、鳴門教育大学社会系教育講座・芸術系教育講座（音楽）主催講演会講演記録。昭和六二・六三年度文部省特定研究報告書「『板東俘虜収容所』研究」、一九九〇年三月。

二　日独戦争と在日ドイツ俘虜
　　「日独戦争と在日ドイツ俘虜——資料紹介」豊橋技術科学大学人文科学紀要『雲雀野』第一号、一九七九年。

三　『ディ・バラッケ』——板東俘虜収容所新聞
　　「„Die Baracke" 板東俘虜収容所新聞——資料紹介一」（本書八〇頁—一一〇頁）愛知県立大学十周年記念論集、一九七五年。

　　「„Die Baracke" 板東俘虜収容所新聞——資料紹介二」（本書一一〇頁—一四五頁）愛知県立大学外国語学部紀要第一〇号、一九七七年。

　　「„Die Baracke" 板東俘虜収容所新聞——資料紹介三」（本書一四五頁—一七六頁）愛知県立大学外国語学部紀要第一一号、一九七八年。

　　「„Die Baracke" 板東俘虜収容所新聞——資料紹介四」（本書一七七頁—一九八頁）豊橋技術科学大学人文・社会工学系紀要『雲雀野』第四号、一九八二年。

四　「„Die Baracke“ 板東俘虜収容所新聞——資料紹介五」（本書一九八頁—二一五頁）　豊橋技術科学大学人文・社会工学系紀要『雲雀野』第五号、一九八三年。

『陣営の火』——松山俘虜収容所新聞
「『陣営の火』松山俘虜収容所新聞——日独戦争と在日ドイツ俘虜（資料紹介）」　豊橋技術科学大学人文科学紀要『雲雀野』第二号、一九八〇年。

五　青島のドイツ軍と海兵大隊
「日独戦争と在日ドイツ俘虜——青島のドイツ軍と海兵大隊（資料紹介）」　豊橋技術科学大学人文・社会工学系紀要『雲雀野』第六号、一九八四年。

六　俘虜の逃走と懲罰
「俘虜の逃走と懲罰——日独戦争と在日ドイツ俘虜（資料紹介）」　豊橋技術科学大学人文・社会工学系紀要『雲雀野』第八号、一九八六年。

付　板東俘虜収容所案内書
「板東俘虜収容所　案内書・日本」「日独戦争と在日ドイツ俘虜——資料紹介」添付資料、豊橋技術科学大学人文科学紀要『雲雀野』第一号、一九七九年。

目次

一　第一次大戦と板東俘虜収容所

ここに収めたのは、著者が、一九八七（昭和六二）年一一月二六日に鳴門教育大学学校教育研究センター多目的教室で行なった「第一次世界大戦における在日ドイツ人俘虜——板東俘虜収容所新聞『バラッケ』の分析を通して」と題する講演である。

講演はその後、鳴門教育大学学校教育学部社会系教育講座の白樫三四郎教授を中心にビデオ録画より起こされ、同講座および同大学芸術系教育講座（音楽）によってまとめられた『板東俘虜収容所』研究」（昭和六二・六三年度文部省特定研究報告書）の第一章として発表された。鳴門教育大学のご厚意を得てここに転載できたことに、厚く謝意を表するものである。

なお、講演は忠実に文章化された上に、「そのままではわかりにくい部分については、原文の文脈に照らして最小限度の変更」が加えられ、また「必要に応じて見出しを付け」るなど、周到に調整・補完されている。（　）内に示されたのは、その際に施された追加・修正・注記などである。したがって、今回の転載に当たっては、用字・句読点などのわずかな調整ですませることができた。

（編者記す）

板東俘虜収容所

「鳴門市ドイツ館」というまだ博物館法の適用は受けてないかも知れませんが、ある時期に敵国の俘虜がいたというのでそれを記念する会館、建物が建っている。おそらくこういう現象は世界でもひとつではないかと思います。敵国の俘虜、ある一時期を過ごした俘虜を記念する会館があるなどというのは、全世界調べたわけではありませんけれども、まことに珍しい現象だと思います。

いま「俘虜」と申しましたが、公式名称では「俘虜」、第二次大戦（一九三九年〈昭和一四〉―一九四五年〈昭和二〇〉）中も公式用語では「俘虜」ということばを使っているはずです。漢和辞典で調べてみますと、俘虜の「俘」とは「敵国の兵、敵兵を殺さずに生かしたままとらえておくこと」で、「捕虜」ということばですと、ただ「捕まえる」という動作的意味だけが残ります。つまり「俘虜」には（敵兵を）幽閉、拘禁、収容所に入れておいた状態……そこまで入ってくるのではないかと推測をしております。したがって公式には「板東俘虜収容所」。同じく第一次大戦（一九一四年〈大正三〉―一九一八年〈大正七〉）の末期ですと、全国の六カ所にまとめられておりました。そのうちのひとつ名古屋俘虜収容所。これもまあ偶然ですけれども、わたくしの通っておりました（旧制）中学が手狭になりまして、引っ越しをいたしました。日中戦争（一九三一年〈昭和六〉―一九四五年〈昭和二〇〉）のさなか建物ができまして、わたくしどもは新築の建物へ入りました。その敷地はかつて名古屋俘虜収容所のあった場所でございます。その向かい側には旧陸軍墓地がありまして、しょっちゅう出入りしておりました。中学生の頃は気がつきませんでした。せいぜい、日露戦争（一九〇四年〈明治三七〉―一九〇五年〈明治三八〉）の英雄、橘軍神なる人物のお墓があるというのを確認したまででした。

さて（第二次大）戦後、名古屋市は都市計画に従って、市内のお寺の墓地を一カ所に集め平和公園としております。そこに旧陸軍墓地の墓碑も集まっております。あるときそこを訪ねたことがございます。死亡した俘虜一名につき一基の墓石をみごとに建てて、何年何月何日生まれ、何年何月何日死亡もわかります。さらに全体を石のくさりで囲い、中央に大きな石で記念碑が造られています。死亡者の大部分は大正七年（一九一八）に全世界を恐慌ないしパニックに陥れた例のインフルエンザ、通称スペイン風邪の猛威に命を落としております。

名古屋（俘虜）収容所は五〇〇名くらいの収容者です。板東（俘虜収容所）は一〇〇〇名を超える数の収容者がおりましたが、板東でのインフルエンザによる死者は大変少ないのです。わずか三名か四名だったと思います。名古屋の方は収容人員が半数であったにもかかわらず、（板東の）倍の死亡者が出ております。これは後ほど申し上げる健康保険組合ないしは板東俘虜収容所の組織、つまり俘虜同士間の相互援助組織がどうつくられていたかということと関係いたします。

第二次大戦で日本は（日独伊）三国同盟でドイツとは同盟国ですが、第一次大戦では日本は日英同盟のよしみで連合国に参加しております。したがって日本とドイツの関係は第一次大戦では敵国、第二次大戦では同盟国となります。これは日米関係も同じでありまして、第一次大戦は同盟国、第二次大戦は敵国であります。第二次大戦当時、われわれの世代でしたら鬼畜米英、それがいまや安保条約に基づくパートナーシップ、中曽根さん（首相：当時）をして言わしむれば「（日本はアメリカの）『不沈空母』である」ということになるのであります。国際関係というものの変転、これをこんなところからもうかがい知ることができると思います。

第一次大戦

第一次大戦に日本が参戦した理由はしごく簡単です。当時の帝国主義時代にあって日本は中国本土にできるかぎり、「教科書」関係のことばを使えば「進出」、異議申し立ての方のことばを使えば「侵略」しようとしたのであります。ヨーロッパ先進諸国が自国の戦争のことで精一杯の間に、いわば火事（場）泥（棒）を働いたようなものであります。

と言いますのも、日英同盟は軍事同盟ではありません。したがってイギリスがどこかの国と戦争したならば、日本は中立を守る、ないしイギリスの敵国を応援しない、つまりイギリスが参戦したからといって日本が自動的に参戦するわけではない、こういう制約が存したわけです。ところがやがてイギリスはアジアの方に手が回りかねるところから、日本に頼んできます。ドイツの軍艦が通商路を破壊するのをなんとか阻止してくれというわけです。これは虫のいい要求です。日本側はそこをつかまえてこういう回答をしております。外交文書によりますと、こんなふうに回答しております。

「それはできない相談だ。イギリスの船を撃沈しようとしているドイツの軍艦に向かって『そんなことはおよしなさい』と言って止まるものではない。無理に止めようと思うならば大砲を打たざるを得ない。打てばこれは戦争行為だ」と。しかし、このようなイギリスの要求をうまく利用する機会が日本に訪れました。

日本はドイツに対して、大正三年（一九一四）八月一五日に最後通牒を出します。要求は二点です。ひとつはドイツのアジア艦隊の武装解除、そしてもうひとつは中国・山東半島の青島《チンタオ》。そのチンタオおよびその付属した利権を――この表現が当時の日本の本音ないし布石を示しております――「中国に返還する目的をもって日本に渡せ」。大変まわりくどい表現です。「中国に返還せよ」というのなら大変話はわかりやすいのですけれども、どうして中国に返還する目的をもって日本に渡さなければならないのか。

実は同じ年の暮れ頃に出ました「対華二一か条要求（第二次大隈内閣の加藤高明外相から中華民国総統袁世凱に対してこの要求が出されたのは、大正四年〈一九一五〉一月一八日のことである）」を見ると、これと見事に連動しているわけです。と言いますのも、明治三一年〈一八九八〉に、当時の帝国主義国の常套手段ですが、たまたまドイツ人宣教師二人が殺された。たちまちドイツ軍は砲艦、大砲を載せた小型の艦艇でありますが、砲艦を差し向けての外交交渉で——まあ大砲で脅かしながら——、ドイツはチンタオの租借（借り入れ）および付属の石炭の炭鉱あるいは近辺の鉄道敷設権、そういうものを手に入れます。それまでチンタオというのは小さな漁港にすぎなかったのであります。それを十数年の間にドイツ側は商船隊やドイツ艦隊の基地にみごとに作り変えます。市街地もドイツ式の都市計画に従って立派な街とし、さらに港の背後の山々に砲台を備え、要塞とします。

チンタオ攻撃

参戦した日本軍はそのチンタオを攻撃するわけです。まあそこに入りますと長くなりますからなるべく簡略にいたしますが、ちょうど一〇年前には日本軍はあの旅順港の攻略戦をやっております。ついでのことですが、戦前の日本帝国は一八九四年（明治二七：日清戦争）、一九〇四年（明治三七：日露戦争）、一九一四年（大正三：対独宣戦布告、第一次大戦に参加）と正確に一〇年おきに宣戦を布告した公式の戦争をやってるわけです。

その一〇年前に日本軍は旅順攻略で大変苦労いたしました。日露戦争の戦死者のうちの三分の一は旅順港の死者であります。その一〇年前の教訓をいかしまして、このたびのチンタオ要塞の攻撃では五〇〇〇人の守備隊に対し日本軍は二万八〇〇〇の大軍を動員し、旅順港攻略の末期に用いた二八センチの榴弾砲を今度は最初から持って行きました。攻撃準備に二カ月あまりをかけます。（一九一四年〈大正三〉八月二三日宣戦布告。一〇月三一日総攻撃開始。大砲を一斉に揃えて要塞攻撃に移りました。ドイツ軍はかつての日本軍のように最後の一兵までは守りません。ドイツ側の戦死者は二九一名だったと思いますが、二九一名の戦死者を出し、水道の水源を壊され、主な砲台が破壊された段階でドイツ軍は降伏いたしました。

ただし、このあたりからドイツ式考え方と日本的考え方とが分かれてまいります。ドイツ軍の司令官兼総督であったワルデック大佐、この人は後に俘虜期間中に昇進して少将になりましたが、もし時間があればこのことも後で触れます。どうして俘虜である期間中に中尉が大尉になり、大佐が少将になりうるか。おそらく当時の日本人、日本の軍隊、日本政府には理解できなかったような現象だったろうと思います。

さて現地ドイツ軍はドイツ皇帝に向かって「最後の一兵となるまで戦わん」と電報を打っております。「がんばれよ」という返電がきます。総攻撃一週間。一一月七日にまた電報を打ちます。「戦いわれに利あらず。われ降伏す」と。「こらバカ。最後の一兵まで戦うと言ったではないか」などといった電報はよこしません。「よくやった」と。

もともと戦争全体からみれば（祖国ドイツから）遠く離れたアジアの小さな要塞ですから戦略的な意味をほとんど持ちません。日本軍にとりましても、別に慌てて攻略する必要もないくらいのところです。なんなら用意してじっと待っててもいいくらい。その方が一兵も損することなく……食糧の方が高くついたかもしれませんけれども……。

（ドイツ軍は）降伏いたします。陸軍省の資料によりますとむき出しのことばが使ってあります。捕獲総員……月の輪熊か何か捕獲したみたいですね。捕獲総員四七九一。このうち解放何名、逃亡……チンタオにいるうち一名おります。それから負傷して死んだ者もおります。それらを差し引きいたしまして四六〇〇余名を日本に送ります。チンタオに一人だけは残しました。はじめ五〇〇〇人くらいで守っていたうちの四六〇〇有余名です。ただし軍医とか衛生部員とかは俘虜にいたしませんで、すぐ解放しております。

当初は一二カ所に収容いたしました。日本におけるそうした俘虜の収容所といいますと、日露戦争のときが最初です。日露戦争のときに七万人あまりを収容いたしました。わたくしがおります豊橋にも収容所があったそうです。ただ日露戦争のときは収容期間が非常に短かった。さらに、これからいろいろ申し上げることと関連しておりますが、（日露戦争時の）ロシア兵は当時の日本人に対して伝えるべき内容というものを場合によっては（第一次大戦時の）ドイツ兵ほどは持っていなかった。それに期間が短かった。こういうことでありまして、割合印象は薄いんです。（ロシア人俘虜の収容所のうち）松山あたりですと負傷兵を収容して道後温泉で治療していたようです。戦傷の後遺症で亡くなった人もありますから、墓地にはロシア兵の墓標が何本か立っております。

ドイツ人俘虜の収容

（ドイツ人俘虜の収容所は）当初一二カ所、のちに六カ所に統合されました。日本ではある程度の数の俘虜を収容する場所としてすぐ間に合うところは、たいていお寺です。お寺の本堂を使いますと、しばらくの間収容できます。例えば名古屋ですと当初収容いたしましたのが東本願寺別院という大きなお寺です。このわたくしの子どもの頃は周囲に堀をめぐらし、石垣があって、警戒に大変便利なところでした。この（鳴門教育大学の）キャンパスも収容所とすれば、たいへんよさそうな所ですが——水路もありますし……（笑い）。そういうところに収容いたしておりましたが、戦争が長引くということがわかりますと、やはり転用施設では不自由です。名古屋の場合も陸軍用地を使いまして七メートル幅、長さ七〇メートルのバラック建て、真ん中に通路、両側に寝られるように、そして両端と真ん中に入口をつくる……、こういうバラックを造りました。これから申し上げる収容所新聞はこのバラックをその題名『バラッケ』にしているわけです。（ドイツ語の）「バラッケ」は英語の「バラック」と同じ意味ですから。

そうした収容所を全国に六カ所造りました。東の方から申し上げますと習志野《ならしの》、かつての陸軍演習場です。そこに同じくバラックを造りました。ひょっとしたら、わたくしも（太平洋）戦争中に寝泊まりした可能性があります。演習に連れて行かれて催涙ガスをまかれ、その後「防毒面をとれ」と言われ、涙をこぼした記憶があります。

次に名古屋。これもバラック収容所。習志野のバラック収容所には関東大震災（大正一二年〈一九二三〉）のときに迫害された朝鮮人を一時的に軍隊が集めまして、収容したこともあります。これは写真も残っております。習志野、名古屋。関西の方へ行きまして青野原。これは姫路のすこし北で、かつて姫路師団の練兵場・演習場があったところです。現在は自衛隊が演習場として使っております。

そして四国の松山、丸亀、徳島の三収容所。松山は三カ所のお寺と公会堂、丸亀は塩屋観音、海に近い方の本願寺の大きなお寺です。そこに収容しておりました。徳島はこれまた公会堂、旧県会議事堂の跡でしょうか。そういうところに収容していました。彼らを後に板東のバラック建てに収容したわけです。さらには大阪収容所を移して、広島湾の似島《にのしま》、江田島の隣にあります。軍隊の検疫所に使っていた場所だそうですが、その似島収容所。この他九州にありますのをまとめたのが久留米収容所。久留米も演習場に建てたバラックです。

（日本全体の収容所で）一番（収容人員）数が多かったのは久留米です。次が板東。ところが、かつて俘虜であった人に言わせますと、久留米収容所と板東収容所とは天地ほどの相違があったそうです。かつての俘虜のことばとしてドイツ側ののちの文献が伝えておりますが、久留米（俘虜収容所）のことを「日本のKZ」（KZ〈カー・ツェット〉とはナチ時代の強制収容所のこと）、板東（俘虜収容所）のことを「模範収容所」と名づけております。ただし、こういったことはかつての人が言っているだけで、（それを裏づける）いろんな証拠物件まではまだあがっておりません。板東（俘虜）収容所の諸条件は『バラッケ』だとか、その他彼ら自身が残した記録によってある程度確認することができます。しかしながら他の収容所、例えば似島や名古屋でも同じように新聞が発行されておりますが、残念ながらいまのところ見つかってありません。久留米（俘虜収容所）のスポーツおよび体育関係の新聞のようなものはライプチヒの図書館で見つけてコピーをもらいました。けれども、これは残念ながらサッカーの試合が何対何であったとか、サッカー場をどう使うかなどの限定された内容ですので、全体の雰囲気まではつかめません。そういう他の収容所との比較ができませんと板東の条件がどんなふうであったかということは本当は浮かび上がってまいりません。ただ大変な違い――かつての俘虜たちのことばにも出てくる――、それがどこから出てくるかもひとつの大きな問題です。

俘虜の取り扱いと国際法規

それからもうひとつ大きな問題は、第二次大戦において日本国が連合国側の俘虜を取り扱ったときの扱い方、さらに反対にわが日本軍の将兵が連合国側の俘虜になった場合、このふたつ、第二次大戦中の日本がかかわった場合と第一次大戦のそれとを比べてみますと、これまた大変な違いです。どうしてこんなふうになってしまったか。（第二次大戦後）B、C級の戦犯で絞首刑になった（日本）人をたくさん出しております。

一九一四年（大正三）の第一次大戦から一九四一年（昭和一六）の太平洋戦争までの間、わが国は軍事行動をたびたびやっております。シベリヤ出兵（一九一八年〈大正七〉―一九二二年〈大正一一〉）、山東出兵（第一次、第二次、第三次＝一九二七年〈昭和二〉―一九二八年〈昭和三〉）、さらに満州事変（一九三一年〈昭和六〉―）、支那事変（当初北支事変：一九三七年〈昭和一二〉―）、いわゆる日中一五年戦争（一九三一年〈昭和六〉―一九四五年〈昭和二〇〉）を含めまして軍事行動はたくさんやっております。しかし先ほど申し上げましたように、宣戦布告をした公式の戦争というのはしばらく途絶えております。

さらに日露戦争および第一次大戦のときの俘虜取り扱いのための国際法規と申しますのは一八九九年（明治三二）に調印され、わが国では少し遅れて批准されましたハーグ協定（陸戦条約）であります。一九二九年（昭和四）には第一次大戦の経験をもちまして、そのハーグ協定が改訂され「ジュネーヴ条約」ができております。わが国の代表団は（その国際会議に）出席し（その条約に）調印をし、帰国しております。しかし、その後国内措置である批准行為をしていないのであります。つまり、われわれの日本軍将兵にとって、「ジュネーヴ条約」は身分ないし生命の保証を求めるべき法的根拠を持っていないのであります。

このことは映画などにときどき出てまいります。日本が関係した事例ですと例の「戦場にかける橋」。あの中でイギリス軍の将校は労役に服さない。そのことがジュネーヴ協定に書いてあるからです。下士官・兵には労役を課していいんです。将校には労役を課さない。だから（俘虜であるイギリス軍将校は労役を）拒否すると言ってトタンぶきの小屋に放り込まれます。「指揮権をよこせば手伝ってやる」とその将校は言いますが、（日本軍収容所側はそれを拒否します。つまり）俘虜の将校と下士官・兵をひとまとめにして（将校の）指揮権を奪い、旧敵国の軍隊組織を破壊しようというわけです。これはまあ理解できます。

こちらが押えたんですから。「その指揮権をよこせば手伝ってやる」と言ってイギリス軍将校が早川雪洲扮するところの収容所長に対して頑張り通す場面があります。それからもうひとつ「大いなる幻影」（映画）。近くNHK教育テレビで日曜日にやってくれるそうですから、単にジャン・ギャバンを見ようというのではなく、ご覧になりますと俘虜の立場はどんなものかをよくご理解いただけると思います。

その第一次大戦から第二次大戦までの間に俘虜に対する取り扱い方およびその待遇の基本的な思想、反対に俘虜になる側から言いますと、日本の将校から下士官、兵卒に至るまで、俘虜になるなり方、俘虜になってからの心構えなど何も教えられてないのです。したがって、自国の軍隊の兵卒に対するような態度をとってしまう。ぶん殴ってしまうわけです。これは条約でいう虐待のうちに入ります。ときには久留米収容所所長真崎甚三郎《まざきじんざぶろう》、この名前はどこかでお聞きになったことがあると思います。のち二・二六事件（昭和一一年〈一九三六〉）のときには大将になっております。その真崎甚三郎所長が俘虜（の）将校をぶん殴っております。危うく国際問題になるところです。俘虜虐待なんです。

その間（第一次大戦と第二次大戦の間）に俘虜、敵国の将兵に対するわれわれ日本軍の態度が崩れてしまいます。なぜ崩れていくのか。理由がないわけではありません。先ほど申し上げました。第一次大戦、宣戦布告しております。第二次大戦、宣戦布告しております。その間たくさんの軍事行動をしております。例えばシベリヤ出兵（大正七年〈一九一八〉から数年間）。日本軍は他の連合国と合わせてシベリヤに兵を出します。宣戦は布告していません。入ってこられた方からみたら、日本軍の将兵もアメリカの将兵も同じです。いったい何者に見えるでしょう。単なる武装集団が自分の土地に押し入って来たわけです。（宣戦布告をしておりませんから日本軍将兵は）捕まえられた場合、同条約に基づく俘虜の待遇を要求する権利はまったくありません。

満州事変、日中戦争もまったく同じです。「国際条約に従って俘虜として扱え」。これはできません。宣戦布告なしの軍事行動、例えばベトナム戦争（一九六一年〈昭和三一〉—一九七三年〈昭和四八〉）あるいはソビエトのアフガニスタン侵攻（一九七九年〈昭和五四〉—）、この辺もお考え下されば結構です。ただし米軍の場合、ベトナム側の俘虜になった将校もたくさんおります。やがて帰ってまいります。俘虜であった自国の将兵が帰国した場合彼らに対する態度が欧米諸国とわが日本では大きく異なっております。日露戦争のときは日本軍が勝利しておりますから、どちらが俘虜が多いかはすぐおわかりでしょう。日本軍の方が俘虜は少ないわけです。取り残されたロシア兵七万人俘虜になります。

日本側はそれでもポーツマス条約（一九〇五年〈明治三八〉）に基づく俘虜交換によってその後二〇〇〇余名が帰ってまいります。最高位は連隊長・陸軍大佐が俘虜から帰ってまいります。われわれ少年時代に血わき肉おどる思いで読みました山中峯太郎（一八八五—一九六六）著すところの『敵中横断三百里』——と言ってもおわかりになる方はあまり多くはなさそうですが——。

（日露戦争当時）建川《たてかわ》（美次《よしつぐ》）中尉・騎兵が数名の部下を連れてロシア軍の情報収集と後方攪乱のために出動します。戦闘が目的ではありません。ところが敵の斥候と遭遇し、心ならずも戦闘に入ります。一名の兵卒が負傷して落馬。救出のいとまもありません。その兵は俘虜になります。沼田一等卒というのですが、ポーツマス条約に基づき、その後帰ってまいります。その兵卒に対して大日本帝国陸軍はちゃんと金《きん》鵄《し》勲章——これまたおわかりになる方が少なくなってきましたが——、功績のある者に対しては俘虜から帰ってきた場合、ちゃんと金鵄勲章を与えております。

ただ欧米と違うところは、帰ってきた将校——将校は職業軍人ですからちゃんと月給を受け取っており、被服・食費は自弁です——は、現職へ復帰していないんです。ただし処罰はしていません。日露戦争のときですよ。

処罰はしないけれども、陸軍側が一点だけ調べております。それは敵前逃亡であったかどうかということです。敵前逃亡、これは義務放棄ですから陸軍刑法でいうところのまさに死刑です。戦おうとするときに「わたしは怖いから」と言って逃げて行ってしまう……、これはだめですから、敵前逃亡か否かだけを調査しております。（敵前逃亡でないことが明らかになった段階で俘虜から）帰ってきた将校は依願退職という形で辞めております。これが日露戦争当時の日本軍が帰ってきた俘虜に対してとった扱いです。

日本軍将兵の俘虜

日本軍もやはり俘虜になっております。防衛庁が編集いたしました『太平洋戦史叢書』という百何巻かの大部な書物があります。その中の一冊には昭和一四年（一九三九）の旧満州とモンゴルの国境紛争、いわゆるノモンハン事件（あるいは事変）に関する記述がございます。ノモンハン事件で日本の陸軍は壊滅的大敗を被ります。このとき上等兵か伍長で参戦したのが田中（角栄）元首相だそうですが……。このような戦闘でパイロットは大変気の毒です。空中戦をやってる。くんずほぐれつの空中戦をやってる。飛行機がやられる。自分は落下傘で降りられます。その降りた場所が日本軍支配地域であれば無事生還です。そんなことは戦闘中のパイロットにはわかりません。

落下傘で降下した。それがモンゴルないしソビエト兵の支配地域であったとします。うわっと銃剣を突きつけられたら抵抗のいとまも、自決のひまもありません。何人かが俘虜になっております。これも停戦協定の後こちら側と俘虜交換をしております。交換をしておりますが、防衛庁の編集したその『戦史叢書』に何と書いてあるかと申しますと、たった一行「将校は自決」。パイロットの将校は自決です。いったい、いつからこんな考え方が始まってしまったのでしょうか。

もうすこし前にさかのぼりますと、昭和七年（一九三二）いわゆる満州事変当時の上海で日中間の武力衝突が起きました。歩兵大隊長久我少佐という人がやはり重傷を負って人事不省となります。ところが士官学校教官をしていた頃教えたことのある中国人留学生がたまたま相手側にいて、手厚い手当をしてくれます。その大隊長は停戦協定成立とともに帰ってきます。しかし、報告書をしたためた後、やはり自決をしております。そのあたりから俘虜になったときの待遇を要求できない条件のもとでの武力行動……、そこから俘虜になるな、俘虜になったら殺される、さらに俘虜になって戻ってくれば自決……（となったのでしょうか）。

したがいまして、正確にはわかりませんが、先ほど言いましたノモンハン事変なんかですと、捕まえられた日本軍人がそのまま国に帰らないケースは今回の（太平洋）戦争でも多分いくつかあると思います。大岡昇平のあの『俘虜記』（一九四八年〈昭和二三〉発表）をみれば、第二次大戦中のほぼ実際に近い状態がうかがわれます。もはや銃もない、もちろん弾薬も失って銃剣さえない、ふらふらの空腹で山野をさ迷っている状態はもはや戦力ではないんです。戦うべき状態ではけっしてありません。日本軍将兵の多くは飢え死にしていると思います。概算してみましてもフィリピン、ニューギニアおよびいくつかの島々そういうところだけ考えても、もし俘虜になることが許されていたならば、ざっと五〇万人は生き長らえることができたであろうと思われます。

もっと大きな観点から言いましたら、数年前にありましたイギリスとアルゼンチンのフォークランドをめぐる紛争（一九八二年〈昭和五七〉）。あそこでイギリス軍が苦労したのは戦闘が勝利した後、フォークランド島に収容したアルゼンチンの兵隊の俘虜の食糧をイギリスからどう運ぶかということでした。なんのことはない。（第二次大戦中、日本軍）五〇万人の大軍が米軍の俘虜になって（アメリカの）食糧を食いつぶした方が戦略的効果は大きかったはずです。

昭和一六年（一九四一）の戦陣訓「生きて虜囚の辱めを受けず」。これは単なる表現であって、それがあったからではなく、それまでに形成してきた「俘虜になるな」「俘虜になったら殺される」この考え方の表現にしかすぎないと思います。

なぜこういうことになるのだろう。反対にこの俘虜という現象はいったいどういう現象なのか。先ほど俘虜の「俘」の字の説明のところで申し上げましたが、敵を殺さずして生かしたままの状態でおくこと、古くは皆殺しをやっていたと思います。それが一九世紀の終わり頃になりまして、例のクリミヤ戦争（一八五三―一八五六年）を始まりとする赤十字の発想が起こります。怪我をすれば敵も味方もない。それにもうひとつ。最初の国際条約であるハーグ条約を読みますと「ああ、ヨーロッパ人同士の戦争を想定しているな」と思います。どうしてかと申しますと、俘虜の取り扱いのなかで、おそらく当時の日本人も判断に迷ったと思いますが「宣誓解放」という現象があります。

宣誓解放

どういうことかと言いますと、国内法が制定されていればという条件付きですが、例えば俘虜になったドイツ兵が「わたくしは神に誓ってこのたびの戦争に二度と参加いたしません」、こう誓うわけです。誓いますとその俘虜は解放されます。これ日本人にはわかりにくい発想だと思いますよ。そんな誓いをたてても、守ってくれるかどうかわからないではないか。違った神様に誓いをたてたんだったら、こういう条項は出てこないと思います。キリスト教の天にまします（われらの）神と天照大神、あるいはアラーの神ではやはり誓い方が違ってくると思います。あの条約は明らかにキリスト教同士、つまりヨーロッパないしアメリカ、つまり欧米諸国間の戦争を前提とした条約であろうと推測いたします。

宣誓解放。国内法で定めるべきことは定めて、宣誓解放をやった。(俘虜が解放されて）本国に帰ってくる。帰ってきたならばその同じ人物に二度と銃を持たせない。さらには軍事的な活動と密接にかかわる地位にもつかせない。これが（国内法に）規定されている必要があるわけです。もし国内法の規定があれば解放します。(このような）宣誓解放（のケース）はかなりあります。

大正何年でしたか、俘虜情報局というところから発行いたしました日本中の第一次大戦（将兵の）名簿があります。その名簿にはところどころすーっと線が引っぱってゴム印が押してあります。「宣誓解放」。また引っぱって「宣誓解放」。この現象というのは当時の日本政府はもとより、日本軍当局にはいっそう理解しにくかったことと思います。「もうわたくしは戦争に参加しません」と手をあげたからといって……。と申しますのは、これまたわれわれ自身の問題になりますが、われわれ日本人にとって「宣誓」ということがどれほどの拘束力をもつであろうか。いったいわれわれは何に対して宣誓をするのだろうか。われわれ日本人にとって「宣誓」とはいかなる意味を持つのであろうか。

これもひとつ日本的な考え方で留意すべき問題だと思います。ちょうど友だちが人事院におりましたので、各国の公務員になる場合に一体どのような宣誓をするのか、そちらなら資料があるだろうと依頼しました。関係資料を入手いたしております。裁判の場合の証言ですと、ちゃんと誓っているはずなのに例の有名な「記憶にございません」という返答になるわけですから、（日本人の場合の）宣誓は（欧米人のそれとは）まったく違った意味を持つのだろうと思います。

宣誓解放。これがあります。さらにこの他われわれとこのドイツ兵たちとの発想の違いを随所にみることができます。たまたまドイツ兵と申し上げましたが、チンタオにおりました相手方の軍隊はドイツ兵の他、若干のオーストリア・ハンガリー帝国、当時は帝国ですから、オーストリア・ハンガリー帝国将兵もおりました。オーストリア・ハンガリー帝国は多民族国家ですから、オーストリア人、ハンガリー人、チエコ人、場合によっては今日のユーゴスラヴィアから来た人もいました。

日本の収容所の中で問題を起こしているのは、この混成部隊のところが比較的多いのです。青野原の収容所には、オーストリア勢とドイツ勢とが混じりあっておりました。(それに対して) この板東収容所、したがってその前身である松山、丸亀、徳島の収容所は全員ドイツ帝国の将兵でした。これはある意味で民族的な問題が少なくてすむんです。ただし、若干の他民族・異民族が混っております。ドイツ系ユダヤ人、場合によってはポーランド系ユダヤ人、ポーランド人、そうした (ドイツ人にとっての) 雑多な種類の異民族が混じり込んでいまして、これがドイツ将兵との間にもめごとばかり起こしますので、分離収容所という形で小さな寺院に別に収容したわけです。

国　境

彼らは国境というものに対して、われわれ島国国民のとうてい思いもよらないような考え方をもっております。わたくしに言わせれば「場合によってはその線を断わりなくまたげば射殺されてもいたし方のない線」、これが国境だと思います。平和のときはいいんです。例のライン川をはさんでドイツとフランスがあり、そのライン川の橋のまん中が独仏の国境になっています。ドイツのおばあちゃんが買物ぶくろ下げてフランスに買物に行きます。フランスのおばちゃんがドイツの方へ買物に行きます。(橋の) まん中の検問所なんか、だいたいバスなんかにも乗ってきません。身分証明書をパッと出していれば、(係官は)

バスの横をすっと通って行くだけ。平和な時代（の話）です。オランダと西ドイツの国境ですと、道路のまん中です。国境をまたいで買物をするんだそうです。これは平和な時代ですから。

わが国にはそういうところはありません。（もっとも第二次大）戦前のサハリンの北緯五〇度には国境線がありました。ただし人もあまり行かないところです。昭和一三年（一九三八）に杉本良吉と岡田嘉子が手に手を取ってこの国境を越えてモスクワに亡命しておりますけれども、国境線という意識はわれわれにはまずないわけです。

しかも国境というものはときに情勢によって移動いたします。（わが国の）小学校（昭和五五年版、小六国語〈下〉教科書。光村出版、学校図書、日本書籍等各社）の教科書に入っていると思いますが、例の（アルフォンス・）ドーデの「最後の授業」（一八七三年に刊行された短編集「月曜物語」中に含まれる）。あくる日からドイツ語が国語になる。したがって村の学校の今日がフランス語による最後の授業。あのエルザス・ロートリンゲン（現仏領、アルザス・ロレーヌ）だけを考えてみましても、普仏戦争（独仏戦争とも。一八七〇年〈明治三〉―一八七一年〈明治四〉）でドイツ領。ドイツ語が国語になります。第一次大戦のときフランス領に戻ります。フランス語が国語になります。第二次大戦、ヒットラーが占領いたします。ドイツ語が国語になります。第二次大戦後フランス領に戻ります。今度またフランス語が国語です。一人の人間が生涯の間でドイツ語、フランス語が国語になったり、なくなったり……（というわけです）。

今日の東ドイツとポーランドの国境。オーデル川・ナイセ川というのが国境線になっておりますが、そのラインというのは、西ドイツのある雑誌が書いておりましたが、ほぼ一一世紀のゲルマン人とスラヴ人の勢力の境目だそうです。その時代にわれわれ（の先祖）が居たんだから国境をあの線にせよなどと要求したわけです。わが国でいえば坂上田村麻呂でしょうか。

国境線が移動いたします。それに伴ってそれまでわが土地であったドイツ人はもはや無一物。難民となって東ドイツへ。あるいは東ドイツを通過して西ドイツへと一千万単位の人口大移動が行なわれております。とうていわが国における（第二次大戦後の）朝鮮半島、旧満州、中国からの引揚者と比べものにならないくらいの数の（人口）移動、それに狭まった国土での再建活動をやっております。うっかりしますと、日本とドイツは第二次大戦で同じ敗戦国、しかし現在ですと、ドルに対して強い通貨は円とマルク、半ば冗談ですけれども第二次大戦どっちが勝ったんだろうなんて……。

第二次大戦後の日本とドイツ

日本、ドイツは現在そういう状態になっておりますけれども、敗戦直後両国は同じ敗戦国でも条件はずいぶん違っております。第一にドイツは国土全部が戦場になっております。よく豊橋でいわれます。豊橋の鉄橋を守るために豊橋の市民が銃を取って守った。（ドイツでは）各地がこういう状態だったのです。わが日本の場合、沖縄が戦場になりました。国土の一部です。（ドイツとは）被害の程度がずいぶん違います。

第二には、（敗戦後）直接、軍政となったかどうか。わが国の場合、間接的であった（占領軍による直接的軍政ではなかった）。少なくとも日本政府および日本の議会が存続しえた。（ドイツの場合）今日まで大いに響いている四カ国による分割占領。わが国の戦後処理の中には確かに分割占領案もありました。その地図も残っております。よく豊橋の学生に冗談を申します。あの（分割占領案の）とおりになっていたら、東北・北海道出身の学生さんは今ごろ旅券をもって留学生としてここに座ってることになりますよ……。ソビエトの占領地区、中国とイギリスの共同占領地区、アメリカの占領地区、フランスの占領地区……、こういうふうに分かれていたならば、おそらく第二次大戦の生み出した朝鮮半島、インドシナ、ドイツ等々の分裂国家の道を日本もたどったはずです。幸いわれわれは（それを）免れることができました。もうひとつ気候（気象）条件です。国土を荒され、食糧乏しく、燃料にすべき材料もない状態で、ドイツ人は一九四五年（昭和二〇）の冬越しをしなければなりません。おそらく豊橋や鳴門でしたら、わらであろうとボロであろうと、とにかくあるかぎりの物を身にまとっていればこの冬越しくらい多少ヒビ、アカギレを生ずるかも知れませんが、なんとかしのげます。（ドイツの場合冬は）マイナス二十数度、壊れた石造りの家屋か瓦礫の中ではとうていできない相談です。敗戦後の苦しみをわれわれとドイツで比較してみれば、やはりドイツ側の方が一枚も二枚も苦しいめに遭っております。

第一次大戦中のドイツ兵俘虜

さて本題に戻りまして、その収容された四千数百名が六カ所に分かれました。板東の（俘虜）収容所は三カ所から統合いたしました。松山、丸亀、徳島ですが、このうち、どこが一番条件がよかったかと申し上げれば、俘虜自身が書き残しているわけではありません。いろんな記述からまとめてみますと（一番条件のよかったのは）徳島（俘虜）収容所です。徳島収容所の所長は当時、松江（豊寿）中佐、この方は後に板東（俘虜）収容所所長・大佐になります。

松山と板東

松山の収容所。町の中にあります大輪寺。これは戦災で焼けまして、今は鉄筋コンクリートのお寺になっています。山越《やまごえ》地区と称する小さな川を隔てていくつかの寺町のようになっていますが、その山越地区の数カ寺に分けて収容されました。さらには当時の公会堂、松山市内ですけれども、ここに収容しています。後に板東に集まった、かつての松山組がよく「あの松山と比べれば……」とのことばを残しておりますが、（実際、松山俘虜収容所のくらしは）あまり楽ではなかった。

収容所には当然のことながら、国際条約から始まって国内法に基づく俘虜取り締まり規則あるいは陸軍省・海軍省の省令による規則ならびに細則、そういうルールがつくってあります。しかし、所長の判断にゆだねられる裁量権があります。これをどの程度運用するかによってずいぶん違ってまいります。例えば第一次大戦中というのは、ある意味からいいますと弱インフレの時代です。これも『バラッケ』の中に記述がありますが、（板東俘虜）収容所の製パン・製菓工場でケーキを作る場合、砂糖が何パーセント上がった、卵が何パーセント上がった……、二〇〇パーセント以上値上がりしています。そうしますと、お考えください。日本軍が収容者一人に対して一日三〇銭なら三〇銭と決めます。いっぺん決めた予算ですからそんなに動きません。一人三〇銭×下士官・兵卒の人数、これだけのカネは来ます。物価が上がります。（それまでと）同じ物は提供できないはずです。質か量かどちらか必ず落ちます。それをどう工夫するか。

板東でしたら、これも記述を残しております。残飯か何かでブタを飼います。ブタが今何頭になった、何頭つぶした、これを購入したとすればいくらいくらの節約になる……、ちゃんと計算して数字まで出しております。当然のことながら、そうした食事の材料ばかりでなく、炊く薪、当時は薪ですから、薪も値上がりしております。これだって、あてがいぶちで購入していたら薪の本数は減ってしまいます。板東の収容所長何をしたか。

土地の山持ちと相談いたしまして、一山買います。一山買って、幸い労力はあります。全員とはいかなかったようですが、薪を切りに行ったのです。薪切りという名目で、ひなたぼっこ、居眠り……とさぼってばかりの人もいたようですが、要するに木を切り倒し、それをさらに小さく割って、運搬が大変です。

板東の収容所の裏山のはるかかなたですから……。これは写真が残っております。(鳴門市)ドイツ館に展示してあります。(俘虜)全員がずらっと並びまして、まあ戦中をお過ごしの方は「バケツ・リレー」をお考えくだされぱいいですし、今の方は何と言えばおわかりでしょうね。要するに手渡しで次々と渡していくわけです。このやり方で束ねた薪を収容所まで運んでしまったのです。これも、いくらいくらの節約になったと計算しております。こういう工夫をやったところは食糧の一定の質・量以上をちゃんと保証できるわけです。値上がりした分だけ質か量を下げざるをえないところではどんどん低下していきます。こういう現象が起きてます。

労役

俘虜は労役につくことができます。ところが立地条件によって、仕事がある地域とない地域が出てきます。全体の統計を陸軍省が出しております。今その数字を持っておりませんが、日当は払います。日本人労働者の日当より安くていいんです。使用者からすれば安い労働力が使えるわけです。場合によっては専門職の労働者も使えるわけですから双方ともに有益なわけです。俘虜は俘虜でその稼いだ賃金を、いくつか回り道をしてでしょうが、自分の手元に移すことができたのです。一番の稼ぎ頭は先ほど言いました名古屋収容所。(名古屋俘虜収容所があったのは)まあ都心部ではありません。すこし離れておりました。しかし、その頃もう名古屋はある程度の工業が発達しておりましたから、(俘虜たちは)いろんな工場に働きに行っております。全国の収容所の中で一番の稼ぎ頭は名古屋の収容所です。一人頭平均を出してみましたら、ずいぶんな金額になりました。

そういう条件からいきますと、この板東——大正年間(一九一二—一九二六)のあの鳴門市大麻町板東桧（当時は徳島県板野郡大麻町板東）――辺りの地域を考えてみれば、あまり稼げるような場所はないはずです。後に申し上げることになると思いますが、牧畜・畜産、野菜栽培などいろんなことで（ドイツ人俘虜は）場合によってはお礼を受け取っていると思います。しかしそれほど稼げるわけではありません。

収容所とお金

「収容所とお金」これはわれわれ日本人にとって大変わかりにくい問題ですが、先ほどすこしふれましたように、ひとつは国際条約に従って日本軍であろうと、ドイツ軍であろうと、将校は月給を受け取っています。被服なんかは全部自弁です。国際条約にどう書かれているかと申しますと、「俘虜の将校は捕まえた国のそれに相当する階級の将校が受け取るのと等しい額の俸給を、捕まえた国の通貨で受け取る」ということになっています。もっと簡単にいえばドイツ将校が日本の俘虜になれば、仮にその人が大尉であれば日本陸軍の大尉の受け取るべき月給を日本円で受け取るわけです。戦争が終わった後、うちはおたくの将校にいくらいくら払った……と（相互に）貸借対照表で清算をいたします。こういう条項があります。ただし、ヴェルサイユ条約（一九一九年〈大正8〉）はそれを実行いたしませんでした。これもジュネーヴ条約を批准しなかった、ひとつの理由になると思います。

全体をまとめた陸軍省資料『俘虜取扱顚末』という非常に分厚い文献が陸軍省文書の中に残っております。その資料の中にどこか悔しそうな記述があります。「このたびの戦争で収容所に対して日本側は五百何十万の巨費、おそらく今では数千倍かそこらになると思いますが、そんな大金を使ったのに、これを回収できなかった」。まだ当時の日本は貧乏国ですから、「一方的に損をした」と悔しそうに書いております。先ほどの宣誓解放が理解しにくかったのと同じように、敵国の将校に対して自国の将校に支払うのと同額の月給を渡すということもまた日本側にとって大変理解しにくいことだったと思われます。

勤務の一形態

これまででふたつのことがわかります。最初の部分で申し上げましたチンタオの総司令官であり、総督であったワルデック大佐。この人が俘虜期間中に昇任して少将になっていきます。予備役ばかりを集めた第七中隊というのが板東へ大量に移動し、収容されています。その中隊長にブッターザック[二]という中尉がおります。この人も収容期間中に大尉になっております。この現象もおそらく日本側には理解できにくかったことであろうと思います。勤務してないじゃないか。日本側からみれば、おそらく勤務していない。いろんな条約なり彼らの言動からわたくしが判断いたしますと、欧米諸国の発想の中には「俘虜であるということは勤務の一形態」（ということがあるのではないか）。したがって、もしも条約なり協定なりによって（俘虜が）帰ってまいりましたときに、ひとつの（勤務）形態が終わったにすぎないわけです。

アメリカの将校を養成する学校で使っている『リーダーシップ』という本の日本語訳がつい数年前に出ましたので、買ってきて「あとがき」を読んでみました。それによると、〇〇中佐、〇〇大佐という人はヴェトナム戦争中は数年間俘虜であったことがわかります。そういう人がぱっと元の勤務に戻って、将校養成機関の教官になっているんです。（俘虜は）完全に勤務の一形態というわけです。したがって少しも恥ずかしいという気持ちは起きてこない。武運つたなく、戦闘力を失って、別の形の勤務をしているということです。日本側はこのことをうまく理解できませんから、（相手国の将校に対して）一〇〇パーセントの月給を支払っております。休職給としての六〇パーセントを支払っています。のちのジュネーヴ条約では一〇〇パーセント支払うという条項が入ったそうですが、これもアメリカがどうしたか、イギリスがどうしたかまで全部調べてみないと、はたして日本だけが休職給を渡したのかどうか確認できません。

日本側の将校もドイツ側の俘虜になっています。戦闘の結果ではありません。駐在武官が船で交代に行こうとしてハンブルクの港に着いたら、たまたま開戦になって俘虜になったというようなケースがあります。また船員で軍籍のある者、海軍の予備役になっているかも知れませんが、そういう人たちが幾人か俘虜になっております。これもそのうち、いろいろ資料が見つかるでしょう。

俘虜も勤務の一形態である。したがって昇任もある。ただし、日本側に伝達の必要がありません。捕まえた瞬間から日本側の権限の中に入ります。しかも本国政府は「中尉を大尉にした」というような通達を（日本側）に伝える義務を持ちません。だから「ブッターザック大尉殿」ときたのを「ブッターザック中尉」と、また「ワルデック少将殿」ときたのを「ワルデック大佐」とやってるわけです。日本側はブッターザック中尉のままにしておいて一向に構わないわけです。

第二次大戦中の日本軍俘虜

第二次大戦中日本の将兵もたくさん俘虜になっています。「俘虜になるな」との教えにもかかわらず、俘虜はたくさん生まれております。停戦ないし敗戦以前の俘虜は収容されたアメリカの収容所で自分の名前を捨てます。豊田穣という海軍パイロットが漂流中俘虜になって、後に小説家として自分の体験をもとにたくさんの作品を発表しています。それから真珠湾攻撃の特殊潜行艇（乗り組み）のうちの一人が俘虜になっております。あの当時新聞を見ましたら、「九軍神」とあります。どうして奇数なんだろうと思いました。実は一人が俘虜になっていたのです。

（俘虜となった人は）名前を捨てます。名前を捨てる、己れ自身の固有名詞を捨てるというのは、わたくしに言わせれば人間であることを辞めてしまうことです（自分の名前を捨てて、名前を変えます）。一番多いのは長谷川一夫だそうです。お若い方にはなじみがないかも知れません。長谷川一夫じゃない、まだその頃は林長次郎かな。その他大河内伝次郎、阪東妻三郎……、こういう名前も多いんだそうです。己れを己れでなくするということになります。日本軍将校は俘虜になった途端、己れを失います。本国へ帰り着こうという発想は出てきません。オーストラリアの収容所で暴動がありましたけれども、あれはむしろ自殺が目的です。脱走して本国へ帰り着こうという意図のものではありません。

第一次大戦ドイツ兵俘虜の脱走

（本国が）遠いからというわけではありません。チンタオで捕まった（ドイツ人）俘虜のうち何人かは脱走して八〇〇〇キロ離れたドイツまで帰ろうとしました。うち一名は無事に帰りついています。帰りついて再び西部戦線で戦ったという剛の者の陸軍中尉がおります。これもまだ細かい記録は見つかっておりません。日本側が出した手配書は見つかっております。先ほど申し上げましたが、チンタオですでに一名脱走しております。はるか八〇〇〇キロ離れた本国へ帰り着こうというのです。

反対を考えてください。アメリカの収容所から日本へ帰り着こうとした日本軍将兵はいただろうか。オーストラリアから船や飛行機を奪ってでも帰り着こうと思っただろうか。ひとつは俘虜であることが初めてであります。だから（収容所の中の自分の）存在を抹殺したくなります。名前を変えます。己れを捨てます。ここからもう違います。彼らは己れ自身をそのまま生かそうとします。少なくとも第一次大戦のこのドイツ俘虜はそうです。

一人は本国へ帰り着きます。もう一人静岡から脱走しています。これはちょっと消息不明です。一人が帰り着いてその後三人の海軍将校が今日でいうシルク・ロードをたどってドイツへ帰ろうとします。ところが当時中立国であった中国（後に参戦）に対してイギリス側が目を光らせています。どうも危ない。途中で見つかって消されてしまう可能性があるというわけです。そこでかなり奥地まで入ります。まず中国のドイツ大使館・領事館へ行きます。領事館がちゃんと名前を変えた偽の旅券を作ってくれます。その旅券をもって今度はまだ中立国であったアメリカへ渡ります。当然西海岸へ上陸します。なんらかの手段でもって東海岸、ほとんどニューヨークへ行きます。そこでヨーロッパ行きの中立国の船に潜り込むわけです。

三人のうち一人はオランダ船の船員に化けました。船員手帳を買えばいいんです。二〇〇ドルで買ったんだそうです。これは海軍省の報告書が海軍次官鈴木貫太郎（のち太平洋戦争末期、終戦内閣首相）、これも懐かしい名前ですが、鈴木次官名で発した公文書が外務省の公文書の中に残っております。ついでですが、外務省および陸軍省・海軍省に残っている当時の文書はたくさんありますが、そのほとんどが手書き、カーボンを入れたコピーないし毛筆書きの下書きです。ところがこの鈴木次官名の文書は大正五年（一九一六）ですが、なんと邦文タイプライターで打たれています。日本のタイプライターの歴史の第一ページを飾るのではないかと思います。その記述によりますと、オランダ船に船員手帳を買い取って船員に化けて乗ってくる。船はヨーロッパへ近づいてきます。イギリス海軍が網を張っています。その検問に引っかかります。「オランダ人の船員手帳を持っているにもかかわらず、オランダ語を話せない船員がいる……、御用！」となります。

さらに二人。別々の経路を通ってこれまたニューヨークまでたどりつきます。ニューヨークで合流します。お金は、在米ドイツ人ほかいろんなところから集めてくるんだろうと思います。彼らはノルウェー船に密航者として乗り込みます。これまたイギリス北端に近いところでイギリスの巡洋艦に引っかかります。密航者ですから船倉かどこかに隠れております。検問の途中までは無事でしたが、不用意にノルウェー船の船員が食事をお盆に載せて運んで行くところを見つかってしまいます。「誰かいる」。何のことはない。日本軍の収容所からイギリス軍の収容所、これはオートバイ・レースで有名なマン島とかいうところにあったそうですが、苦心さんたんして日本軍の収容所からイギリス軍の収容所まで「自主的に引っ越した」という結果になってしまいました。

先ほどの話と関係いたしますが、このうちの一人ヒットレーラーという人は後に第二次大戦時、海軍中将になっているそうです。俘虜が勤務の一形態というわけです。この人物の文書もそのうち見つかるだろうと思います。日本から脱走して、結局再び俘虜生活を送らざるをえなかった。その人がすぐ復帰してドイツ海軍の提督になっている。その辺もわれわれ（日本人）の発想とは違います。八〇〇〇キロを踏破して本国へ帰りつく。今のは日本を脱出した六人です。脱出しそこなった人は大勢います。

脱出の試みはたくさんあります。「やっと脱出できた。しめた」と思ってお札を数えるとき、うっかり「アインス、ツヴァイ、ドライ」とやって捕まった人もいます。宿屋で脱いだ靴がドイツ製であって、これでばれた人もいます。（脱走に成功するための）たったひとつの条件があります。英語またはフランス語が話せるということです。

化けましたのはカナダ人、スイス人、スウェーデン人、こういう外国人に化けて警戒厳重な下関から関《かん》釜《ぷ》連絡船で釜山《プサン》まで。警官や憲兵もいっぱい張っています。それも通り抜けて、朝鮮半島を列車で北上し、中国大陸までたどりつくのです。初めわたくしは事情を知らなくて、脱走者はまあ福岡収容所から漁船でも奪って行ったのかと思いました。（ところがそうではなくて）彼らは警察・憲兵の張っている中を正々堂々中国大陸まで行ってます。このような脱走物語もドイツ人のことですから、これまた何か記録を残しているると思います。それでも見つかれば大変面白いのですが。

わたくしが申し上げたいのは（彼らにとって捕虜ないし俘虜が）勤務の一形態であって、八〇〇〇キロものかわ、（本国へ）戻ろうとする。（同じ俘虜の状態におかれた日本の将校との）大きな違いであります。ここで一区切りとして休憩し、後半はもっぱら板東俘虜収容所の活動に的をしぼりたいと思います。

板東俘虜収容所

それでは板東俘虜収容所のいろんな活動にふれることにいたします。先ほどお金のことをもうすこし細かく言っておくべきでした。「収容所の経済学」なんかまとめたら、大変面白いと思います。先ほど申し上げましたように、将校に対しては日本側から休職給ではありますが、月に数十円ないし、海軍はすこし割増が付いていますから海軍大尉以上くらいだと月に百円を超えた金額が渡されます。下士官・兵卒には日本側から（お金）はまいりません。食糧、衣類これは日本軍がチンタオを占領したとき、たくさん押収しております。衣類などボロボロになった人にはその予備的衣類を順番に渡していけば賄えます。あるいは修理をしていけば賄えます。靴も修理しております。それを支給していけばいいわけです。

召集兵

召集兵、主として東南アジアに在住していたドイツ人をチンタオに召集しております。われわれでいう「赤紙」（旧日本軍の召集令状。赤色の紙を用いたから）です。召集兵がかなりおります。なかには後に（板東俘虜収容所の）エンゲル・オーケストラで第一ヴァイオリンを弾いておりますベルリーナ、ちゃんとドクトルがついておりますが、ドクトル・ベルリーナ、（この人は召集される前に）何をしていたかと申しますと、当時の東京帝国大学（現在の東京大学）法学部の外国人教師です。召集されてチンタオに行きます。後部役の一兵卒です。俘虜になって今度は収容所に戻ってまいります。面会の記録なんかを見ますと、小樽高等商業の○○教授が面会に来ている。教え子でしょうか。（俘虜から）解放された後、（東京帝国大学に）復職しております。東京大学が（創立）一〇〇年を迎えたときにつくりました『東京大学百年史』という分厚い資料集がございます。それを調べましたら、（このドクトル・ベルリーナは）大正一四年（一九二五）に外国人教師として戻っております。月日までわかります。

日本で貿易商をやっていた人が召集されています。彼らは大変有益な働きをいたします。ひとつには日本語ができる。場合によっては漢字の読み書きもできる。もうひとつ基本的に大事なことは日本的な発想が理解できるということです。それで収容所当局とうまく話をつけることができる。いわゆる西欧合理主義と日本的発想法とはそのままではぶつかって解決がつきません。どういう話のつけかたにせよ、間に日本のことをよく知ったドイツ人がいないとできないというケースが多かったのです。いかに逃亡しないといっても、海で海水浴を許すというのは危険きわまりないことです。収容所の日本軍当局からすれば逃亡あるいは事故のおそれがあります。ドイツ側はどうしても（海水浴を）やりたい。水泳を許可するという形はとれそうもない。そこでたてまえと本音で話がつきます。どういう名目をたてるかといいますと、なんと「海で足を洗う……」、海で足を洗ったら泳いでしまった。これでいいわけです。そういった名目で海岸での水泳をやっております。板東俘虜収容所長はただ単に寛容であったばかりではなく、（この例にみられるように）実に巧妙な方法を講じております。

松江所長の管理方式

収容所の外にお金を出して農地を借り、サッカー場、テニス・コート等いろんなスポーツ施設を造ります。畑も作ります。鳥小屋も造ります。（鶏などの）飼育もいたしますから。その借りた一番角のところに旗を立てます。サッカーをしに行くとき面倒な手続きはいらない。木製の鑑札みたいなものを作って、それを衛兵に見せて（鉄条網の）外へ出かけます。その場合もし例えばサッカー・クラブ・メンバーの一人が外出区域外に当時の言葉でいう「脱柵」したとします。そうすると日本的処罰がきます。連帯責任。サッカー・クラブ練習禁止です。サッカー・クラブの各メンバーはサッカーをやりたい。大いに発散したい。そこで処罰の練習禁止の直接的原因となった奴をとっ捕まえて、「こら、おまえのせいだ」とポカポカぶん殴ってしまうのです。もう脱柵いたしません。

（板東俘虜収容所の）松江所長は、所員ことに将校収容所付の中尉、大尉、さらに主計（経済担当の将校です）および軍医、簡単にいってしまえば収容所の将校以上の者に対して、（俘虜の）簡単な処罰権を全部与えてしまうのです。われわれ日本人には外国人の顔を個別に識別しにくいので、その識別を容易にするため、バラックの番号と各自の番号を下士官は胸に、兵隊は袖に縫いつけさせたのであります。そうすれば規則違反や鉄条網を破ろうとしたドイツ兵がいたとき、番兵が「三号棟の三〇二」だとか「五号棟の五〇二」だとか番号で識別できます。すぐ報告できます。

将校には見つけしだい二日以内の営倉、営倉といいましてもお若い方にはおわかりにくいでしょう、旧軍隊の中に別個な部屋がありまして、処罰のためにそこに閉じ込めるのです。重営倉ですと毛布も支給されません。食糧は簡単なにぎりめしみたいなものだけです。即決で二日以内の営倉処分を下す権限を将校は与えられています。これは効果てきめんであったと自ら書いております。番号制度によってこれを実施しているうちに（俘虜との間に）ある種の信頼関係ができます。しかも先ほど申しましたように許すべきところは許す。薪を自前で取りに行けば途中少々さぼろうが、これは息抜きですから、「何月何日までに薪をつくらねば……」というのではありません。とにかく逃げずに働いて、薪ができればいいんです。

印刷物の発行

さらには印刷物。これも大いに許します。ただ『バラッケ』その他いろんな記事はやはり日本側の検閲も意識しますから、まっすぐ百パーセントの表現というのではないかも知れません。何か奥歯にものの挟まったような表現とみられる場合もあります。けれども板東では比較的印刷物がたくさんつくられております。ドイツ側は、この第一次大戦時の在日ドイツ俘虜の印刷物一覧というものを出しております。それを見ますと、そのほとんどが板東での印刷です。変な言い方ですが、鉄条網の中ではあるけれども、出版に関する小さな「自由」、括弧つきの自由があったわけです。著作も出ております。例えば神戸におります民間人である貿易商、この人は仲間の若い人が収容所にいるというので、しばしば慰問に訪れています。お金を差し出すことは簡単です。たぶんそれもやったでしょう。あるとき彼は「自分がつくった話を収容所の印刷所で印刷し、それを仲間に売ってくれ。その売り上げは全部救援資金に回してほしい」と申し出ます。こう言って自分がつくった『三つの童話』の原稿を渡します。収容所の印刷所はこれを印刷します。

収容所の絵描きさんがおります。全部ガリ版刷りですから、多色刷りの場合何度も刷らなければなりません。黄色のインクで形を合わせて黄色を印刷します。今度はこちらを替えて青い色で重ね刷りをして（という具合いに）六色ないし八色刷りくらいやっていますから、ずいぶんな手間がかかります。そうした挿絵を入れて『三つの童話』という書物を作ります。初版は一九一七年（大正八）です。板東でつくりました。四〇〇部つくり、たちまち売り切れました。なんと俘虜収容所で再版を出しております。そのままではできません。ガリ版全部切り直しです。挿絵も描き直しです。今（鳴門市）ドイツ館に初版本と再版本とがあります。両方合わせまして（発行総部数は）一五五〇部。板東にいたのは一〇〇〇人程度。数が合いません。どうしてかというと、習志野、似島等他の日本（国内の俘虜）収容所から注文がたくさんきて売れてるんです。これを称して「収容所のベストセラー」といいますけれども、（私の翻訳は原典に）できるだけ忠実に復元してあります。一般書店には回しておりません。（鳴門市）ドイツ館においでになった方だけが入手できるという仕掛けになっております。

そういう印刷物。あるいは最近復元演奏ができました「忠臣蔵」を作曲した（ハンス・）ラムゼーガー、この人は神戸の民間貿易商です。民間人は抑留されませんが、県庁に願い出て、何月何日、板東（俘虜）収容所に面会に行きたい旨の許可を求めます。全部、尾行がつきます。尾行も私服ではないと思います。制服警官が尾行につきます。関連文書が外務省文書の中に残っております。「神戸の〇〇というドイツ人が松山へ行くというので県境まで小官が同行し、そこで向こう側の県の〇〇巡査に引き渡した」と。

支援カンパ

（ハンス・）ラムゼーガーさんは楽譜を手に入れ、作曲をし、楽器購入の世話をし、自らコントラバスその他楽器を持ち込んだりして、応援活動をしております。そうした応援は本国でも、当時のことばで救援金と申しますが、まあいわばカンパですが、これが行なわれております。在外同胞ドイツ人将校に対して、戦中の方でしたら「慰問ぶくろ」などということばを思い浮かべられるでしょうが、要するにとにかくお金を集めます。それを直接政府間ではやれませんから、当時日本に来ていましたジーメンス・シュッケルト社の東京支店長が代表になりまして、日本各地の収容所を回り、どの収容所には何が足りないか、何をほしがっているかを尋ね、集まってきた本国からのカンパを配分していました。

そのお金は当然のことながら将校には分配されません。彼らは月給をもらっていますから。下士官・兵卒にはその階級に従って、準士官にはいくら、下士官はいくら、兵はいくら――わずかなときには兵に対して一円くらい――の分配があります。ただしトータルしてもこの金額は大したものではありません。一番大きいのは先ほど申し上げました召集兵たちの前の勤務先（で、召集されても）、すぐには籍を抜かれないのです、召集兵たちの月給相当額か、それよりやや少ない分が収容所に送金されてくるのです。これは日本の戦争中もやっていたはずです。召集されたら直ちに切れるのではなく、月給の一〇〇パーセントではなくても何パーセントかは留守家族に送金しているのです。こういう現象と思ってください。

このようにして収容所にお金が入ってきます。当時の日本は今日的言い方をすればまだ発展途上国です。ドイツ兵が撮った当時のいろんな写真がドイツ館にありますからご覧いただくとわかります。子どもたちはほとんど和服です。洋服などは着ておりません。和服に草履。貧しい姿をしております。そういう時代にあって松山収容所の統計によりますと、一人頭平均二五円の可処分所得。板東ですと月二八円くらい、月当たりです。これはもう一大消費者団体です。

収容所誘致運動

日露戦争の経験でしょうけれども、チンタオで俘虜おおぜいが捕まったというニュースに対して、日本各都市で収容所誘致運動が行なわれます。記録が残っております。例えば外務省文書をみると、静岡市がやっております。徳島もたぶんやったんだろうと思います。『徳島新聞』、と（当時）いったかどうか知りませんが、大正三年（一九一四）の一〇月か一一月頃の分をめくってみれば必ず出てくるはずです。県会議員が運動する、知事が運動する、市長が運動する。受け入れるべきお寺は「早く来てくれないかなー」。なぜかといえば家賃が入ってくるからです。（収容所は）公定家賃を払いますから。また日本の軍隊が守ってくれますから危くない。お金は消費してくれる。静岡はたびたび火事をやっています。そのすこし前もやったらしく「火事の後、静岡市民の志気が沈滞している。こういう時期こそ収容所を回していただければ大いに志気上がることと存じます」という請願書を出しております。そのとおり（収容所は）静岡にまいりました。今の城内、県庁のある辺り、あそこも城壁に囲まれ、お堀があります。そこに一時ありましたが、やがて閉鎖されます。

（俘虜は一大）消費者集団です。したがって『バラッケ』の中にも書いております。「板東の御用商人、出入りの商人たちはドイツのおじさんたちを懐かしがるであろう」と。これも統計がありますが、印刷所が使った紙だけでも相当な量です。そのほかいろんな物をつくります。その材料も消費します。そうしたものをひっくるめると、金銭的にはそれこそ「収容所の経済学」なんてまとめてもいいくらいです。また国際条約によってある一定限度ではありますが、タバコなどが免税で入ってくるのです。

印刷所が大活躍したことは申し上げました。この新聞といいますのは徳島時代にも出ておりました。仮に『徳島日報』と日本語訳いたしております。松山は先ほど申し上げましたように三カ所に分かれていましたから連絡は大変不自由です。どの収容所でも、持っている知識、技能をお互いに分け合うための講習会、研修会が盛んに行なわれます。もちろん条件は違いますが、第二次大戦中・大戦後の日本人将兵の収容所と比較いたしますと、ずいぶん違います。（板東では）日本語の講習会はもちろんあります。英語の講習会もあります。中国語もあります。中国にいた人が召集されていますから、板東にはちゃんと『論語』を中国語で読む読書会なんていうのまであります。電気工学の講習会があります。簿記の講習会があります。さまざまな講習会を開き、お互いの知識・技能を持ちより、ドイツ人同士ときに有料で勉強し合っているのです。音楽家は音楽を教えます。楽器を作れる人は「楽器製作所」なんていう看板を出してます。経済活動が成り立ちます。収容所内の経済活動をまとめてみたら、たいへん面白いものになるだろうと思います。

松山収容所『陣営の火』

松山は（三カ所に分散収容されたため相互の連絡がとりにくいという）不自由さを一年半くらいたってから克服しました。松山市内地図をご覧になるとわかりますが、（三カ所の収容所は）地域的に（相互に）かなり離れています。所長はきわめてやかまし屋、規則一辺倒の前川中佐。松山収容所のドイツ兵たちがあだ名を付けます。わたくしの推測ですが、前川中佐は自ら名乗るときに「マイッカワ」なんていう言い方をしたと思います。どういうあだ名がついたかといいますと「マイケーファー」。文字どおりですと「五月のカブト虫」。これはジャガイモの害虫だそうです（笑い）。

ドイツ人は五月になると、その虫を捕まえて焼いたり、つぶしたりするんだそうです。日本名ですと「コフキコガネ虫」。現物を知りませんから見当もつきません。（ドイツ兵俘虜たちは）その前川中佐なる人物に対して「マイケーファー」と言ってたんでしょう。自分たちで歌をつくります。

「おれたちの松山では宿賃もただ、食費もただ」――半分やけくそですが――、その歌の中にちゃんと「マイケーファー」というのが歌い込んであります。所長が横を歩いているときっと俘虜たちが面白がって、「おい、やろう、やろう」なんてこのあだ名を読み込んだ歌を歌ったんだろうと思います。

（松山俘虜収容所で）新聞をつくります。『ラーガーフォイヤー』と言いますから「キャンプファイヤーの火」にもとれますし、「軍隊が野営するときに起こす火」あるいは「ともしび」ともとれます。仮に『陣営の火』としておきました。そういう週刊の新聞を発行しました。輪転機、当時の最新鋭機だろうと思いますが、それを銀行かどこかから借りてきて、五号までつまり五週間発行します。第五号が出たところで所長前川中佐がその新聞を発行停止処分にいたします。理由は、——前川所長自身のことばは残っておりません——俘虜の記述によりますと「まじめな論説的な新聞だというので許可をしたのに、（紙面の）終わりの方にことば遊びが入っている。娯楽的な新聞を許可した憶えはない」由。（本当に収容所側がそう言ったかどうか）確認はできません。俘虜がそう書き残しているだけです。

（『陣営の火』は）五号で発行停止となります。輪転機はもと借りた場所へ戻します。印刷手段を失います。ところが製本された一二八〇頁くらいの『ラーガーフォイヤー』（陣営の火）が（鳴門市）ドイツ館にあります。いったいどうしたのか。これもドイツ人の発想です。帰国の船中で出した機関紙のことを後にお話しいたしますが、それとも関連いたします。五号で発行停止になります。印刷機はありません。どうしたか。タイプライターはあります。カーボン紙を挟みます。もちろん電動タイプではありません。たたき（手動）ですから（カーボン紙を挟んでも）五枚か一〇枚しかとれないと思います。それを束ねて（購読）会員を募集します。ただし一人に一部は渡せません。回覧方式です。入会金一円。購読料月当たり五〇銭。ちょっと高いような気もしますが、そこが契約です。やがて平和がきたならば、回覧で回したのをきちんとした印刷で渡すという約束をしております。板東へ引っ越すまで、この回覧雑誌のままずっと松山で発行を続けるのです。

日本側は何も知りません。「この頃『陣営の火』という松山収容所の新聞が来ないがどうしたのか」という問い合わせに対する日本側の文書が残っています。それによると「収容所からの連絡によれば、その新聞は不都合のかどあるにより発行停止処分に処せられたりとの趣なり」。こう書いてありますから、日本側は何も知らなかったことがわかります。板東（俘虜）収容所には先ほど触れましたように、括弧つきではありますが出版の「自由」が認められているというので、平和になってドイツへ帰ってからを待つまでもなく、今板東でリプリントできるというので印刷します。それが現在鳴門市ドイツ館に保存されているわけであります。しかもお互いの回覧雑誌ですから日本側の検閲もありません。わりにのびのびと書いております。

そしてもうひとつ。これも日本人との違いです。第二次大戦中日本軍将兵が収容されていたときの記録を見ましても、自分たちが収容されている収容所の周囲の様子、まあ砂漠のようなところもありますが、町があったりします。その町がいったいどんな町で何で生きていて、人々が何をどう考えているか、というようなことは日本側のそうした記録ではなかなか伝わってきません。収容所の日本人同士の人間関係はこと細かに伝わってきますが。彼らはどうであったか。当時のドイツ人から見れば途上国のような日本、その日本の松山にいる間に、松山の地理、歴史、気候、宗教、産業等あらゆる分野にわたって、松山ひいては日本が今どういう状態にあるかを徹底的に調べております。

この島国日本にいるわが民族は外来文化を取り込んでくるわけですが、場合によっては俘虜をとおして伝えてもらったともいえます。あの太閤秀吉（一五三六―一五九八）のときの焼き物をお考えくださってもけっこうです。あるいは第二次大戦後のアメリカ占領軍をお考えください。名目は占領軍ですが人口一億に対して数十万の軍隊では占領軍が俘虜だと考えたっていいんです。そこからまたいろんなものを取り込みました。インスタント・コーヒーも飲むようになってしまいました。そういった観点から、われわれ日本対外来文化というものを考えてみても大変面白いと思います。

帰国の船の中で

もう予定の時間も超過したようですので、あと締めくくりにいたします。(これまでみてきましたように、そうしたドイツ人を含めた西欧人と)日本人の発想とは違った点がずいぶんあります。最後にもうひとつだけ、そのような例を申し上げます。(ドイツ人俘虜は本国へ)帰る船の中にも輪転機とワラ半紙を持ち込んで、週刊新聞を発行しております。

あらかじめ紙の計算をします。週当たり一号で一六ページ。予約購読者数を一五〇人と予想。印刷ミスの予想枚数パーセントもたてて、必要な枚数の紙を船に積み込みます。やがて船内で予約募集を始めます。たぶんところが予約数が予想を上回ります。(こんな場合)われわれ日本人だったらどうするでしょうか。皆さんに行きわたるように、一六ページを一二ページとか八ページに減らして、購読料もそれに応じて下げ、印刷すると思います。彼らが何をやったかといいますと、一五〇部で打ち切り。あと(の予約購読者)は名簿に残しておく。そしてあのマラッカ海峡を渡ってスマトラ島の北端に港がありますが、そこに船が寄るので、その港で紙の入手を計る。もし紙が入手できたならば、一号からさかのぼって名簿に記載された人に配布する。こんなところも(日本人とは)違うでしょう。

彼らはまたこの船の中で計算しております。チンタオ陥落の一九一四年(大正三)一一月七日から、この船がドイツの港に着く予定の日までの日数を数えて、われわれが俘虜であった期間は五年三カ月と何日、日数に直すと一九三五日。このような計算をしております。

一番大きな違いは先ほどもすこし触れました。われわれ日本人でしたら俘虜になった場合、名前を捨て、己れを捨てる。極端にいえば人間であることも捨ててしまう。もはや、くしゃっとなってしまいます。彼らはそうならないのです。俘虜が母親にあてた手紙というのが（鳴門市）ドイツ館に残っております。一人の俘虜が（祖国にいる）その母親に手紙を出し、彼女はそれをずっと、ときには（手紙）到着の日付を書き込んで保存していたのです。

（その俘虜は）ちゃんと勉強してるんです。「この俘虜期間が終わったら自分は漁業関係の仕事をやりたい。したがって、経済学の本も勉強する。シモウの一般経済学を送ってほしい。お金はわたしの口座から払ってほしい」。（手紙に）そこまで書いてあります。半年くらいたちますと、「お母さん確かに着きました」。勉強してるんです。この俘虜期間という時間がむだにならないように、己れの人生を己れのものとして考えます。これは『バラッケ』の編集長も書いています。「むだにならないように過ごそうではないか」と。

健康保険組合

健康保険（組合）もそれです。「一人はみんなのために。みんなは一人のために」。これがスローガンです。一九一七年（大正六）の記録ではその前年、一九一六年（大正五）に丸亀でできたとありますが、これは報告書がありません。健康保険組合をつくります。日本の健康保険法の法案は大正一一年（一九二二）、実施は昭和二年（一九二七）です。その一〇年も前に健康保険組合をつくって活動します。お金はどうするか。初めは大型間接税を考えます。酒保で売っているビール一本につき二銭なり三銭なり積み立てて健康保障額とします。そうしますと貧しい兵隊ほど負担が多くなる。異議申し立てが出てきます。結論、これもわれわれ日本人にとってはやりにくいですよ。自己申告と自己査定による自発的な税。つまり

「わたくしは毎月五〇銭くらいの余裕がでるから、五〇銭を会費として納めましょう」。「わたしは五銭しか納められない」。（お金を）集めます。また、芝居、音楽会のプログラムを売り入場券としますが、ときには決めまして、自己評価と自己申告による健康保険の会費なのです。各バラックは集金責任者だけを健康保険組合に出資するための演劇会、音楽会などもやります。さらには、今日でいう宝くじを売って、その（売り上げの）いくらかを日本軍を通じてシベリヤで困っている同胞俘虜に送っています。この健康保険組合が先ほど申しましたスペイン風邪のとき大変活動します。「うがい第一。それが治った後もう大丈夫と思って特に音楽活動をするな。吹奏楽器が一番危ない。肺に負担をかけるから」。だからインフルエンザの後、音楽会活動がずっと下火になっております。

俘虜より得たる教育資料

このスペイン風邪の時期とドイツの敗戦の時期とが重なっているんです。一番沈滞した時期です。やがて音楽活動も再開されます。名古屋の収容所長をしていた村田中佐が陸軍将校の機関誌『偕行社』に「俘虜より得たる教育資料」という、かなり長い記録を残しております。それによると、いろんな点で日本兵と違っている。俘虜が先ほど述べました（名古屋の）東本願寺別院に到着したときのことです。一人一人にナイフとスプーンを渡します。するとしばらくして一人のドイツ兵がやってきて「これ余りました」と言って返しに来る。この村田中佐、後に名古屋の歩兵第六連隊長になりますが、「日本兵だったら（こんなとき）どうするだろうか」と悩んでいます。パンを一人につき一食ごとに一個ずつ渡します。これを各班ごとに大きな器にまとめて盛ります。これも一度も不足になったことはない。「日本兵だったらどうなるであろうか」とこれまた悩んでいます。

さらに一食一個ずつ渡していたのですが、そのうち向こう側（ドイツ兵側）から申し出があって「そんなにたくさん食べる人が全員ではない。一日一人当たり二個にしてほしい。ただし、もっと食べたい人もいるだろうから、若干数の予備を付け加えておいてほしい」。おそらく敵国に対して、「割り当てよりも少なくてよい」ということはおそらく日本兵だったら言わないであろう。もうひとつ全体にかかわる問題で、この日本軍中佐にはちゃんと見えているところがあります。俘虜の体育に関する記述の部分で、「彼らはよくスポーツをし、自ら身体を鍛える。ただし、これは命令されてやっているのではない。全部自発的にやっている」。ここが肝心なところです。

ドイツ兵俘虜の人生観

俘虜期間中といえども、自分の人生を己れで築き上げよう、こういう精神があるかぎりくじけないわけです。ドイツが負ければショックはあります。けれども先ほどの手紙の主ですと毎日数時間ヴァイオリンのけいこをし、朝は自分が先生になって英語の講義を主催し、ヴァイオリンが終わったらオランダ語、やがてオランダの漁業会社に務めるかも知れないというのでオランダ語とフランス語の勉強をし、さらにボーナー神父について聖書の勉強もやる……一日中忙しくてしようがないのです。

こういう生活態度、全員じゃないと思います。崩れた人もいると思います。しかし（上に述べたような生活態度、人生観）これが機関紙を支えていたと思いますし、大半の人たちが崩れてしまわなかった理由であろうと考えられます。

松江大佐と署名はありませんが、最終報告書において俘虜顛末記の項で全体的評価が一度だけ出ております。それは板東俘虜収容所に関する部分です。「わが国の将兵であったならば、五年有余の俘虜生活の中でわが国民性のつねとして、このような状態では縮命者、自殺者が多数出るであろう。それに対して彼らドイツ兵は五年有余の中で、音楽を奏し、自ら楽しみ、自ら体育に励んで身体を鍛え、読書会を開いて勉学に努め、わずか数名の神経衰弱者を出したのみというのは、その成績きわめて良好なりと言わざるべからず」。旧大日本帝国陸軍の用語で「きわめて良好」というのは「これ以上ない」ということです。「おおむね可」で「合格」ですから。評価に類したことばは板東（俘虜）収容所関係のここだけです。収容所によっては、「ドイツ兵俘虜の精神があまり高揚しない方が、つまりくじけていた方がわが方にとって有利である」などの所長さんの見解も出てまいります。

まあ、たくさん言い残したことがございますけれども、この（第一次大戦時の）ドイツ兵たちの心情がずっと続いていたわけではありません。ときの条件によって、わが日本人も日露戦争のときの将兵は立派だったと思います。上がったり、下がったりいたします。ナチス時代のドイツ将兵とは直接比べられません。しかし、（この時代のドイツ兵俘虜は）さいわい、ある時期の記録を残し、地域社会とかかわりを持ってくれました。一〇〇〇人のドイツ人俘虜たちの提起する問題は単に彼らが何をしたかばかりではなく、反対にわれわれがどうであったか、その後どうなったか、なぜ変わったか、こういう宿題までも与えてくれているわけです。

二　日独戦争と在日ドイツ俘虜

1　青島の俘虜と在日収容所の概要

青島の俘虜

大正四年一月朝日新聞合資会社は、前年の一一月七日の降伏をもって終結した日独の陸戦の記録を『青島戦記』として出版した。大正三年八月二三日の宣戦に至るまでの経過、久留米第一八師団を主力とする攻囲軍の動員、主力の竜口上陸、支隊の労山上陸、初めて実戦に参加した陸海軍飛行隊の活動、攻城準備、一〇月二九日を第一日とする攻城戦、開城およびその後の影響までを主体とし、朝日新聞記者の美土路春泥、大江素夫の「従軍記」二編それぞれ六〇頁、五九頁を加えて、三六〇頁程の記録とし、さらに巻頭に六〇頁余の写真、挿入の地図一枚をもって一書としている。

後に日本各地の俘虜収容所において約五年を過ごすことになったドイツ軍俘虜について、この記録は二カ所においてふれている。第一防禦戦に対する九月二七日―二八日の浮山夜襲の記述と、「俘虜の処分」

という一節である。

「第四十六聯隊佐藤大尉は、一箇中隊の兵を率ゐてこの天嶮に向つて決死隊を組織し、月下兵を集めて此の旨を語る。……敵の背後より天嶮を攀ぢて肉薄す。……我が軍の死傷甚だしく佐藤大尉は数弾を蒙り最後の一弾は腹部に命中して即死し小隊長も戦死し一隊殆ど全滅の悲運に遭遇しつつも更に屈せず、遂に敵塁を奪取し三十四名を捕虜とす。……更に一箇小隊を応援とし遂に全軍を破り俘虜六十三を得たり、……」(1)。

「俘虜の処分」という小節では「十四日正午青島一切の授受即ち開城規約に基く主要なる人馬物件の授受結了を告げしにつきワルデック総督以下十三名の幕僚は俘虜として十四日正午出発日本に送致せらるべきの所」、遅れて午後三時過ぎ三台の自動車に分乗し、五時半沙子口に着き、御用船薩摩丸に乗り込み、「夜八時出発門司に向へり」、合計一〇立方メートルの荷物の持参を許された、と記述し、一一月一七日朝九時二〇分門司着、「この時総督は海軍大佐の軍服を着け赤革靴に赤革の脚袢《(ママ)》を穿ち赤革の手袋を着けて上陸、午後四時三分博多駅着、福岡収容所長久山中佐、山本中尉と車で収容所に向かい、四時半「洲崎の赤十字支部に着、二階東側の那珂川に面せる眺望よき室に入れり」。幕僚は博多駅で別行動をとっている。さらに俘虜の全体については「六日夜より総攻撃の朝に至る戦闘に於て獲たる捕虜の数は二千四百九十六名にして、開城に際し、更に千四百十名の俘虜を獲総数約四千名に達せり(負傷者は別)戦闘に於て獲たる分は直ちに大埠頭に送り十二日より内地に、又他の分は一時台東鎮部落に収容、十四日より夫々内地に向け護送し、福岡、熊本、松山、丸亀、姫路、大阪、名古屋、東京の各収容所に分配収容せり。而して負傷者、衛生部員六百名は十九日山東鉄道にて天津に向け護送放還したり。因みに最初よりの独軍の戦死傷者は約六百名なり」(2)。

表2-1　俘虜収容所開閉一覧表

東　京	○3.11.11	△4.9.7
習志野	○4.9.7	△9.4. 1
静　岡	○3.12. 3	△7.8.25
大　分	○3.12. 3	△7.8.25
松　山	○3.11.11	△6.4.23
丸　亀	○3.11.11	△6.4.21
徳　島	○3.11.11	△6.4. 9
板東	○6.4.9	△9.4. 1
久留米	○3.10. 6	△9.3.12
熊　本	○3.11.11	△4.6.9
大　阪	○3.11.11	△6.2.19
似島	○6.2.19	△9.4. 1
姫　路	○3.11.11	△4.9.20
青野原	○4.9.20	△9.4. 1
名古屋	○3.11.11	△9.4. 1
福　岡	○3.11.11	△7.4.12（段階的解消）

「俘虜収容所開閉一覧表」③に基づいて作成した。数字は大正年月日，○印は開所，△は閉鎖の日付を示す。

俘虜の人数、収容所数に異同があるが、ほぼ正確な報告と考えられる。戦場整理、占領地軍政に要する時間を考慮すれば、俘虜の人数は経過的なものと見なすことができるが、後述の資料が証するように、すでに開設されていた姫路、徳島、久留米の三収容所が脱落している理由は不明である。

日本各地に開設された俘虜収容所の開閉を整理しなおしたのが表2-1である。

大正三年一〇月六日開設の久留米がもっとも早く、九月末の浮山攻撃の際の捕虜の収容、ないしは青島攻城戦終了までの途中の捕虜を収容するための開設と思われる。東京、松山、丸亀、徳島、熊本、大阪、姫路、名古屋、福岡の九収容所は一一月七日の青島陥落直後の一一日に、静岡、大分の二収容所は遅れて一二月三日に開設されている。

『青島戦記』の伝える「八個所の収容所」ではなく、当初は一二、大正七年八月の時点では、習志野、名古屋、青野原、板東、似島、久留米の六収容所に統合され、官制上の閉鎖は久留米の大正

表2-2　俘虜収容所名および人員表

	将校	准士官	下士官	兵卒	文官他	人員	
習志野	76	32	167	613	30	918	本表外ニ
名古屋	12	24	65	403 (402)	5	509	釈放者 1
青野原	12	28	89	359	2	490	解放者 32
板東	26	76	144	767	15	1,028	死亡者 39
似島	30	24	60	404	27	545	逃亡者 6
久留米	57	43	131	883	22	1,136	計 78名アリ
青島残留					1	1	
合計	213	227	656	3,429	102	4,627	

『板西警察分署警備警察官出張所　雑書編冊』による。

九年三月一二日の外はいずれも四月一日となっている。

大正七年七月の各収容所の人員は表2-2のとおりである。(4) 八月二五日に閉鎖の静岡、大分収容所が七月のこの表にないのは、移転ないしは閉鎖がすでに決定されていたと考えられる。四六二七名という数字は後述の『青島俘虜郵便必携』が、一九一八年（大正七）四月の赤十字の人員調査としてかかげている数字と一致している。(5)

在日収容所の概要

青島のドイツ俘虜の郵便物はドイツ人の収集家にとって貴重なものであるのか、一九六四年一〇月発行の『青島俘虜郵便必携』という一一五頁のパンフレットのなかで、日本側検閲官の個人印まで図示して詳細に分類解説し、個別的な評価までかかげている。郵便物の説明のために各収容所の概要をアルファベット順に記述している。「元捕虜たち」(Ehemalige) からの情報を綜合したと思われるが、この各収容所についての概要は、ドイツ側の被収容者から見た日本の収容所の状況を示すとともに、当初の一二、末期の六収容所の処遇の違いをも、したがって日本側の対応の違いをも明らかにする資料となっている。以下の記述はこの『青島俘虜郵便必携』による。

表2-3 収容所における印刷物リスト①

I 収容所新聞	
＊1）『バラッケ』（„Die Baracke“）1917年10月―1919年 9 月	板 東
2）『日刊電報通信』（„Täglicher Telegrammdienst Bando“） 1917年 4 月19日―1920年 1 月15日	板 東
＊3）『陣営の火』（„Lagerfeuer“）1916年 1 月―1917年 3 月	松 山（板東）
4）『故国の旗』（„Der Heimatwimpel“）	久留米
5）『戦いの叫び』（„Der Ruf im Streit“）	久留米
6）『体操とスポーツ』（„Turnen und Sport“）	久留米
7）『徳島新報』（„Tokushima Anzeiger“）	徳 島
8）『似島収容所新聞』（„Zeitung des Lagers Ninoshima“）	似 島
9）『大阪収容所新聞』（„Osakaer Lagerzeitung“）	大 阪
10）『高良内報知』（„Intelligenzblatt Koraday“）	高良内
II 船中新聞	
1）『帰国航』（„Die Heimfahrt“）	豊福丸
2）『梅』（„Die Pflaume“）	梅 丸
III 展覧会目録	
＊1）『造形と工作』（„Bildkunst und Handfertigkeit“）1918年 5 月	板 東
2）『松山展覧会案内』（„Führer durch die Ausstellung Matsuyama“） 1916年	松 山
3）『徳島 〃 』（„ 〃 Tokushima“）1916年	徳 島
4）『似島 〃 』（„ 〃 Ninoshima“）1919年	似 島
5）『久留米 〃 』（„ 〃 Kurume“）1918年	久留米
6）『名古屋 〃 』（„ 〃 Nagoya“）1919年 6 月	名古屋
IV カレンダー	
1） 久留米カレンダー 1920年	
2） 板東カレンダー 1918年	
3） 〃 1919年	
＊4） 〃 1920年	
5） 故国カレンダー 1920年	
V 画 集	
＊1） 鉄条網のなかの 4 年半	板 東
＊2） 鉄条網のなかの 4 年半（追録）	板 東
＊3） 収容所生活10枚	板 東
4） 似島 A. S. K.カリカチュア	似 島
＊5） 石版画 14	板 東
6） 久留米のぞきめがね	久留米
VI 案内書および名簿	
＊1） 板東俘虜収容所案内書	板 東
2） 板東図書館蔵書目録 1917年	板 東

表2-3　収容所における印刷物リスト②

*3)	板東俘虜収容所アドレスブック	1917年	板　東
4)	板東俘虜名簿	1918年	板　東
*5)	板東収容所俘虜故国住所録	1919年	板　東
6)	名古屋収容所表，1919年12月（422名）		名古屋
7)	似島収容所表	（545名）	似　島
VII	書籍およびパンフレット		
1)	ドイツ人の中国退去		板　東
*2)	三つの童話，E.ベール		板　東
3)	絵画論対話，H.ボーネル		板　東
4)	俘虜生活の真剣詩とざれ歌，H.ヘズ		板　東
*5)	板東俘虜収容所漫筆，P.ケーニヒ		板　東
6)	日本地理，クルト・マイスナー		板　東
7)	故国の土と父祖の血，F.ゾルゲル		板　東
8)	かくれ咲きの花束，日本俘虜生活にて摘みしもの		板　東
*9)	礼節指南，F.ティーフェンゼー		板　東
*10)	相撲図説，日本の格闘技(H.ティッテル)		板　東
*11)	久留米における体操とスポーツ		久留米
12)	小さいロンドン子(The little Londoner-Bando)		板　東
13)	板東健康保険組合		板　東
14)	久留米収容所俘虜の詩集		久留米
*15)	第6中隊の過去の影絵		板　東
16)	永遠の相の下に(Sub speciae aeternitatis)，1919年		板　東
17)	松山の兵士の歌，1915年		松　山
18)	板東における第6中隊の演劇，1919年		板　東
19)	収容所体操協会歌集，板東 1918年		板　東
20)	ドイツの内外政策，1871—1914年		板　東
21)	日本側から見た青島		板　東
22)	世界大戦前と後の東ヨーロッパ		板　東
23)	日本人の家庭内生活，クルト・マイスナー		板　東
24)	グレゴレツィク伍長の日記		板　東
25)	帝国憲法草案		板　東
26)	憲法，1919年		板　東
27)	L.ファン・ベートーベンの第九交響曲		板　東
28)	人生の夢		板　東
29)	中国の夕べ，34の講演		板　東
30)	習志野体操協会年鑑，1919年		習志野
31)	エンゲル・オーケストラ		板　東
32)	ブリッジのルール		板　東
33)	工場設計，E.フォッケロート		板　東

表2-3　収容所における印刷物リスト③

34)	講演三題，x著	板　東
＊35)	日本語日常語教科書，K.マイスナー	板　東
36)	社会問題についての講演三つ，O.オイヒラー	板　東
＊37)	日本の小学校読本解説，1—12巻　H.グロースマン，H.ティッテル	板　東
38)	板東美術工芸展案内書，1919年	板　東
＊39)	国民年中行事	板　東
Ⅷ	収容所印刷所のその他の印刷物	
1)	演劇，音楽，スポーツ行事のプログラムおよび賞状等	
2)	絵葉書	
3)	板東収容所内金券	
4)	板東収容所内切手	
5)	久留米の宝くじ	

個別の収容所の解説に先だって、収容所での出版活動にふれ、このパンフレットには各地での印刷物のリスト（表2-3）が掲載されている。それらのうちで鳴門市ドイツ館に収集されているものは＊印を付し、解説目録として後述する。ベルリンとハンブルクに完全なコレクションがあったが第二次大戦で消滅した、とのことである。なお「書籍およびパンフレット」の項Ⅶの32以下は板東収容所新聞『バラッケ』の記述に従って冨田が補足したものである。板東収容所の印刷出版活動が群を抜いている。(6)

(1)　青野原収容所

姫路からの移設により一九一五年（大正四）九月二〇日開所、一九二〇年一月末閉鎖。所長は野口中佐、ドイツ側先任将校はオーストリア海軍少佐ウラジミール・パウスペルトゥル・エードラー・リッター・フォン・ドラッヘンタール。一九一九年の「革命」後青野原「村長」に選出された兵員舎の先任は予備役軍曹W・ゾイフェルト、とあるので、大正八年に下士官兵の間でなんらかの運動があったことと思われる。ドイツ人二五一名、オーストリア人二二六名、計四七七名

（うち将校四名）が収容され、一九一六年九月一二日もしくは一三日に福岡から若干名が、一九一八年八月四日には久留米から一二名が移って来た。敷地は二万二六八〇平方メートル、五棟の宿舎バラックは二四四六平方メートル。所外の一万平方メートルの土地に農耕と畜産（豚、兎、鶏、家鴨、鳩）、サッカー場があった。オーケストラ一、合唱団一、劇団一、若干の画家が活動していた。手仕事によってピアノ一、ギター若干、内燃機関二、石炭を燃料とする蒸気機関一、手編みレースを作った。一九一八年赤十字の訪問時に俘虜たちが訴えたことは待遇不良、居住室の狭隘、医薬品の不足、講演講習活動の禁止だった。

(2)　浅草収容所

浅草の寺院収容所は、一九一四―一五年に東本願寺と周辺の建物に、砲艦「ヤーグアル」の乗組員一二五名とクーロ中佐(7)の指揮する東アジア海軍分遣隊天津の一二〇名を収容していた。所長は侯爵西郷中佐、検閲官羽生中尉、ドイツ側通訳ユーバーシャール博士。開設一九一四年一一月一二日、一九一五年九月七日習志野へ移設。

(3)　板東収容所(8)

「緑深い山並の麓にある模範収容所板東は――徳島から一二キロの所にあって――徳島、丸亀、松山の旧収容所を統合したものである」と、このパンフレットは一八の日本の収容所の解説のなかで一度だけ「模範収容所」（Musterlager）ということばを使っている。

五万七〇〇〇平方メートルの敷地の七分の一にバラックがあって、将校二〇名を含む九三八名のドイツ人が収容されていた。一九一七年夏に習志野から若干名、一九一八年八月七日に久留米からの九〇名が加わった。収容所東側の谷川から洗濯、水浴用の水を取り、川の泉からパイプで俘虜が飲用水を引いていた。兵員バラック八棟の裏に溜池が二つあり、その周囲に将校棟があった。バラックの近くや丘の斜面に小屋がつくられ休養、学習、日中の静養にあてられた。バラックの向かい側には、靴、金属加工、指物、仕立、時計、理髪、写真など、俘虜の営業する作業場、商店が八〇の小屋を連らね、青島の中国人街にならって「大鮑島」と呼ばれていた。

所外の一定地域には運動場と耕地があり、すこし離れた所の日本人経営の野菜園では俘虜が参加していた。所外で小屋を建て、家鴨、鶏、兎、蜜蜂の飼育を許された。近くの日本人の豚小屋で二人の俘虜が収容所炊事のために養豚することもできた。運動と気分転換のために団体での散歩、ときには瀬戸内海までの終日遠足も行なわれ、自由意志で俘虜は森に道や橋を造成し、そのうちの一つは今日なお「ドイツ橋」と呼ばれている。

「警備兵によるいかなる暴行をも許さず、人道的な立場にたっていた収容所長松江の影響をうけ俘虜の処遇は文句のないものだった」。外国語、数学その他の課目の講習会には専門教師が組織された。

西部戦線の敗北とドイツ国内での革命の後、若干の者は精神の平衡を失った。所内には肉屋が二つあり、一つは日本人の経営で、他は将校用だった。当局の経営する収容所製パン所はパンを、ドイツ製菓が菓子類を供給した。小料理店二つが料理とビールを出していた。ドイツの林学教授の指導をうけて収容所の北方の山から燃料と建築用の木材を切り出した。体操、スポーツ、テニス、サッカーなどの場所は充分にあり、ドイツ式ボーリング場までできていた。楽団は四つあり、末期には所外の運動場の外れに吹奏楽練習用の大きな小屋も設けられた。収容所の図書室は六〇〇〇冊以上の蔵書があった。演劇活動は活発で、プログラム、舞台風景、写真などが残っている。

重症患者は徳島の陸軍病院、軽症者は収容所医務室に収容されたが、俘虜は自分たちの健康保険組合を結成していた。

板東収容所を有名にしているのは、新聞、書籍、絵葉書、プログラム、収容所内用郵便切手および葉書、所内用金券、さらに後には帰国船「豊福丸」船上の船中新聞を印刷した収容所印刷所だった。

ドイツ側先任将校はクレーマン少佐。日本側の許可をえて一九一九年九月八日に収容所郵便局が開設され、二銭（七五〇枚とのこと）と五銭（二五〇枚とのこと）切手が発行された。

⑷　福岡収容所

一九一四年一一月一三日に開設されたが、大多数の将兵は一一月一七日列車で二〇時三〇分に福岡に着いた。

兵員宿舎は約一五〇メートルの小路で二分され、小さい方は一号舎と二号舎（元娼家）、事務室および衛兵所からなり、反対のいわゆる南収容所には三号舎から九号舎があった。五号舎にエルザス人八人が入った。一九一五年九月以降は各室四人だった。兵員収容所の先任は一九一五年にはロースナー曹長で、二階建の宿舎にはそれぞれ「舎長」を置いた。

一九一八年三月二〇日に習志野に転収された将校収容所は三〇分離れた福岡湾の突出部にあった。三五名の将校と四〇名の当番兵（うち一名は曹長）は大きな家屋を宿舎としていた。青島総督マイヤー・ワルデック、収容所先任将校青島参謀長F・ザークセル大佐はここに居た。

福岡収容所は段階的に解消したが、知られているのは、次のような事実である。

㈠　七号、八号舎が一九一五年六月一〇／一一日頃久留米へ。

(二) 南収容所、全収容者の約半分が一九一五年九月一五日から二四日の間に他の収容所へ分散転収。大部分は名古屋へ。一九一六年八月二二日には六号舎に三五〇名がいた。
(三) 一九一六年一〇月一八日六号舎六〇名が大分へ。
(四) 一九一六年一〇月一九日に(a)青野原、(b)大阪、(c)習志野、(d)二号舎の七〇名が引率将校一名と名古屋へ。

兵員宿舎は一九一六年一〇月には一人もいなくなり、将校舎の将校と当番兵のみとなった。一九一五年一月チフス発生、死者一名、一九一六年九月には福岡の港にコレラ上陸、収容所へも侵入した。一九一五年夏には南公園や名島へたびたび遠足をした。一号舎に劇団が結成され、「ミンナ・フォン・バルンヘルム」(レッシング)や「群盗」(シラー)などを上演した。一九一六年四月二三日の復活祭の日曜日には体操競技会と模範演技が行なわれ将校も全員参加し、総督の賞状が勝者に与えられた。

福岡収容所の特色は二つの事件で、一つは脱走、他はフォン・ザルデルン事件である。(9) 本来は郵便愛好者のためのパンフレットである『青島俘虜郵便必携』がわざわざ記述しているところからすると、当時の俘虜たちにとって大きな事件であったと推測できる。

逃亡については後述するので、ここではフォン・ザルデルン事件を要約する。(一〇)

日本に来た青島のドイツ人市民は、一定の制約を受けたが居住を許されていた。当時のドイツ海軍大臣フォン・カペレの息女は青島の俘虜海軍大尉フォン・ザルデルンの妻として女中と息子を連れて福岡市中の借家に住み、毎週日本側通訳同席のもとに夫との面会を許されていた。

一九一五年一一月五人の将校が福岡収容所から逃亡(うち三名は成功)したが、これを夫人が助成したとの容疑で厳重な取り調べをうけた。ある夜強盗が入り、フォン・ザルデルン夫人を短刀で刺し殺した。

これを知った大尉は収容所内で自殺した。日本中にこの事件は伝わり、犯人は逮捕され刑を受けた。所長の久山大佐は軍法会議にかけられ、左遷となり、一九一六年一月二八日に釜本大佐と交替した。

(5)　姫路収容所

一九一四年一一月一四日から一九一五年九月二〇日青野原移転まで、本徳寺、景福寺という二つの寺院に約四〇〇名が収容されていた。

(6)　高良内収容所

第三陸戦大隊の第三中隊が主として収容され、それも主として歩兵堡塁五の要員二五〇名だった。久留米から七キロ離れ、広い荒野に接した四棟のバラックが竹の垣根にかこまれていた。

(7)　熊本収容所

一九一四年一一月一六日から一九一五年六月九日久留米のバラック収容所へ転収されるまで、それぞれ約五〇名ずつ寺院に収容されていた。

長国寺（CHOKUKUJI《ママ》）、妙立寺、妙永寺、実生寺（JITSUOJOJI）、細工町の阿弥陀寺、西光寺および寺名不詳の若干の寺に合計約五〇〇名がいて、妙立寺には第三陸戦大隊の第四中隊の一部、妙永寺にはオーストリア人が入っていた。

(8)　久留米寺院収容所

浮山の高地にドイツ軍はグラーボフ中尉、予備役少尉レーゼラー、下士官兵約六〇名からなる監視哨を置き「鷲の巣」と呼んだ。過早に日本軍前哨に発砲して夜襲をうけ大部分が捕虜となった。久留米寺院収容所は青島陥落の五週間前の一〇月四日にすでに開設された。一一月下旬には続々として久留米に俘虜が送られてきたが、一九一五年六月八日久留米バラック収容所に統合された際の人員は不明である。

(9) 久留米バラック収容所

熊本、高良内、久留米寺院収容所、福岡の一部から一九一五年六月八日この収容所は構成された。ドイツ側先任将校はフォン・シュトランツ少佐、所長は当初樫村少佐、一九一六年中頃から「ひどく恐れられた」真野少佐。なお大正五年一二月にはドイツから帰国した林銑十郎中佐が所長に任ぜられている(10)。

一八棟の大バラックに、ドイツ兵将校五五を含む一二五九、オーストリア兵将校二を含む四五、合計一三一四名が収容されていた。過剰人員と待遇不良のためもっとも悪名高い、最大の収容所となり、かつての収容者たちは今日なお日本の強制収容所 (japanisches KZ) と呼んでいる。

将校と下士官との交流は禁止され、一九一七年三月一五日と一〇月二六日の収容所命令によるとガーデブッシュ伍長およびクラッベル予備役軍曹が、将校と話したとの理由で、それぞれ三日と二日の重営倉をうけた。

バラック内の一人当たりの面積は二・五×一・二メートルで、そこへ一×一・八メートルのベッドと全所有物を置いた。散歩も自由にできず、講習会、談話の部屋もなく、労働の機会も全くなかった。スポーツと休養の場所は、

(一) 将校用として、約二九〇平方メートルのドイツ式ハンドボール場と約四〇〇平方メートルのテニス

コート。
(二)　下士官用に二八〇平方メートルのミニテニスコート。
(三)　共用として、収容所の片隅に四四〇平方メートルの走路と鉄棒、肋木および舞台のある六八〇平方メートルの運動場。演劇は月に一度だけ許可された。木の囲いで所外は見えず、耕作、花壇、家畜飼育、スポーツの場所はなかった。時に許された団体外出も赤痢のため長期にわたり中断され、工作には道具が足りず、合唱は禁止、月一回だけ音楽会が許可される状態だった。

一九一八年三月二日まで日本人経営の酒保は値段が高く、外からの購入は許可されなかった。週に六〇キロの肉、一人一日当たり約七〇グラム。救援委員会の助成にもかかわらず給養は不充分だった。一九一六年一二月二〇日の収容所命令によると便所、下士官兵室の電灯は五、一〇、一六燭光のものしか使えなかった。ほこりっぽいのと暖房不充分のうえに毛布が不足した。

俘虜の不満は、湯の不足、何年も交換されない藁ぶとん、残飯搬出の回数不充分、炊事とトイレの近接、いつも満員の営倉のトイレに蓋がなく一日一回しか清掃されないこと、医務室（第一六棟）が暗く、換気不良、看護不良だった。一九一八年八月はじめ約二〇〇名が他の収容所、とくに板東へ転収され、空屋となった一棟が作業兼音楽室とされた。

一〇月には隣接地に一〇三×五二メートルの運動場が設置された。

収容所命令を一人の俘虜が集めているが、そのうちの若干を紹介すると、「下士官兵は全員左上膊に番号を着用すべし」（一九一五年六月一八日）、「中国ないしは日本の新聞は以後不許可」（一九一六年六月一四日）、「営倉処罰をこれまでにうけた者は将来強制労働に服すべし。便所掃除と屎尿搬出」（一九一七年一〇月三日）。

郵便関係の命令の例、「注文もしくは受領書に関する郵便物は検閲官の許可を受けること」（一九一五年六月二五日）、「金銭ならびに小包の受領書は、法規にかなわざる場合には没収の上返却する」（一九一五年七月二八日）、「葉書の両面に記入することは禁止」（一九一五年八月三日）、「多人数集合し、一人の仲間を殴打しながら、取り調べに真実をかくし、実行者の名をあげなかったかどにより、兵の発信をさしあたり一カ月間禁止する」（一九一五年一〇月二日）。この事件の被害者オーバーシュレージエン出身のヘルトレは反独的だというので暴行をうけ入院した。一九一七年には解放され、一九一九年ポーランド将校として名古屋収容所に、ヴェルサイユ条約に基づく人民投票のためのオーバーシュレージエン出身者解放委員会に姿を見せた。一方加害者側は一九一七年二月九日久留米の軍法会議で一七名が三〇日の重営倉から四カ月の禁固までの刑を宣告された。「以後准士官は封書二、葉書二、下士官封書一、葉書二、兵は封書一、葉書一を許す」（一九一六年九月三〇日）、「ハエを多数殺して事務室へ持参した者には所定の便箋一枚を報奨として与える」（一九一七年一〇月二日）、「赤痢はおさまった。ハエ便箋はもう渡さない」（一九一七年一一月三日）、二人の者が所定の便箋を売買したという理由で「重営倉三日」に処せられた（一九一七年一二月八日）。

一九一五年秋、一九一六年九月八日および一九一八年一一月に俘虜の作品展が行なわれた。「久留米俘虜収容所における体操とスポーツ一九一五―一九一八」によると、一九一七年一〇月一四日から一一月一九日まで第一回スポーツ祭、一九一九年一〇月二〇日から二六日にも同種の行事があった。

(10) 丸亀収容所

一九一四年一一月一六日開設。第三陸戦大隊の第二、第三、第七中隊のほとんどの計三一六名を大きな一寺院に収容した。一九一六年一〇月一日将校が大分へ移り、一九一七年四月七日板東へ全員が移った。

⑾　松山収容所

一九一四年一一月一二日開設。離れた三収容所に計三九六名収容され、一九一七年四月九日板東に移った。所長前川中佐、一九一六年九月一二日以降歩兵大佐梅津喜一。副官白石大尉と俘虜は対立関係にあった。音楽、スポーツ、演劇活動は分離収容所だったので共同ではできなかった。

(一)　大林寺に八一名

(二)　公会堂に一八〇名

(三)　山越の弘願寺、長建寺、浄福寺、不退寺にそれぞれ三〇名。通りをへだてた来迎寺に一五名の将校。計一三五名。

当初当局の許可を得て発行された収容所新聞『陣営の火』は第五号の後禁止された。理由は綴りのなぞなぞが検閲にひっかかったからだった。だがその後もタイプ印書の回覧で発行され、板東に統合されてから再版された（『陣営の火』については別項で記述する）。

一九一六年一二月一五日俘虜作品展が開かれた。

⑿　名古屋収容所

一九一四年一一月二一日、将校一二、官吏一、下士官四九、兵二四六、計三〇八名（大部分は第三陸戦大隊所属）が名古屋に着いた。当初の東本願寺から一九一五年一一月二日新しいバラック収容所へ移った。以後各地の狭隘収容所から転収者が加わってきた。福岡から一九一五年九月二一日一二三名、一九一六年一〇月二一日下士官兵七一名、久留米から一九一七年六月二九日および一九一八年八月五日に下士官一六名。一九一八年四月には四九四名と将校一二名、一九一九年一二月になってもまだ四二二名がいた。

敷地は四万平方メートルで、長さ七〇メートルの狭い兵員舎四棟に、一人当たり三平方メートル、各室三〇名の四室があって、将校用バラック一棟が建っていた。所長中島大佐は俘虜を厚遇したが、不服従は厳罰に処した。

ドイツ側先任将校はフォン・ケッシンガー中佐。都市水道を利用し、便所の清掃と残飯処理は日本側が行なった。約一七〇名の俘虜が毎日約八時間、市中の鉄工所、染色工場、社長がドイツ語を話す陶器工場で働いた。

図書室には一九一九年六月現在三四五〇冊の書籍があった。日本の新聞ニュースからの『日刊電報通信』(Täglicher Telegrammdienst) が板東のように発行されていた。

一九一七年以降には所内の遊休地に菜園、小鳥や家禽、兎の飼育が許され、翌年所外の農地に野菜栽培ができるようになり、これを「小北海道」と呼んだ。体操場、サッカー場、ドイツ式ハンドボール場各一、テニスコート六面が利用できた。

一九一五年設立された合唱団は約四〇名からなり、弦楽オーケストラは二二名で構成され、ピアノとオルガンを自作していた。一九一八年七月には戸外で、一〇月以降はバラックのなかで演劇が上演された。

一一名の死者のうち七名は一九一八年冬の流感の犠牲者だった。(11) 週二回歯科医が来た。

将校は下士官兵とのきびしい隔離に苦しんだ。

一九一六年一一月名古屋でペストが流行し、俘虜たちは三匹のねずみと引き換えに葉書を一枚余分に出すことができた。

一九一九年六月二二日―三〇日名古屋商業博物館で俘虜製作品展覧会が開かれ、六万人が訪れた。展覧会の目録は二〇頁に及び、売上は四五〇〇円（九三六〇金マルク）あった。

一九一八年六月五日―八日にはスポーツ祭が行なわれた。

⒀　習志野収容所

一九一五年九月七日、浅草収容所の移転によって開設され、一九一六年一〇月一九日には福岡から一部、一九一八年八月五日静岡の一部、一九一八年三月二二日福岡の将校収容所、一九一八年八月八日には大分収容所が合流した。

一九一八年七月一六日には、将校四〇名のドイツ人五四六名とオーストリア将校一名、およびその従兵が赤十字によって確認されている。

その後の合流によって八六九名となり、別な資料によると、そのうち三〇〇名がオーストリア人、うち一〇〇名はドイツ系、その他はハンガリー、ダルマチア、クロアチア、スロヴァキア人ということだった。先任将校は当初クーロ中佐、一九一八年三月以後はザークセル海軍大佐。収容所長侯爵西郷中佐はドイツをよく理解していた。

毎月体重測定があり、そのリストは残っている。東京から面会がよくあった。鉄条網だけにかこまれた敷地は九万五〇〇〇平方メートル、八〇〇〇平方メートルに八棟の兵用、二棟の将校バラックがあった。ドイツ式ハンドボール場一、体操場二、サッカー場一、テニスコート三、多数の小屋、円形小音楽堂一、いろんな作業場、屠殺場一、製パン所、炊事各一、浴室多数。石けんも自家製だった。

合唱団、劇団、大編成のオーケストラがあり、楽器の一部は製作した。不満は、他の収容所と同じように、食事の不充分、郵便物のトラブル、狭隘なバラック、個室の欠乏などだった。

一九一九年秋にはエルザス・ロートリンゲン、ドイツ系ポーランド人、シュレスヴィヒ・ホルシュタインの人たちが解放された。残りは一二月二五日出発二七日神戸着。このとき二〇人が残留して後片づけをした。

(14) 似島収容所

大阪収容所が一九一七年二月一六日似島に移転した。到着は三日後、閉鎖は一九二〇年一月二二日。兵員用四棟、准士官と下士官一棟、将校用一棟。高さ三〇〇メートルの山の南西の麓の海に近い所で、日露戦争のときすでに検疫所に使われた。居住に三五〇〇平方メートル、テニスコート二面、サッカー場を含んで敷地は約一万六〇〇〇平方メートル。将校二八名を含むドイツ人五三六名とオーストリア人九名が収容されていた。

ドイツ側先任将校はハース海軍中佐。俘虜たちは鶏を飼い、斜面に小屋を建てたり、花壇や菜園をつくり、井戸も掘った。文化活動も活発だった。一九一九年春には展覧会を開いた。

木の塀が海への展望をふさぎ、苦力仕事をさせられた。日当八銭で車につんだ土を広島の市中まで運搬した。

一六〇名――うち六名は五〇歳以上――が非戦闘員なのに自由を奪われていると抗議したが、無駄だった。大分や名古屋と反対に、似島の将校は、兵と共用なので、つねに侮辱をうけたりしていた。

似島収容所は独自の石版印刷所を持っていて、すでに一九一六年六月末に発刊されていた『大阪収容所新聞』を『似島新聞』として続刊した。

⒂　大分収容所
一九一四年一二月四日開設、一九一八年八月四日習志野に移転。習志野着は八月八日。約五〇メートルずつ離れた校舎三からなり、その一つは日本の生徒が入っていて、他の二棟を収容所Ⅰ、Ⅱと呼んでいた。大きい方のⅡの先任者としてレッヒャー曹長がいた。一人当り二・二平方メートルの兵員舎には二〇五名いたが、うち六〇名は一九一六年一〇月一八日福岡から合流した人だった。将校は四五分ほど離れた市中の赤十字の建物に収容されていた。先任将校はフォン・ヴェーデル少佐。従兵は兵員舎で寝た。一九一六年一〇月一日丸亀から移った将校を含んで二〇名だった。週に二回まで所外でサッカーをしたり、山への散歩、海での水泳を許された。体操が盛んで、テニスコートも一面あった。
収容所命令は通訳中津教授の「恐るべきドイツ語で」、オリジナルが一九一四年一二月一四日から一九一八年五月二日まで保存されている。脱柵が多く、外出は結局月一回に押さえられてしまった。
所長は当初クトリ中佐、一九一六年一一月二一日から西尾大佐。

⒃　大阪収容所
一九一四年一一月一六日に大阪へ来て、一九一七年二月一六日に移転、似島に二月一九日に上陸した。五三六名のうち将校二八、オーストリア人九名、そのうち将校二だった。俘虜には番号が与えられ、発信郵便物にも大分と同じく記入するはずだったが守られなかった。一時は六六〇名が大阪にいた。
一九一四年一一月二一日若干の軽傷者が着いたが、クリスマス前に徳島へ移された。約二〇〇名の日本と中国からのドイツ市民も収容されていた。

一九一六年三月頃宿舎の一部が火事となったが、再建されなかった。

所長は菅沼大佐。

(17) 静岡収容所

俘虜の主力八三名は一九一四年一二月五日青島発、沙子口をへて広島へ、一二月八日鉄道で静岡へ一二月一〇日に着いた。

一九一八年八月二五日習志野へ移転。末頃には将校七のドイツ兵八九名とオーストリア兵七名だった。

将校は兵三〇名と共に赤十字の二階に居住し、残りは当初かつての女学校中庭一三〇平方メートルに収容されていたが、一九一七年六月一三日全員が赤十字に集まった。

隣接する師範学校の運動場でテニスやサッカーが可能だった。一四名からなる楽隊もあった。週に一、二回久能山への遠足が行なわれた。所外で労働もあり、必要な場合には歯科医へ通うこともできた。

先任将校はマティーアス海軍大尉。

(18) 徳島収容所

一九一四年一二月三日から一九一七年四月六日板東へ移転まで。

一九一五年三月には一九五名、後二〇八名が九〇平方メートルに居住した。

先任将校ドュムラー海軍大尉、所長松江中佐、後大佐。松江大佐は多くのことをなし俘虜の運命をやわらげた。

二階建の議事堂とその隣のバラックに収容された。集団スポーツには学校や公園を利用した。時々遠足に出かけ、夏には川や海で水浴した。日本の会社で少数の者が働いた。毎週、後には必要のつど、日本兵一人の付添で市中での買物を許された。音楽は楽団と合唱団があった。
一九一六年の復活祭には俘虜作品展が日本でもっとも早く開催され、そのカタログには二七名の弦楽オーケストラが言及されている。

以上が『青島俘虜郵便必携』の伝える在日俘虜収容所の概要である。

日本以外の収容所

日本の収容所以外に、中国に八、イギリスの管理下地域に四、オーストラリアに八、インド・ビルマ・セイロンに一〇、シベリヤを含むロシアに五一のドイツ人およびドイツ軍の収容所があった、と『必携』は伝えている。

中国は一九一七年三月一四日に対独国交断絶、同年八月一二日に宣戦を布告しているので、敵国人としての収容は上記の時点以降である。南京収容所には、水雷艇「S90」の乗組員が収容されていた。封鎖された青島から脱出し、その途中日本の巡洋艦高千穂を撃沈[12]、一九一四年一〇月一八日青島南方海岸で自沈、ブルナー大尉以下の乗組員は上陸、一〇月三〇日に南京着、一応の制限はあったがほとんど自由ともいえる収容所に入り、二〇年一月三一日上海で帰国船ハドソン丸に乗船した。

青島俘虜の帰還

一九一九年半ばまでにハンガリー、チェコ、エルザス・ロートリンゲン、シュレスヴィヒ・ホルシュタイン出身者はヴェルサイユ条約の領土変更ないしは帰属決定のための人民投票のために帰国の途についていた。残余の俘虜は一九一九年一二月末までに三グループに分かれて乗船した。翌年まで残ったのは「一九二〇年組」と呼ばれる次の三集団だった。

㈠　独身者の小グループ。二〇年一月二八日第四船で出発。

㈡　家族が東アジアに在住する妻帯者、いわゆる家族船で二月三日に帰還。

㈢　いわゆる在住者。東アジアに職を得た者で二〇年一月一六日に解放された。五〇〇名ほどが蘭印の植民地警察官となったが、現地にいたドイツ人ローゼン少佐の仲介によるものだった。二月一日と二月一二日の二回にわたってバタヴィアに渡り、若干の者は第二次大戦中にふたたび英軍の俘虜となりインドの収容所に収容された。

在日俘虜の帰還準備作業は、

㈠　山梨半蔵陸軍次官を長とする日本側の引渡し委員会。

㈡　スイス代理公使Dr・ジニウス、東京救援委員会ケストナーからなるドイツ側委員会。

㈢　ザークセル海軍大佐その他若干名からなる俘虜諮問委員会によってなされた。

帰還船は、

㈠　豊福丸。一九一九年一二月二六日クレーマン少佐（板東先任将校）を輸送指揮官として神戸第四埠頭で乗船、板東の六〇四名、習志野七一、似島三九、名古屋二三〇の計九四四名が三〇日に出港、一九二〇年二月二四日ヴィルヘルムスハーヴェン到着。船中では板東印刷所による船中新聞『帰国航』が六号発行され、絵葉書も二種印刷された。

(二)　キフク丸。一九一九年一二月二七日フォラートゥン海軍大佐を輸送指揮官として神戸第四埠頭で乗船、習志野の五五七名、似島六四、久留米九八、青野原二二二名、合計九四一名は二八日出港、翌年一月二日青島に帰港して、荷物およびドイツ市民と官吏を収容、三月八日ヴィルヘルムスハーヴェン到着。

(三)　ヒマラヤ丸。一九一九年一二月三一日ベートゲ海軍少佐を指揮官として門司で乗船、板東からの七名、習志野九、名古屋九〇、似島四〇、久留米八一二、合計九五八名は一九二〇年一月五日神戸発、三月三日本国着。大阪商船が絹のハンカチ三枚を記念品とした。

(四)　ハドソン丸（三八〇〇トン）。一九二〇年一月二二日ボーデカー海軍少佐を指揮官として、最後の俘虜五〇〇—六〇〇名が神戸に着き、二七日乗船。二月一—三日上海で「S90」の乗組員を収容、四月二日ブレーメン到着。

(五)　梅丸。家族船として一九二〇年二月一三日神戸出港、四月一六日ハンブルク着。船中新聞『梅』が発行された。

(六)　南海丸。第二家族船。マイヤー・ワルデック総督の乗船。三月二五日神戸出港、五月二三日ないし二四日にハンブルク着。

2　鳴門市立ドイツ館収蔵印刷物解説目録

鳴門市板東の旧収容所跡のやや北方の市立博物館「ドイツ館」には、収容所印刷所の印刷した文書資料が展示されている。以下はその解説目録である。刊行年・号数等の次の数字はサイズを横・縦ミリメートルルで示したもの。石版画以外はすべて手書き謄写印刷である。

I　収容所新聞

(1)『バラッケ（バラック）』板東俘虜収容所新聞、第Ⅰ巻、一九一七―一九一八、一九三×二六四（現在のB5判＝週刊誌よりそれぞれ一センチ前後大きい）、六〇四頁。

Die Baracke, Zeitung für das Kriegsgefangenenlager Bando

▽一九一七年九月三〇日の創刊号から一九一八年三月二四日の第二六号まで半年分に記事索引を付して製本したもの。一八号までは各号毎の頁数であるが、二月三日の一九号以降はそれ以前の頁数を累計した通し頁となっている。

(2)『バラッケ』第Ⅱ巻、一九一八、一九三×二六四、四二（二五号）＋七一二＋一〇（索引）頁、一九一八年三月一七日の第Ⅰ巻の二五号（二六号は次号）、三月三一日を第Ⅱ巻の一号、通号二七とし、九月二九日の二七号（五三号）までを製本したもの。

(3)『バラッケ』第Ⅲ巻、一九一八―一九一九、一九三×二六四、索引とも六二〇頁、一九一八年一〇月六日を一号（通しの五四号）とし三月三〇日の二六号（七九号）までを製本したもの。

(4)『バラッケ』一九一八・一二・三一の一二号（六六号）から一九一九・三・三〇の二六号（七九号）までの三カ月三六四頁を製本。

(5)『バラッケ』一九一九年四月号、一九三×二六四、一五八頁＋広告四頁、週刊から月刊に移行。

(6)『バラッケ』一九一九年五月号、一九三×二六四、一四二頁＋広告二頁＋多色刷二。

(7)『バラッケ』一九一九年六月号、一九三×二六四、一一九頁＋広告一頁。

(8)『バラッケ』一九一九年七月号、一〇三頁＋別刷一。

(9)『バラッケ』一九一九年八月号、一〇八頁＋別刷三。

(10)『バラッケ』一九一九年九月号、一三五頁＋索引（四―九月）八頁＋別刷一一、バラッケ最終号。

(11)『陣営の火』第I巻一号―二五号、二〇九×三一二、索引とも五二八頁。
Lagerfeuer, Wöchentliche Blätter für die deutschen Kriegsgefangenen in Matsuyama. Neudruck, herausgegeben im Kriegsgefangenenlager Bando, Japan. Januar 1919.
▽一九一六年一月二七日に松山収容所で第一号が発行されたが、第五号の綴り字遊びのため発行禁止をうけ、以下六号以降は同人による回覧紙となった。板東に移転後、松山の編集部が『バラッケ』を発行する主体となり、やがて一九年に『陣営の火』を印刷製本して読者に渡した。巻頭に「再刊の辞」をかかげている。

(12)『陣営の火』第I巻二六号―五〇号および第II巻一号―一三号、二〇九×三一二、索引とも四九二頁＋索引とも二四八頁、一九一六年七月二三日二六号から一九一七年三月二五日の第II巻一二号一三号合併最終号までの合本。

II　**展覧会目録**

『造形と工作』展覧会案内書、一九一八年三月八―一八日板東公会堂、一三八×一九八、二つ折中央で糸綴じ、表紙とも五六頁。
Führer durch die Ausstellung für Bildkunst und Handfertigkeit, Kriegsgefangenenlager Bando

1918, 8. - 18. März 1918 IM KOKAIDO in Bando.

▽俘虜作品展の案内書。

III カレンダー

故国カレンダー一九二〇年、一三〇×一九〇、二十一〇五枚。

Heimatskalender 1920, Steindruckverlag Muttelsee & Hürsenitz, Kriegsgefangenenlager Bando, Japan. Bando, den 20. Dezember 1919.

▽石版印刷。

IV 画集

(1) 『鉄条網のなかの四年半』、二九〇×一七六、六六頁、紙表紙と布表紙の二種。

4½ Jahre hinter'm Stacheldraht, Skizzen-Sammlung von Willy Muttelsee mit Reimen von Karl Bähr.

▽収容所生活を回顧する線画と、それを韻文で解説する画文集。

(2) 『鉄条網のなかの四年半追録』、二八八×一八二、三六頁、一九一九年秋。

Nachtrag zu 4½ Jahre hinterm Stacheldraht, Skizzen von Willy Muttelsee mit Reimen von Karl Bähr. Druckerei Bando-Ost Rudolf Hülsenitz

▽画はムッテルゼー、文はK・ベール。

(3) 石版画一四枚、二〇〇×二六七、一＋一四枚、一九一九年。

14 Steinzeichnungen, Herausgegeben im Kriegsgefangenenlager Bando, Japan 1919.
▽文集にするつもりだったが、時間がなくなったので画だけにした、と説明がある四人の作品集。

(4)　収容所生活一〇枚、W・ブロムベルク、二二七×二九三、謄写印刷による画集、一九一九年。
10 Zeichnungen aus dem Lager, Originalzeichnungen auf Wachsbogen von W. Blomberg. Bando, Ende der Kriegsgefangenschaft 1919.

V　案内書および名簿

(1)　『板東俘虜収容所案内書』、一三五×二〇〇、五六頁、一九一八年八月。
Fremdenführer durch das Kriegsgefangenenlager Bando, Japan. Herausgegeben von der Lager-druckerei Bando.
▽一九一八年八月久留米から九〇人が板東へ転収されたが、この人たちに板東収容所の状況を知らせるために発行したもの。所内の建物、責任者名、各機関の機能、営業活動、スポーツ、文化団体の紹介など、一九一八年の板東俘虜収容所の活動を示す。

(2)　『板東俘虜収容所一九一七―一八』、一九〇×二六二、七九頁、編集ルードルフ・ヒュルゼニッツ。
Adressbuch für das Lager Bando 1917/18. Zusammengestellt und herausgegeben von Rudolf Hülsenitz, Gedruckt in der Lagerdruckerei.
▽板東収容所の収容者の氏名、階級、俘虜番号、所属中隊、居住棟、室、内務班の一覧表を第一部とし、バラック毎の略図によって居住場所を第二部で示し、最後に営業案内を掲げている。名簿記載人員は九三五名。

(3)　『板東収容所俘虜故国住所録』、一九一×二六五、四九頁、一九一九年。厚紙表紙。Heimatsadressen der Kriegsgefangenen im Lager Bando Japan 1919.
▽アルファベット順の氏名の下に所属団体、会社名をかかげ、ドイツでの住所、さらに空白にした変更欄を置いた名簿。記載人員は八二二名。

Ⅵ　書籍およびパンフレット

(1)　『三つの童話』、E・ベール。一九〇×一二五五、七九頁、クロス装、多色刷挿絵八、第二版、五一一六×百部、装丁および筆書グスターフ・メラー、謄写印刷、一九一八年。Drei Märchen, E. Behr. 2. Auflage 5tes bis 16tes Hundert. Buchschmuck und Schrift von Gustav Möller. Zum Besten der Kriegsgefangenen im Lager Bando (Japan) in Schablonen-Druck, gedruckt und gebunden 1918.
(2)　『板東俘虜収容所漫筆』、パウル・ケーニヒ。一七〇×一二〇、一八一頁＋目次二頁、クロス装、挿絵G・M、一九一九年。Plaudereien aus dem Kriegsgefangenenlager Bando in Japan, Paul König mit Bildern von G. M.
▽収容所新聞『バラッケ』の「漫筆」欄に寄稿した一九一八年末までの記事をまとめた雑報で、所内の雰囲気を伝えている。
(3)　『礼節指南』、F・ティーフェンゼー。一九三×一二六一、三〇〇頁、一九一九年。Wegweiser durch die chinesischen Höflichkeitsformeln von F. Tiefensee.
▽中国の礼式を詳細に解説した大著。

(4)　『相撲図説』、H・ティッテル、一九五×二六八、四二頁＋正誤表、和装本、多色刷三、大阪別刷一、一九一九年。
SUMO. Der japanische Ringkampf nach japanischen Quellen von H. Tittel.
▽日本の相撲解説書。

(5)　『第六中隊の過去の影絵もしくは不治なる鉄条網病患者のひらめき』、カール・ベール、一九一×二六四、三六頁、仮綴じ、一九二〇年。
Schlagschatten aus der Vergangenheit der K. 6 oder Gedankenblitz eines unheilbar Stacheldraht-kranken, von Karl Bähr. Vorgetragen am Abschiedsabend der K. 6, III. S. B. am 22. Dezember 1919.
▽第三陸戦大隊第六中隊の一九一九年一二月二二日に行なわれた送別会で演じられた寸劇の台本。青島での訓練、戦闘、俘虜生活に至るまでの記録となっている。出版は一九二〇年。

(6)　『日本語日常語教科書』第一部、クルト・マイスナー、二三三×二七五、八六丁、背皮製本、一九一六年松山。
Unterricht in der Japanischen Umgangssprache, in der Gefangenschaft gegeben von Kurt Meissner. 1. Teil Matsuyama 1916.
▽松山収容所におけるマイスナーの日本語講習会教科書。タイプ印書を厚紙に貼付し後に製本したもので、書込みによると一九一六年三月から八月まで、約四一時間の授業に使用されたものと推定できる。

(7)　『日本語日常語教科書』第二部、クルト・マイスナー、二三〇×二八三、九九丁、一九一六年、松山。

Unterricht in der Japanischen Umgangssprache, in der Gefangenschaft gegeben von Kurt Meissner. 2. Teil, Matsuyama 1916.

▽八月二一日から一二月五日までに使用された教材の製本。

(8) 『日常の日本語』、クルト・マイスナー、二〇六×二七二、二八七頁、タイプ印書の謄写印刷、クロス装、一九二六年、東京。

Die Japanische Umgangssprache. Unterricht, gegeben in der Kriegsgefangenschaft von Kurt Meissner. Als Manuskript vervielfaeltigt im Kriegsgefangenenlager Matsuyama, Japan, 1916. 1. Neudruck, hergestellt im Kriegsgefangenenlager Bando, Japan, 1919. 2. Neudruck. Hergestellt von der Deutschen Vereinigung Tokyo. Tokyo 1926.

▽松山収容所でのタイプ印書の教材は一九一九年板東収容所で再版され、東京ドイツ協会の手によって一九二六年さらに出版されたもの。厚手の洋紙の両面印刷。後一九三六年に活版印刷となったが、その序文によると、板東での再版は謄写印刷で二〇〇部が発行され、二一年にはドイツ協会が東京で二〇ないし三〇部をタイプ印書でコピーし、二三年には同協会が活版印刷を始めたが九月一日の震災で不可能となり、一九三〇年タイプ印書から二〇〇部を印刷、三六年にその第三版を活版で、三八年には増刷により第五版が出版された。

(9) 『尋常小学読本』独文訳、巻一二、H・ティッテル、H・グロースマン、一八〇×二五七、二六〇頁、一九一九年。

Erläuterungen zu den japanischen Volksschulfibeln, bearbeitet von H. Tittel und H. Grossmann, Heft XII.

▽発行年に一九一七―一九一九とあるので、巻一から順次出版し、この巻の一九一九年九月で終了したものと推定される。冒頭に新出漢字の読み方。テクストはローマ字で書かれ、ついで語句のドイツ語訳、テクスト全体のドイツ語訳、注釈と小学読本二八課までの学習書となっている。

(10)『国民年中行事』、A・ベルクホールン他四名訳、二〇八×二〇九、タイプ印書、クロス装、一九一九年。

KOKUMIN NENCHU GYOJI, Das Jahr im Erleben des Volkes. Berechtigte Uebersetzung aus dem Japanischen von Adolf Berghoorn, Ernst Kayssner, Heinrich van der Laan, Gustav Rudolf, Erich Simonis. Geschrieben und gebunden im Kriegsgefangenenlager Bando, Fruehjahr 1919.

▽収容所新聞に連載したものを合本したのであるが、訳者たちの名前は名簿にないので転載と思われる。日本人の年中行事の解説。

Ⅶ　その他の印刷物

(1)　カール・フォークトの四つの歌、ヴィスタイツ、久留米収容所、一九一九年。

Vier Lieder von Karl Vogt. Kriegsgefangenenlager KURUME 1919 JAPAN, Wisteitz KURUME.
Dichtungen und Vertonung sind im Kriegsgefangenenlager Kurume-Japan entstanden.

1. Sehnsucht—Curt Nack
2. Ankunft—Karl Büttner
3. Geige am Abend—Alfred Prahl
4. Des Gefangenen Lied—Alfred Prahl

▽詩と曲は久留米収容所で生まれた。
あこがれ――クルト・ナック、到着――カルル・ビュットナー、夕べのヴァイオリン――アルフレート・プラール、囚われ人の歌――同上。

(2) 一九一五年の歌、カール・フォークト作曲、ピアノ伴奏による一声楽部。
Lieder aus 1915. Für die eine Singstimme mit Klavier. Komponiert von Karl Vogt, DIEDLSTEIN
1. Vaterländisches Lied. Frh. G. v. Herting
2. Kein schöner Tod ist in der Welt. Altdeutscher Text
3. Soldatenbraut. Alfons Petzold
祖国の歌――G・フォン・ヘルティング男爵、美わしき死はこの世になし――古ドイツ語の詩、兵士の花嫁――アルフォンス・ペッツォルト。

(3) プログラム各種
(a) スポーツ的演芸会、一九八×二七五、一九一九年三月二九―三〇日、開始七時。
Sportlicher Unterhaltungsabend
音楽、ボクシング、跳馬、グレコ・ローマン式レスリング、逆立アクロバット、柔術、アメリカ式レスリング。
(b) パウル・エンゲル指揮、板東第八回コンサート、一九一八年二月一七日（日）午後六時一五分、一九七×二七五、四頁。
ツァーと大工、序曲――A・ロルツィング、ペール・ギュント――グリーク。
ヘンゼルとグレーテル幻想曲――エンゲルベルト・フムパーディンク。

ヘンゼルとグレーテルについては別刷一二頁のテクストがある。

(c)徳島オーケストラ第五回コンサート、一九一七年六月一〇日、二一二×三二五。
一、青島の戦士、パウル・エンゲル作曲の行進曲
二、オペラ「賢い御婦人」序曲、ボワルデュー
三、サン・サーンスのオペラ「サムソンとデリラ」から、「わが胸は君が声に開かれる」
四、ベートーベン第九交響曲の「喜びに」
五、ワーグナーの楽劇「ヴァルキューレ」から「ヴォータンの別れ」、「火の魔法」
　開始　午後七時一五分

(d)プロムナード・コンサート、一九一九年三月二三日(日)、一九三×二七三。板東公園開園式記念演奏会、沿岸砲兵中隊軍楽隊、タイケの行進曲八曲。

(e)沿岸砲兵中隊軍楽隊、エンゲル・オーケストラ合同演奏会、一九一九年一一月一〇日(月)、夕七時、指揮後備軍曹ヴェルナー、ベルリオーズの「ローマの謝肉祭」、ワーグナーの「さまよえるオランダ人」序曲、フランツ・リストの「タッソー」、一九四×二五六。

(f)ヴィーナー・アンサンブル第一回コンサート、指揮パウル・エンゲル、一九一九年二月八日、九日、夕七時、ヴェーバーの「オベロン序曲」、パラディス「パステル・メヌエット」、レオンカヴァロ「バヤッツォー」から幻想曲、リスト「ハンガリー狂詩曲」、一九七×二七四、四頁。

(g)第III陸戦大隊吹奏楽団演奏会、一九一九年七月一三日、午前九時三〇分、指揮軍楽伍長シュルツ、平和ホールにて、六曲、一九九×二七二。

(h)沿岸砲兵中隊軍楽隊第三〇回コンサート(弦楽)、一九一九年五月一一日(日)、夕六時三〇分、一

七二×二七三。

(i)ベートーベン第九交響曲、徳島オーケストラ第二回シンフォニー・コンサート、八〇名の合唱団賛助出演、指揮沿岸砲兵中隊軍楽長ハンゼン、一九一八年六月一日(土)(公開総稽古五月三一日)夕六時半。一九七×二七三、六頁、うち二頁は「喜びに」のテクスト。

(j)第四回室内楽の夕べ、一九一八年三月四日、六時一五分、モーツァルト、ハイドン、ショパン。一九七×二七四、四頁。

(k)白馬において、オスカル・ブルーメンタール、グスターフ・カーデルブルクの三幕の喜劇、一九一九年三月中旬、七時開演、一九六×二六五、四頁。

(l)板東人形劇、ファウスト博士の人形芝居、一九一九年五月、七時開演。一九八×二七三、四頁。

(m)シャーロック・ホームズ、コナン・ドイル原作、フェルディナント・ボン作四幕の探偵喜劇、一九一八年一月、正六時半開演、拍手禁止(収容所命令)。二七二×四〇二。

(1) 『青島戦記』、朝日新聞合資会社、大正四年、六二頁。

(2) 同上、一八五頁以下。

(3) 外務省官房外交史料館蔵『日独戦争ノ際俘虜情報局設置並独国俘虜関係雑纂』のうち「俘虜収容所開閉一覧表」による。この一覧表の日付は大正九年四月一三日であり、欄外には鉛筆で「陸軍省飯田大尉」と書き込まれている。

(4) 鳴門市立ドイツ館蔵『雑書編冊、板西警察署警備警察官出張所』の大正七年八月二一日巡査部長の報告書による。( )内は誤記と思われるので訂正した。

(5) ヘルムート・リューフェル、ヴォルフ・ルンガス『青島俘虜郵便必携』デュッセルドルフ、一九六四年、七七頁。
Helmut Rüfer, Wolf Rungas: Handbuch der Kriegsgefangenenpost Tsingtau. Herausgegeben von der Poststempelgilde „Rhein-Donau“ e. V. Düsseldorf 1964.

(6) 一九一九年『バラッケ』の月刊四月号および九月号の既刊図書の広告を基礎とした。詳細は、筆者による「„Die Baracke“ 板東俘虜収容所新聞——資料紹介一」愛知県立大学十周年記念論集、八九八頁以下参照（本書八〇—一一〇頁に所収）。

(7) 「中尉」とあるが、習志野での記述から中佐のミスプリントと思われる。

(8) 板東収容所については、筆者による前述の「資料紹介一」、愛知県立大学外国語学部紀要第一〇号の「資料紹介二」（一九七七年三月）、および同紀要第一一号の「資料紹介三」（一九七八年三月）参照（本書八〇—一七六頁に所収）。

(9) 『青島俘虜郵便必携』一二一頁以下および四四頁の記述による。

(10) 宮本三郎『林銑十郎』原書房「明治百年史叢書」、昭和四七年、八六頁。

(11) かつて収容所の前にあった陸軍墓地は、第二次大戦後名古屋市東部に墓地を集結した平和公園に移されたが、そこには一二名のドイツ俘虜の墓碑がある。一九一九年一二月一八日にF・クネル（F. Knell）が死亡している。

(12) 前出『青島戦記』一〇三頁以下参照。

三　『ディ・バラッケ』――板東俘虜収容所新聞

はじめに

第一次世界大戦においてわが国は一九一四年八月二三日ドイツに対して宣戦を布告し、九月から一一月にかけて、中国の山東半島のドイツ租借地にある青島要塞を攻撃した。この戦闘が第一次大戦における日本陸軍の唯一のものだった。約五〇〇〇名のドイツ軍は一一月七日降伏し、大部分は俘虜として日本各地の収容所に送られた。その総数は、大正四年の四四六一名、大正七年の四六六九名と異同があるものの、約四五〇〇名で、当初は、東京、静岡、名古屋、青野原、大阪、松山、大分、徳島、丸亀、久留米、福岡、熊本の一二カ所に収容された。大正六年二月に大阪俘虜収容所を広島県似島に移し、四月に四国の三収容所、徳島、松山、丸亀を、現在の鳴門市板東町桧に集中して板東俘虜収容所とした。(2)

板東への集結は、四月七日に徳島から二〇六名、八日に丸亀の三三三名、九日に松山収容所の四一四名をもって終わり、うち将校准士官は二一名、下士官兵九一七名、文官等一五名の計九五三名であった。(3) 収容所長は、徳島の所長であった歩兵大佐松江豊寿が発令され、以下将校四名、主計二名、一等軍医入戸野信敏、看護長、下士官五名、通訳三名が収容所司令部を構成していた。(4)

表3-1　著者所蔵坂東俘虜収容所新聞『バラッケ』編成表

巻数	号数	通し号数	発行年月日	通し頁	1号の頁数
III	12	66	1918.12.31	267～288	22
	14	67	1919. 1. 5	289～312	24
	15	68	1.12	313～336	24
	16	69	1.19	337～360	24
	17	70	1.26	361～384	24
	18	71	2. 2	385～408	24
	19	72	2. 9	409～432	24
	20	73	2.16	433～460	28
	21	74	2.23	461～480	20
	22	75	3. 1	481～504	24
	23	76	3. 9	505～524	20
	24	77	3.16	525～548	24
	25	78	3.23	549～572	24
	26	79	3.30	573～610	38
	第III巻1号(54)から26号(79)の記事索引			611～620	10

収容所印刷所での製本に際して，本来は，26号本文，26号付録，記事索引の順になるべきものが，付録の2頁，索引10頁，26号末尾の591頁から601頁の順に乱丁となっている。

板東俘虜収容所のドイツ人は、棟田博によれば大正九年一月二八日に全員解放となり、才神時雄によれば五月初旬に最後の一五〇人が引き揚げた(5)。月日と人数の異同があるが、いずれにしても、大正三年一一月に俘虜となってから通算すれば、五年数カ月、板東へ移ってからは二年一〇カ月ないしは三年を経て自由の身となったことになる。この間の大正六年一〇月から同八年九月までの丸二年間、ドイツ軍俘虜は、『日本、板東俘虜収容所新聞、バラッケ』(Die Baracke. Zeitung für das Kriegsgefangenenlager Bando Japan)を「収容所印刷所」で印刷発行していた。

この新聞については他の収容所で発行されたものと並べて才神が言及し棟田も一度ふれているが、その内容には立ち入っていない。その存在は知られていたが、その実体は不明のままであった。

筆者の手元には、„Die Baracke“(以下『バラッケ』とする)の週刊時代の第III巻一二号から二六号(ただし一三号は欠番)、通しで六六号から七

表3-2　月刊『バラッケ』編成表

号数		頁数
1919年 4 月	1～158	158
5 月	1～142	142
6 月	1～119	119
7 月	1～103	103
8 月	1～108	108
9 月	1～136	136
4 ～ 9 月 記事索引	1～　8	8

図 3 -1　『バラッケ』最終号

九号、一九一八年一二月三一日号から三月三〇日号までの三四四頁を一冊に製本し、表紙と一号から二六号までの索引を付したものと、月刊となった一九一九年四月号から最終号の九月号までの六冊、合計して一一二八頁の原本がある。(6)

後述の「終刊の辞」では『バラッケ』の総頁数を二七〇〇としているので、一九一七年一〇月から一九一八年一二月までの一年三カ月間の六五号にわたる週刊時代は未見のままである。概算してみると各号は二四頁と思われる。一頁は一九三×二六〇ミリメートルのやや厚手のザラ紙で、両面印刷に編集し、二四頁（六枚）を綴じ合わせて一号としている。手元にある分の編成は表3-1、2のとおりである。なお半年毎を一巻とし、一九一九年三月末の週刊最終号までで通巻三巻とし、四月以降の月刊には巻数は付されず、頁数も通しでなくなっている。

「終刊の辞」

収容所新聞『バラッケ』は一九一九年三月二三日発行の第二五号（通しで七八号）と最終号となった九月号の二度にわたって、編集部名でこの新聞自身のことに言及している。[7] 最初は、「読者に」（An unsere Leser）、ついで「終刊の辞」（Zum Abschied）と題して、それぞれ週刊から月刊への切り換えと二カ年にわたる発行の総点検、総括をしている。

三月二三日号においては、読者にこう説明している。次号で第Ⅲ巻が終わることになるが、この板東にいつまで留まることになるか誰にも言えない。しかし講和会議のテンポも速まってきたので、「あまり遠くない時期の帰国をあてにすること」のできる状況である。したがって編集部では、この第Ⅲ巻で終刊とするか続刊とするかについて論議の結果、板東に留まる期間が不確かなため、第Ⅳ巻として四月からの半年を続刊しても未完に終わるだろう、と判断した。「こうしたまずい状態を避けるために、四月以降『バラッケ』を月刊として編集発行すること」にし、これまで通り毎月の頁数を八〇～一〇〇、きちんとした表紙を付して一冊とする。果たすべき役割は、第一に記録であり、第二に俘虜生活の実相を伝えるものとすることに変わりはない。まとまった一本とすることによって、「これまでより長い論考を掲載することが保証」できる。購読料は不変で月に五〇銭とする。

週刊のまま発行を続け、帰国の時期が来たら中断するという考え方を取らず、「第Ⅳ巻が完結しないままとなり、急に中断した冊子のシリーズに終わることが予想される」という理由で月刊に切り換えているのは興味ある現象である。

表3-3 青島駐留ドイツ軍死没者272名の内訳

青島での戦死者 191	
第Ⅲ陸戦大隊 (39.79%)	76
第1中隊	9
第2中隊	21
第3中隊	6
第4中隊	9
第5中隊	6
第6中隊	2
第7中隊	4
機関銃中隊	5
工兵中隊	6
陸戦野砲兵中隊	6
予備野砲隊	1
重榴弾砲兵隊	1
膠州沿岸砲兵隊 (27.75%)	53
第1中隊	21
第2中隊	11
第3中隊	9
第4中隊	5
第5中隊	7
東亜海軍分遣隊 (23.04%)	44
第1中隊	33
第2中隊	6
第3中隊	5
軍艦 (8.90%)	17
イルティス	3
青島	1
オッテル	2
祖国	2
皇后エリーザベト	9
陸戦中隊	1
収容所での死亡者 81	
青野原	6
板東	8
福岡	3
熊本	1
久留米	10
丸亀	1
松山	1
名古屋	10
習志野	30
似島	6
大分	2
大阪	2
静岡	1

最終号の月刊九月号は、九月というタイトルにしてあるものの、一一五頁以降は「付録（一九一九年一〇月）」という形で、一〇月の収容所日誌として、一〇月二六日の三つの行事、第四六回櫛木への遠足、ゾルゲル少尉の郷土研究講演シリーズ『ドイツのバルト海岸について』、さらに、膠州沿岸砲兵隊楽団の第三五回演奏会までの日誌と、旧青島駐留部隊死没者名簿として青島での戦死者一九一名、日本の各地での死亡者八一名について、戦死者にあっては所属部隊毎にまとめて、その氏名、階級をかかげ、俘虜収容所での死没者はすでに廃止となった所をも含めて、一三の収容所毎に氏名、階級をかかげている。部隊と収容所別に整理すると表3-3のようになる。

収容所での死亡者の大部分は大正七年に大流行したいわゆるスペイン風邪によるものと思われるが、八一名の三七パーセントを占める習志野収容所の三〇名については、その理由は今のところ明らかではない。死亡者名簿は七頁にわたって、その後に「終刊の辞」が発行部隊のグラフ一頁を含んで五頁続き、その中で編集部の名の下に二年間の新聞活動のまとめが行なわれている。欄外に編集部として階級順に次のように記されている。中尉マルティーン、予備少尉ゾルゲル、予備砲工技術軍曹ラーハウス、予備軍曹メラー、後備伍長マーンフェルト。

「丸二年存続の後『バラッケ』は本号をもって終刊とする」。このことばに始まる「終刊の辞」は、帰国の見通しがついたのでペンを置くことにしたとし、ついで新聞活動の成果と欠陥を総括し、この活動の目標にてらして点検している。この間にはさまれた発行部数のグラフは、一九一七年一〇月の創刊時の一八〇弱から、一八年二月に二〇〇部、五月には三〇〇部を越え、一〇月には最大部数の三二〇余に達し、週刊の最終号である一九一九年三月末にふたたび二六〇程に漸減、月刊となってまた上昇カーヴを見せて最終の九月号は三四〇弱に至っている経過をよく示している。その間の大きな条件の変化としては、一九一九年五月にコスト高のためそれまで各バラックの内務班に無料で配布してきた六〇部のうち三一部を停止したことと、習志野から最後になって読者が五一名加わったことである。習志野からはさらに五一部の追加がきたが、「残念ながら遅すぎたので果たすことができなかった」。後述のように一九一九年一月一日現在で一〇一九名の将校・下士官兵のいた板東で、無料配布の内務班用を除いて、毎号二〇〇ないしは二五〇部の固定読者を持っていたことになる。筆者の手元にあるこの新聞の二月一六日二〇号の第一頁上の欄外にはローマ字でNitono、一月二三日二一号第一頁右上欄外には、「入戸の」と鉛筆で記入されているところから判断すると、原所有者は板東収容所配属の一等軍医、入戸野信敏であり、その姓は「ニトノ」と読まれたものと思われる。なおこの新聞は旧ドイツ文字の筆記体の原紙から謄写印刷されたものなので、前記のローマ字のニトノは日本人の筆跡と見うけられ、「入戸の」は明らかに日本人の手になるものである。軍医が一部を寄贈されていたのか、定期購読者であったのか不明である。

終刊の事情を編集部は次のように説明している。一カ月以上前に解放が近いというほのかな兆があったが、東京救援委員会からの電報によって、スイス大使がドイツ俘虜の引取りと本国送還の全権を持つに至ったことが明らかとなり、展望が開けた。「だから、ペンと紙、原紙と鉄筆は捨てよう、これらはその仕事をこれで立派に勤めあげたのだから」。

新聞活動は成功だったかといえば、外見的には否定する要素はない。半年毎にまとめた三巻と月刊の六冊がある。総頁は約二七〇〇頁に及び、荷物がかさばって困ると戦友たちが不平をならすほどだ。だがこうした外見上の現象だけでは充足感はない。編集部はこの新聞の持つ欠陥をあまりにもよく承知している。欠陥の第一としてあげているのは、外からの新鮮な血の流入がなく、終始同一集団であったこと、第二に収容所当局と戦友の感情という二重の検閲の眼を意識せざるをえなかったことであると、遠慮がちではあるが、最終号だけにかなりはっきりとこれまでの忍耐とこれまでの編集部の努力、戦友たちの無気力に対する不満を表明している。

収容所のドイツ兵集団は、開戦前からの青島駐留軍に日本、朝鮮、中国各地から召集した予後備兵とからなる混成軍であり、しかも一要塞からそのまま留まった集団だったので、「大部分の人たちは残念ながら活動に積極的に参加しようとはしなかったし、在日俘虜がなにかしようと計画するといつもそうであったように、外から流れ込んでくる新鮮な血が特にここでは欠けていたので、収容所生活のその他の領域でもよく見うけられた一種の血族結婚現象が結局生じるほかなかった」。イギリスやフランスの姉妹紙の配布をうけられなかったのは残念なことだった。これらの姉妹紙は、戦線から直接加わってくる戦友を通して、「日常的に新鮮な風に当たり、したがってはるかに離れた極東のわれわれよりも、故国とのつながりは密接なものとなっていたのに、こちらの方は時には数カ月もかかってすり切れた、わずかばかりの郵便の束によってのみ故国とつながっていただけである。われわれは最初から最後まで常に同一集団であり、そのままの状態であり続けたこの集団は、己れの産み出すすべてのものを己れ自身の中から汲み取らざるをえなかったのである」。

終始不変の集団のままで外からの新鮮な情報の流れの入ってこない閉鎖社会であったことを第一の欠陥とすれば、そこへさらに加わるのが、収容所当局といらだって神経質になっている収容者たちの心理状態である。編集部は総括して次のように記述している。

収容所新聞が「止むを得ず服さざるをえないのがこの二重の検閲の眼である、収容所当局とならんで戦友たちにも考慮を払わざるをえないのだから。編集部は、長年にわたる俘虜生活で敏感——それどころかはっきり言えば——過敏になっているという点から、不愉快な強制された集合生活をよりいっそう不愉快にしかねないような一切のことを避けるべく、時には胸を痛めながら控え目控え目に少なくとも試みざるをえない。収容所における腐心努力について基本的な判断をしようと努める人は、常にも増して収容所新聞の行間を読みとるすべを心得ていなければならない」。行間を読みとってほしかったし、この文からもそうしてもらいたい、という気持が読みとれる。

こうしたマイナス面を明らかにした後、編集部は、収容所新聞『バラッケ』が目標としていたものをかかげている。一九一七年一〇月の創刊時におそらくは「発刊の辞」として一度発表されたものであろうが、創刊からの一年三カ月分の『バラッケ』は未見であるので、ここでは確認できない。目標は二点に集約されている。

目標の第一は、「あらゆる方面から戦時俘虜に忍び寄ってくる灰色の妖怪との戦い」であり、第二には、「一般的には鉄条網の外に、特殊的には己れ自身の自我の中にある一切のことに対して、鈍感であり、精神的に荒廃し、無気力、無関心状態であることに対する戦いである」。こうした目標が達成されるためには収容所の全員が新聞を読みうることが必要である。この新聞が、すでにより多くの刺戟、娯楽の可能性をもっている比較的余裕のある人たちの用にたつばかりでなく、すべての人の便宜になりえた場合にのみ、目標は実現される。だから編集部が、「今日いささか喜びと自負しうるのは、事情を知る限りでは内務班配布分が歓迎され大いに読まれた、という事実である」。これによって、教養をつみ広い視野を得るための多くの種がまかれたと期待している。書いてあることに賛成でなくともこれがきっかけとなって自分で考えるということになれば視野は広がってくるからである。

内務班への無料配布は一九一九年五月号までは六〇部であったので、購読分の約二五〇部と考え合わせると、ほとんど全員が読んでいたであろうことは十分推測できる。

収容所印刷所

一九一九年四月号『バラッケ』は、三九頁から五〇頁までの間に多色刷の見本と謄写印刷の方法についての略図を示しながら、収容所印刷所（Lagerdruckerei）の二年間の活動報告をまとめている。数多くの多色刷の他に約九〇点に及ぶ展覧会、演劇、音楽会などのプログラムを二万五〇〇〇部以上印刷している。「熱心な収集家はすでに大変な量の印刷物を手元に集めている。だから『このガラクタ一切を』一体どうやって国まで持ち込んだらいいのか、とよく問題にされている」状態である。だが、数年後になればこうしたコレクションをパラパラと眺めるときには、板東の「オーケストラや劇団のやってくれたことのよい想い出になることであろう」。また資料としても貴重なものになるに違いない。「特にドイツのほとんどの大都市にある戦時印刷物の公共コレクションは、俘虜収容所で発行されたすべての印刷物の収蔵に大きな価値を置いている」。

板東から送った印刷物は、その出来映えがよいという評価を受けているが、ほとんど常に石版刷りと考えられてしまっている。これは誤りであって、「われわれが使っている印刷方法、ないしはより適切には増し刷り方法はこれまでこれほどの規模で多色刷り、特に平版多色印刷に使われたことのなかった」ものなので誤解も無理からぬことである。「われわれの印刷方法はまことに戦時俘虜生活が産み出した子供である。『徳島新報』(Tokushima-Anzeiger) の創刊はもう四年前になるが、それ以来たえず実験が行なわれ常に完成化をたどってきた、だから、今日ではどのようにして平版多色印刷ができ上がるかを、実例によって一度説明することは、無駄なことではないと思われる」。

石版印刷と見紛うばかりの板東収容所の印刷法は、今日の日本では徐々に電動輪転機に席を譲りつつある手刷りの謄写印刷器からシルクスクリーンを取り去った装置を使うものだった。ろう紙の下に「鑢状に細かいきざみをつけた鋼板」を置いて原紙を鉄筆で切り、木枠の凹みに金具と締め金で張り、ローラーのインクを紙に移す、と説明され、鉄筆と手刷り謄写版の略図が付されている。多色刷りの実例として、三月一八、二〇、二一、二三、二四日にわたって上演された『白い馬』のプログラムの印刷工程が使用色インク毎に六回に分けた途中図を上段に、色が重なって徐々に完成されてゆく経過を示す六度刷りを下段にして対照させながら解説している。この例の場合には、黄、青、紫、緑、黒の五色であるが、シルクスクリーンを使わないので、あまり広い面積のベタ印刷ができず、緑を二回に分けて刷っているので六度刷りとなっている。したがって三〇〇枚のプログラムを刷り上げるのに、一八〇〇回ローラーを押すことになる。一九一八年に印刷ローラーは約一二〇〇キロメートルの距離を進んだことになり、一昨年の倍である、と数字をあげている。「紙の消費量も大幅に増加した。われわれの一年目の活動では三五万枚を消費したのに対して、二年目は五五万枚の印刷をした」。「われわれとは対照的に、日本の紙商人は胸の痛みを感じながら戦時俘虜の終わりが近づいてくるのを見ている。ここでもまた、『一人の苦しみ、他人の喜び』である」。五五万枚の用紙とは約一〇〇〇人の俘虜一人当たり五五〇枚、三六五日休みなしとして一日当たり一五〇〇枚の印刷物ということになる。この記事をのせている四月号は表紙の厚紙、広告、多色刷りの挟み込みを含んで八三枚の用紙を必要とし、発行部数グラフによれば二九〇部印刷しているので、この『バラッケ』だけで約二万四〇〇〇枚を消費している。新聞以外のプログラム、後述のような出版物を算入すれば一日一五〇〇枚平均は少なくとも一九一九年という最後の収容所生活として納得のゆく数字である。

月刊『バラッケ』の広告欄

週刊紙の一九一九年三月までは、広告はなかったが、月刊に切り換えた四月から九月号までは、表紙裏や裏表紙、さらに裏表紙裏、巻末に一頁から七頁に及ぶ広告が掲載されている。収容所生活の一断面を示すものであり、さまざまな文化活動、営業活動がうかがわれる。種別に分類して掲載号数をあげてみると、

化粧品類	四月号	五月号	六月号	七月号	八月号
出版	四月号	五月号	六月号	九月号	
飲物	六月号	七月号	八月号		
ボーリング	五月号	七月号			
ビリヤード	四月号				
ビール	四月号				

写真　四月号
人形劇　四月号
花屋　五月号
書店　五月号
楽器　六月号
荷造トランク　六月号

四月号の収容所印刷所板東の広告は、書籍印刷及び製本部門として、次の書物を既刊図書としている。

『童話三つ』〔四〕　E・ベール著、第I版、第II版
『収容所図書室図書目録』
『造形芸術及び手工芸展カタログ』
『日本地理』K・マイスナー著
『かくれ咲きの花束』——日本の戦時俘虜生活にて摘みしもの——、第I版、第II版
『板東収容所案内書』
『ブリッジのルール』
『工場設計』E・フォッケロート・ジュニア
『講演三題』X著
『俘虜生活の真剣詩とざれ歌』H・ヘス
『収容所の火』〔五〕——松山戦時俘虜収容所新聞——（三巻、再刊）

近刊として、

『板東戦時俘虜収容所あれこれ』P・ケーニヒ
『日本語日常語教科書』K・マイスナー
五月号では近刊として、
『板東収容所戦時俘虜の故国でのアドレス一覧表』
『中国礼式入門』H・ティーフェンゼー
前掲『日本語教科書』K・マイスナー
六月号の近刊予告は、
『角力、日本の格闘技』H・ティッテル
九月最終号は出版部の広告のみで、既刊図書として、
『ドイツ人の中国追放』——一九一八年一〇月から一九一九年四月までの上海英字新聞による事件の記述——
『ディ・バラッケ』I、II、III巻と月刊の六冊
『童話三つ』E・ベール
『絵画についての対話』H・ボーネル
『社会問題についての講演三つ』O・オイヒラー
『エンゲル・オーケストラ』
『日本の小学校読本解説』1—12巻、H・グロースマン、H・ティッテル
『板東戦時俘虜収容所案内書』
『美術工芸、手工芸展、板東一九一九案内書』

『板東収容所戦時俘虜の故国でのアドレス一覧表』
『俘虜生活の真剣詩とざれ歌』Ｈ・ヘス
『板東戦時俘虜収容所あれこれ』Ｐ・ケーニヒ
『収容所の火』――松山戦時俘虜収容所週刊紙――、1―3巻
『日本地理』Ｋ・マイスナー
『日本日常語授業』同上
『故国の土と父祖の血』Ｅ・ゾルゲル
『かくれ咲きの花束』――日本の戦時俘虜生活にて摘みしもの――
『中国礼式入門』Ｆ・ティーフェンゼー
『工場設計』――技術的なるものと経済的なるものの間の関係についての考察――Ｅ・フォッケロート

九月になっても近刊予告になっているのは、
『中国礼式入門』第II版、Ｆ・ティーフェンゼー
『商用中国語、中国事情』第Ｉ巻、――中国における商社設立――、ティーフェンゼー
『角力、日本の格闘技』Ｈ・ティッテル
『板東における体操』

近刊を含めて九月号では二三点の出版物を収容所内で印刷していたことになる。板東に集結する前の松山で発行されていた週刊紙の再刊広告が出ていることは、この『収容所の火』(Lagerfeuer) もまたかなりの部数発行されていたと推測できる。ただし、『尋常小学読本独文解説』巻一二以外は未見である。

もっとも回数の多い広告は化粧品類で、最終九月号を除いて四月から毎号掲載されている。内容は毎号ほとんど同じで、

口すすぎ水、防腐処理ずみ／歯を浄化し長持ちさせる、口蓋を消毒する。茶さじ半分か一杯をグラスの温水に、一びん七〇銭

ヘアトニック、防腐処理ずみ／油脂成分ありと無しとあり／毛髪および頭皮の浄化に良し、ふけ取り、一びん八〇銭

レモン酢エッセンス、茶さじ六、七杯を一びんの水に加えれば美味にして滋養豊富なドレッシングとなる。一びん六五銭

レモネード・エッセンス、オレンジ、喉の渇きを鎮めさわやかにする。グラス三〇杯用大びん、一五杯用小びん、一びん一円、および五五銭

極上ベルガモットリキュール、大びん二円、小びん一・一〇円

純良杜松ブランデー、一びん一・三〇円

純良キュンメル酒、一びん一・三〇円

広告主はA・ハイルで、同一価格でバラック七のシュラーの所でも入手可能とある。

五月二一日に上演された『ドクトル・ファウストの人形劇』が、四月号に、五月中旬上演、板東人形劇と予告されている。

ボーリングとはドイツのいわゆる九柱戯のことであるが、板東ボーリング場の広告には一時間の使用料が掲げてある。午前七時から一一時半までは四〇銭、一二時から午後三時まで三〇銭、三時から六時まではふたたび四〇銭となり、晩の六時から九時半までが最高で、一時間五〇銭となっている。「時間割当表

はレーンに掲示してある。クラブ参加希望者は下記宛申し込まれたし。競技会用にレーンを一定の日に借り上げるようにおすすめする」として、板東ボーリング場、カルル・ベールとある。なお、このボーリング場の収益のうちから、一九一八年に一三五円が板東健康保険に寄付されている（一九一九年二月一六日第二〇号の『年次報告一九一八』）。

弦楽器一切修理引受け、部品（糸まき、こま等）調製いたします、とグリューネヴェラー名で、船積み荷物用箱、帰国用トランクの広告はK・ケスラー名で掲載されている。

ミネラルウォーターの広告は、六月から八月までの夏の三カ月間、裏表紙を全部占めている。金具でコルク栓をしっかり押さえるびんの図を入れているので、当時こうしたガラスびんを日本で製造していたのかどうかは調査の必要がある。「味つきと味なし、氷で冷却したもの常備：W・ムックス五棟八室、J・ブライデナッセル二棟三室、C・ヘニングセン（ヒンツとブロドニッキーの代理）四棟五室、『プファイファー（笛吹き）』七棟五室。朝七—八時に渡す、二〇リットルの予約券（四〇五銭）同上場所及びライポルト（四棟二室）にて購入のこと」。販売場所が収容者約一〇〇〇人に対して四カ所にあること、二〇リットルの予約券を五カ所で扱っていたことからすると、毎日かなりの量が消費されていたことになる。予約券が一割引であることは容易に想像できる。二〇リットルで四五〇銭、二リットルは四五銭、二〇〇ccで四・五銭ないし五銭見当となる。びんを含めて大量のミネラルウォーターの原料をどこから手に入れ、誰が、どこで、どのようにして生産していたのか、また企業としてなのか、「公共事業」としてなのかという興味ある問題がここでも残る。

書店の広告は本国ライプチヒの出版社マックス・ネスラー株式会社の東アジア文献部という文字とアドレスのみのものである。

飲食店二軒が四月号に半頁ずつ名を出している。有蓋貨車状の図に『家具運送車!!!』と名づけ食堂、暖いものと冷たいもの、飲物各種、夜一〇時まで開店、というのが一つと、もう一方は、レストラン・レーゲルバーンと称し、「古くから名の通った美味料理、芳醇なるビール各種!」とある。

一種の営業活動が、停戦以後の現象であるのか、また板東収容所の特殊性なのかは、まだ不明である。ボーリング場が一九一八年すでに大繁盛であったことは健康保険への寄付金から確認できる。

「われら板東人」

一九一七年四月六日から九日にかけて、四国の徳島、丸亀、松山の三収容所から新設の板東収容所へ集結したドイツ軍俘虜の人員については、棟田のあげている九五三名と、鳴門市ドイツ館のパンフレットの二カ所に示されている九三九人とはくいちがいを見せている。松山からの人員は、棟田と才神が『松山収容所』で掲げている四一四名とは一致している。大正七年八月、「久留米から数十名の捕虜が移送され、二〇名の技術者をふくんだ約千名が、あまり干渉のない環境で生活を営んだのであった(8)」。

久留米から板東への合流の人員ははっきりしないが、『板東健康保険組合年次報告一九一八』のなかで、「久留米収容所からこちらへ転送された戦友たちの到着(八月七日)によって特別支出が必要となった、彼らの荷物が大部分南京虫によって汚染されていたし、多くの者がこちらのバラックに適した蚊帳を持っていなかったからである」。この記述から、到着が八月七日であることが判明する。さらに会計報告書のなかで、蚊帳のために六〇円、荷物の消毒に三二円〇七銭の支出が報告されている。板東と比較して久留米収容所の衛生状態が劣悪だったことがわかる。

一九一九年二月一六日発刊の週刊第二〇号(通巻の七三号)の四五一頁から四六〇頁にわたって「S」

表3-5
板東俘虜収容所生年別人数表

生年	人数	年齢(1月1日) 1919	1975
1865	1	53	
66	0	52	
67	1	51	
68	1	50	
69	1	49	
70	2	48	
71	1	47	
72	2	46	
73	1	45	
74	9	44	100
75	11	43	99
76	11	42	98
77	17	41	97
78	11	40	96
79	23	39	95
80	33	38	94
81	20	37	93
82	36	36	92
1883	35	35	91
84	36	34	90
85	32	33	89
86	36	32	88
87	39	31	87
88	40	30	86
89	41	29	85
90	62	28	84
91	108	27	83
92	169	26	82
93	142	25	81
94	62	24	80
95	24	23	79
96	1	22	78
97	1	21	77
98	1	20	76
99	0		
1900	0		

表3-4　板東俘虜収容所ドイツ軍俘虜出身部隊一覧表

第Ⅲ陸戦大隊	760人	74.58%
K Ⅰ	11	1.08
K Ⅱ	152	14.91
K Ⅲ	11	1.08
K Ⅳ	64	6.28
K Ⅴ	74	7.26
K Ⅵ	202	19.82
K Ⅶ	147	14.42
工兵中隊	67	6.57
野砲中隊・予備野砲隊	32	3.14
沿岸砲兵隊	214	21.00
K 1	22	2.16
K 2	4	0.39
K 3	103	10.11
K 4	35	3.43
K 5	50	4.90
陸戦中隊	7	0.69
後備兵	8	0.78
海軍分遣隊	3	0.29
その他	27	2.65

Kは中隊をいう。

の署名の下に、「われら板東人」(Wir Bandoer) という記事がある。「戦時俘虜時代の戦友たちのことを後にふり返ってみるときがいつかあれば、本当にいろんな様相が眼前に浮かび上がってくることになろう、そこで以下二、三の方向で、この多様性に数量的な姿を与えてみることにする。今年一月一日を基礎とした」。

板東のドイツ人俘虜の衣服がすでに同じではない。ことばの原義からすれば、同じ形を意味する制服(Uniform) がまちまちだからである。上衣の色は白、カーキ色、マリンブルー、灰緑色、半灰緑色があり、帽子は陸軍、海軍、鉄道員のものが見られる。この理由の一つは足りない衣服の補充をあり合わせのものでしたことからくるが、もう一つは、青島駐留ドイツ軍の構成が種々な部隊から成立していたことからきている。一般市民の俘虜たちと副総督を除けば板東の俘虜は、将校、下士官、兵の全体で一〇一九名いる。この出身部隊は一七の中隊ないしは中隊相当部隊に分かれ、しかもなお第一八番目のグループとしてさまざまな部隊からの人たち二七人が残る。表3-4はグラフで示されている一〇一九名の構成を一覧表にしたものである。百分率は一〇一九名中のものである。

表に見られるように、四分の三は第Ⅲ陸戦大隊が占め、約二〇パーセントは沿岸砲兵隊である。

次に年齢別にグラフで示されているのを、一九一九年の年齢を書き加えて整理しなおしたのが表3-5である。ただし、一九七五年現在の年齢は一〇〇歳までを記入した。

一八九一年から九三年生まれが四一九人と四一パーセントを占め、現役の陸海軍五六三人(五五・二五%)の主力となっている。予後備兵役者は四五六人(四四・七五%)である。二三歳から四四歳までがほとんどで、四五歳以上は一〇人、二二歳以下は三名にすぎない。平均年齢は一月一日で二九年九カ月、したがって、四月一日には、「お前も三〇になったな」と歌うことができる。

表3-6　板東俘虜収容所職業別人数表

I	工場労働者	49人	4.8%
II	種々な職業	515	50.5
III	商　業	303	29.7
IV	陸海軍人	99	9.7
V	自由業	32	3.1
VI	官公吏	21	2.0

IIの515人の内訳

機械金属加工	148人	
食糧，衣服生活必需品	97	
製パン製菓		17
製肉		13
調理士		7
ビール醸造		5
製靴		9
仕立		4
理容		4
その他時計，金細工など		38
建設及び補助職業	96	
家具		22
大工		10
その他		64
農林業	57	
農業		30
菜園		13
その他		14
交通運輸	45	
郵便，鉄道，電信		18
船舶		27
サービス業	36	
給仕人		16
家事使用人		3
運転手		8
馭者		9
鉱山，土木	26	
鉱山		19
土木技術		3
測量		4
出版印刷	10	
印刷		4
製紙		1
植字		1
石版		1
製本		1
書籍店		2

IV軍人99人の内訳

将校	17
准士官，曹長	20
下士官	58
兵器係軍曹	4

V自由業32人の内訳

法律家	6
教員	14
宣教師	8
その他	4

職業については、在日ドイツ人俘虜の全体について才神がこう書いている。「細別すると一二五職種にわたるが、大別すると、現役軍人と軍属三三二一名、官公吏一八五名、工業一六七名、農業一五名、知的職業（牧師、学者、公証人など）一六一名となる」[9]。板東収容所の一〇一九人は大別して表3-6のようになっている。

信仰別には、福音教会七五〇（七三・六〇%）、カトリック二五四（二四・九二%）、ユダヤ教九人（〇・八八%）、無宗教者六名（〇・五八%）であって、ドイツ帝国全体のカトリックは三分の一なので、板東ではプロテスタントの比率が高くなっている。

ドイツ帝国を構成する州（Land）毎に出身者数をグラフにし、プロセイン

表3-7　板東収容所ドイツ軍俘虜出身地別一覧表

州名	人員
プロイセン	600
バイエルン	53
ザクセン	71
ヴュルテンベルク	22
バーデン	30
ヘッセン	25
メクレンブルク・シュヴェーリン	9
シュトレーリッツ	3
オルデンブルク	10
シュヴルツブルク・ルードルシュタット	3
ザクセン・アルテンブルク	3
ロイス[1]	4
ザクセン・マイニンゲン	7
(シュヴルツブルク・ゾンデルスハウゼン)[3]	3
ザクセン・コーブルク	9
ザクセン・ヴァイマール	11
リッペ[2]	8
ブラウンシュヴァイク	6
アンハルト	10
ブレーメン	27
ハンブルク	66
リューベック	3
エルザス・ロートリンゲン	30
外国	6
合計	1,019

プロイセン出身者600名の内訳	
東プロイセン	34
西プロイセン	20
ポーゼン	15
ポムメルン	27
シュレージエン	65
ブランデンブルク(除ベルリン)	25
ベルリン市	34
シュレスヴィヒ・ホルシュタイン	55
ハノーヴァー	62
ヴェストファーレン	65
ライン県(ホーエンツォレルンを含む)	125
ヘッセン・ナッサウ	35
ザクセン県	38
小計	600

1)　ロイス・旧ラインとロイス新ラインは合わせてある。
2)　リッペ・デトモルトとリッペ・シャウムブルクは合わせてある。
3)　印刷不鮮明で判読できないが，残る州のうちＳのつくのはこの州名のみなので，仮に記入した。

にあってはさらに細分したものを掲載しているが、これを一覧表にしたのが表3-7である。プロセイン出身者が全体の五八・八八パーセントを占めているのと、ハンブルク、ブレーメンなど北ドイツ出身者も比較的多い。ドイツ帝国のドイツ人一〇〇万人につき一六人が板東に来ている、と計算されているが、ブレーメンからは一〇万人について九人、したがって平均一〇〇万人当たりに換算してみれば、ブレーメンは平均の五倍以上を送り出していることになる。

「われら板東人」の記事の末尾には、多色刷の厚紙の片面二頁分を使って、現役兵と予後備兵の二部に分け、ドイツ地図の各州毎に一〇〇万人当たりの「板東人」の比率が記入されている。予後備役では、ブレーメン八七・〇、ハンブルク五九・〇、シェレスヴィヒ・ホルシュタイン二四・一と群を抜いているのに対して、現役兵では、アンハルト二四、ザクセン・ヴァイマル等のテューリンゲン一六・五、ヘッセン一六・四と中部ドイツ地方が一五人を越える程度となっているにすぎない。

一〇一九人の「板東人」は、ほとんどあらゆる職種と広くドイツ全土からのドイツ兵から構成されていることが、この記事から明らかに読み取ることができる。この集団が、一定の秩序を保ち続け、よく組織されていたからこそ、以下に述べるような生産活動、文化活動、社会事業、さらには営業活動が可能であったし、日本側の対応も記事のなかによく見られるように、南京虫に汚染された久留米とは違った条件をつくり出していたことと相まって、「われら板東人」といいうるまでになった。

『バラッケ』の報ずる他の収容所

日本各地の収容所のうち、似島と久留米の状況がそれぞれ二度『バラッケ』の中で報告されている。一九一九年三月一日発行の第二二号では、「似島収容所から」として、三月の似島収容所の展示会の案内書を要約している。似島収容所での活動で日常的なものは各種の講習会で、俘虜のうちの七三パーセントがなんらかの講習に参加し四六人が先生となり、四七のコースにそれぞれ三～五二人の参加者があった。参加の多かったのは、ドイツ語、日本語をはじめ、中国語、英語、フランス語、ロシア語、スペイン語といった外国語、さらに歴史、算数、数学、機械工学、速記、書き方、タイプライティングがあり、特別コースとしては、建設工、機械工のコース、電気学、国民経済学、法学があった。

演劇活動では、当初大阪にいた頃の一九一六年三月五日に始まり福岡から大阪へ移された俘虜の参加で劇団は大きくなったが、似島へ移ってからは、舞台がなく、夏に野外での上演をしたが六回でやめてしまった。一九一八年四月一日、教育棟が竣工し、ここに舞台がついていたが、映画上映に三回使用されただけで、ようやく九月になって本来の用に供された。これまでに上演された一六人の作家の二〇の作品名を紹介している。

週刊『バラッケ』の次の号、三月九日発行の二三号では、「久留米と似島の展示会について」というタイトルでRs名の八頁の記事を載せている。

「『美術工芸展板東』の開会から一年たった。単調な俘虜生活にあんなに特色あり、かつ喜ばしい気分転換をもたらしたあの早春の日々のことは、誰の胸にもまだ楽しい想い出となっていることだろう。なんとなく、徳島へ『緊急必要』外出しながらの準備に始まり、やがて展覧会ともなると、飾りたてた部屋と祝賀会の広場のにぎやかな雑踏、絶え間もなく押し寄せてくる住民たち」。ここに書かれている展覧会は、一九一八年三月八日から一七日まで板東収容所の近くの霊山寺で行なわれたもので、「陳列品ハ参考品ヲ除ク他販売ス」「観覧料ハ無料トス。但シ板東町ノ世話役ニオイテ下足料金一銭ヲ徴収ス」[10]という形式のものであった。

Rsはさらにこう書いている、こうした展覧会の是非については議論もあるが、この展覧会がプラスになったことは確かである、一つはこの「実例と成功が、類似の催しを許可するだけでなく、むしろ奨励するように、日本の他の俘虜収容所の所長の心を動かせたことであり、だからこれとの関連で、われわれの戦友たちがひどく困っていた点について、結局、軽減措置が保証されたことである。他の収容所でこうした点でどんなに不便であったかは、久留米の戦友の話から知っているし、似島の『展覧会案内』の序文から読み取れる」として、その部分を引用している。

「時に知恵を働かせ要領よく立ち廻って運命からもぎ取ったこうしたすべての作業と努力が、いつの日にか公衆の目にふれることになるなどとは、似島の誰も考えてもいなかったので、この展示はわれわれの収容所の熱意と精神をそれだけに正しく映す姿となる。……たいていの作品はほとんど道具もなく古物を材料として作られたものであり、粘り強い意志が数多くのいやなことを克服せざるをえなかったことを考えるならば、たとえどんなにささやかな作品といえども賞讃のことばを惜しむわけにはいかない」。

「ひどく困っていた点についての軽減措置」とか「数多くのいやなこと」と表現はまわりくどいが、その裏には非常に具体的なことを念頭に置いていたに違いない。

記事の筆者は、似島、久留米のカタログを見ながら、青島時代の友人の名を見出したりして、それぞれの内容を紹介している。久留米では絵画が最大部門で二七三点にのぼり、似島では工芸作品が多い。板東と比べて油絵の多いのが目立つ。木工では両方ともに、額縁、飾り付きや象眼の小箱、木彫りが見うけられ、金工は多様で、久留米では圧搾空気のタービン、電動の魚雷、ボート、電話セット、水晶やるり付きのベルトの留め金、宝石つきのブローチ、銅製コーヒー・紅茶セットなどがある。似島のこの部門は準備期間が足りなくて、蒸気機関や機関車、ガス・電気のモーターを展示している。船や建物のモデル日用品は両方とも数が多い。久留米では、委員がカタログのなかで詩と音楽作品を募集している。

久留米の音楽活動については、四一回の上演のうち作品名をあげているのが二〇あり、オーケストラは二つあって、オーボエ奏者のレーマンの指揮する弦楽器一三からなる「収容所楽団」が楽しいポピュラー曲を演奏し、もう一つは、「ジンフォニー・オルケステル」で、将校やレーマンの楽団を基幹として始まり今では四〇人編成になっていて、最近になって管楽器が入手できたので、現在は、第一ヴァイオリン九、第二が八、ヴィオラ六、コントラバス一、フルート、クラリネット、ホルン、トランペット各二、バスチューバ、ケトルドラム各一、ピアノ二台、オルガン二となっている。

「収容所楽団」は毎週日曜に野外演奏を行ない、最近一〇〇回目を迎えた。ジンフォニー・オルケステルは月に一回で、三六回目となっている。演奏曲目の主たるものは、ベートーベンの交響曲一、五、八、九番、ブルックナーの七番、ワーグナーのタンホイザー第三幕独唱合唱つきで、マイスタージンガー、ジークフリート、ヴァルキューレの部分、モーツァルトのジュピター、ロ短調シンフォニー、その他シューベルト、ハイドンの作品である。室内楽曲も演奏され、音楽教室では和音と楽理一般が教えられた。似島の音楽活動はカタログからは不明であるが、教育活動に力点が置かれている。

似島収容所の生活を伝えてくれるのは広告欄で、多くのことが板東と同様である。まず、収容所製パン所が、デコレーションケーキ、バウムクーヘン、菓子、コーヒー・紅茶・ワイン用クッキー、白パン、黒パンを作り、肉屋が各種肉製品、ソーセージ、「特級ローストポークおよび熱い似島ソーセージ」を、また薬屋二軒が、ヘアトニック、口すすぎ水、軟膏、チンキから焼酎を出し、その他写真、床屋、洗濯屋、小料理の広告が見られる。石版印刷は二軒あり、うち一つは自家製の印刷機を持っている。

似島では一九一六年六月以来、日刊の『似島収容所新聞』(Lagerzeitung Ninoshima)が、日本の新聞の記事や所内のニュースを報道していて、編集長のW・ヒナイは広告の中で、極東唯一のドイツ語新聞と言っているが、これには板東のわれわれは、『バラッケ』と『TTB』[11]の名において「厳粛に抗議しなければならない」。

板東にもあったような飲物の広告も紹介されているが、板東にないのが、青島以来なじみの仕立屋アウグスト・ヴィルーダが軍装品の広告を出し、シルクハットと背広の広告も見られる。平時に近づいたしるしである。

青野原でも最近展示会が開かれたが、詳細は不明である。久留米のカタログの裏に書かれたことばが俘虜の全員に、しかも俘虜でなくなってからも大切だ、として引用している。「己れを信ずるもの、多くをなさん」。

週刊第二六号、三月三〇日発行の『バラッケ』では、「日本、久留米収容所の戦時俘虜の文芸」という記事がP・Sq名で書かれている。久留米で発行された一〇〇頁ほどの「大変立派なかわいらしい本」に詩、散文、歌謡が集められたものである。クルト・シュタルクという人の二等賞を得た詩が引用されている。

おもかげ

今日外へ出た――道ばたに
生垣の緑は濃く、
その中に初咲きのバラ一輪
つつましく面を伏せている。

ちょうど静かな窓辺に、
野ぶどうにかこまれて、
乙女一人夢見ながら外を見ているよう。
ああ、いとしい人よ、お前を偲んだ。

三月一六日発行の二四号には、シベリヤのウラディヴォストックのドイツ軍俘虜の困窮が報告され、三月一一日板東収容所長を通じて、一七七一円五一銭と二八ルーブルの義捐金を送ったことと、その内訳として一般の募金と、その前の日曜の沿岸砲兵隊楽隊の演奏会でのカンパによる三六円三六銭、三〇食分の夕食やダックスフント、ベーコンを賞品とする「くじ」を一三〇〇枚売ってその利益の二六六円六〇銭を集めたこと、マイヤー中尉の提唱で衣類も集めたし、石版刷りの絵葉書販売からの六六円五〇銭を加えたことが報告されている。

「記念碑」論争

「不幸な俘虜たちの墓は、収容所を一望にできる裏山にある。この墓碑が建立されたのは大正八年の夏であった。予備工兵少尉ドイッチマンが設計し俘虜たちが総がかりで山や川から石をはこび、三カ月の日時をかけて完成したのである」(12)。

この墓碑建立について、『板東俘虜収容所新聞、バラッケ』には次のような記事がある。まず、ハンス・コッホが二月八日付の文書を、二月九日付の週刊第一九号付録として発表して建設を呼びかけた。ついで、月刊の四月号に匿名で「敵手に帰したる記念碑」というタイトルで、建設反対の意見が発表された。

この見解の筆者は同時に提唱者ハンス・コッホにコピーを渡していたので、コッホは反論の義務ありとして、同じ四月号に、「『バラッケ』編集部御中」という形で再度呼びかけを行なった。そして最後に、八月号には、予備少尉ミュラーの設計になる記念碑の多色刷りを表紙の次に入れ、記事として、M・B名で「記念碑の除幕式にあたり」を掲載している。最終九月号の記録する日誌によると、一九一九年八月三一日に除幕式が行なわれている。

二月八日付のコッホの呼びかけは、建設までの手続き、作業手順、目的を明らかにするものである。ドイツ側の先任将校クレーマン少佐ならびに中隊長たちの賛同がまずあり、ついで日本側の「収容所長松江大佐の大変協力的かつ厚意的な斡旋によって徳島管区司令官の許可を受けて」、板東収容所でなくなった戦友たちの記念碑を建て、遺骨を収める聖堂とすることを計画した。「おだやかな水にのぞむ上池の東岸の静かな敷地に、簡素かつ単純に、われわれの現状にふさわしく、品位ある場所をつくり、そこを今はなき戦友たちの休らぎの場とし、われわれが故国に帰るときまでの一時の宿とし、そこに墓碑が存続し続けて、後年訪れる人たちに、われわれの苦しみを語りかけてくれ、同時にまたドイツ人の誠実と戦友愛のあかしたらしめようというのである」。

図 3-2　墓碑

準備作業はすでに進んでいて、二月一〇日の月曜日から始める。設計はミュラー予備少尉、施工はハインリヒ・アーレンス後備上等兵、石積み工事はディットマン、オイルナー、マーユンケ、メッケル、シュリヒ、ジーヴェケの各戦友が名乗りをあげている。造園関係はクランペ後備曹長とクルーク後備伍長が担当し、手押し車、器具、道具の手配と管理をハインリヒ・ヘルマン後備上等兵が引き受けている。しかし、種々の作業、整地、石取り、砂利・砂のふるい、道造り（記念碑前の池の岸ぞい）などの作業を分業でするには、なお多くの戦友の力を必要とする。本日土曜日と明日日曜にバラックⅠに記入用のリストを掲げておくので、参加する人は氏名を記入してもらいたいし、寄付を寄せて下さる方もふるって金額と氏名を記入してほしい。作業参加者は二月一〇日午前八時三〇分、器具庫の前に参集してほしい。なお記念碑の設計スケッチと計画を同じく掲示する。材料費は三〇～四〇円を予定しているが、もし余った場合には、購入する骨つぼ、帰国の際の遺骨箱の費用にあてるか、後の維持費、もしくは健康保険の費用に廻す。「いかなる寄付金もわずかなものとは見なさない、たとえ銅銭一枚にすぎなくとも」。

この呼びかけに見られるように、コッホの願いは、「ドイツ人の誠実と戦友愛のあかし」にあると思われる。さらに考えられるのは、停戦後の収容者の心理状態が、軍人から市民へと移行しかかり、分解しようとするのを、板東での苦しみの中で死んだ戦友たちを想起させることで、帰国の船に実際に乗船するまでの、むしろ辛い「待つ」ことに堪える力を得ようということもあったであろう。

匿名の反論は、敵手に帰した記念碑がどんなひどい目に会ったかを、メッツのヴィルヘルム一世皇帝騎馬像、北京の挙匪の乱で殺されたドイツ公使ケッテラーの贖罪碑、天津のローラント像、上海にあった、一八九六年台風のため沈没したイルティス号の死没者碑のたどった運命を例に出しながら、「上池のほとりの記念碑は、われわれが去った後、どうなるのだろう、という質問をしてはいけないのだろうか」。こういう「蛮行」(Vandalismus) があったではないか。私が死んだら、「戦友のなかで私のためになにかしてくれる人には、こうお願いする。一番安い骨つぼにほうり込んでくれ、二〇銭も出せば買えるから、これを箱につめてわら縄で結んでくれ、兵士の埋葬はこれで十分だ。……残った金で一切れのパンを買い、国のうえた子供の手に渡してくれ。だが私の遺品はこの国の外へ持ち出して、ドイツの海に投げ込んでくれ」。こういう遺言があっても、上池に記念碑を建てておくべきだろうか。いかなる感謝決議の文書も残してはならない。人と事とは区別せよ。これでは冷たすぎると思う人は、想起せよ、この幾年かの苦労を、「松山時代の苦難を」、さらには一九一四年一一月七日の青島での降伏のときを。

ハンス・コッホの再反論は、十分に説得力がある。まず、ここ板東の記念碑は、この国の人にとって屈辱となる戦勝記念碑でも贖罪の碑でもなく、ここで死んだ戦友たちのしばしの休らぎとドイツ人の心のあかしである。しかも、この異議申し立ては呼びかけ直後ではなく、すでに三四〇人以上の寄付者と一〇〇人を越える自発的な作業参加者によって、所内の人たちの同意をえ、三カ月の作業ですでに完成に近づいている今では是非の問題はすんでいるはずだ。維持については、牧師シュレーター氏から口頭の承諾があった。この記念碑および他の収容所の墓は、「自明なことだが東京の新大使館と連絡して引き受ける」とのことである。どんな卑しめ、恥しめが来ようとも、ドイツの美徳を守り続け、堂々としよう。「われわれは誠実を貫き通し、今は亡き戦友たちのために記念碑を建て、その名を花崗岩に刻もうではないか」。

四月号ですでに完成は近いとコッホは書いているが、実際の除幕は八月三一日になり、二月一〇日着工から半年と二〇日かかったことになる。「ほとんど雲のない高い空から明るい夏の陽が輝いている」八月三一日の午前九時、俘虜のほとんど全員と、正装の所長松江大佐および三人のスタッフ列席の下で除幕式は行なわれた。ヴェルナーの指揮するオーケストラが、「ローエングリーン」のメロディーを奏するなかで開式された。一〇人の戦友を悼み、彼らの無念に思いをはせ、「記念碑に刻まれた名のみが今やわれわれに残された」。ヴァナクス牧師が除幕のことばを述べた。グリフィウスを引用して「かつては世界が狭すぎたが、今では狭い墓が広すぎる」。ハンス・コッホが松江大佐に、許可と支援に対する謝辞を述べ、クレーマン少佐に記念碑公園を引き渡した。コッホのことばは長くなるので掲載しないが、彼らの努力は今完成した記念碑を見れば十分わかる。彼は碑に刻まれたことばで結びとした。

胸にはドイツ魂
戦いには勇敢に
困苦にくじけず！

最後にベートーベンの讃歌が力強くひびいた。

薪の自給自足

週刊時代末期の『バラッケ』一九一九年二月二日号の三九四頁から三九八頁にかけてFという筆者略号のもとに、「伐採の一年」という記事がある。『バラッケ』の最終号、一九一九年九月号の「板東収容所製菓所」という総括記事のなかに付表としてつけられている原料価格一覧表に見られるように、一九一七年後半以降、牛乳、バター、薪、砂糖、小麦粉、卵といった品目は、一九一六年に比べて一九一九年には、それぞれ二倍ないしは三倍になっている。「伐採の一年」という記事は、こうした値上がりのなかで、収容所の日本側当局と被収容者たるドイツ人俘虜の知恵と労力によって苦境に対処した記録となっている。

「一九一七年の一年間に戦争に由来する生活必需品の値上がりがこの日本でもますます顕著となり、われわれの給養は目に見えて妨げられ始めた。われわれに支出される食費の値上げを求める請願は効果なしだった。そこで松江大佐がこう提案した。自発的な自給自足によって自らの状況改善をしてもらいたい、というのだ。とくに、まかないと製パンに必要な薪を森で自力伐採することが、われわれにゆだねられた。やがて自発的な志願者が集まり、斧と鋸を手に、『収容所営林署長』クリーマント後備曹長の指揮下に一九一八年二月四日に初めて森へ入った。曹長は現場で『きこり団』にまずお手本を示したのち作業班に分けた。切り倒した木を五〇センチメートルほどに鋸で引き、さらに割った。こうして作業は続けられ、天気さえよければ、午前はクリーマント曹長、午後は予備軍曹プレーディガーの指揮をうけて『とげのいっぱいある』（苦労の多い）仕事にはげみ、四月には割り当てられた森の伐採を終わった」。「快晴に恵まれた五月九日の水車谷への『哨兵なしの』日帰り遠足が、やりおおせたこの作業の報酬となった」。

鳴門市の「ドイツ館」に展示されている写真が示しているように、薪を搬出場に集めるために一列に並んでの手渡し作業がなされたが、この状況を『バラッケ』はこう記述している。「作業現場から搬出場まで薪を運ぶために収容所司令部はあの記念すべき『音楽つきの薪振りまわし』を収容所の全員に命じたが、この作業は今なお参加者みんなの楽しい思い出にたしかになっている」。

この間に収容所当局は、第二の伐採場を買い取って俘虜にまかせたが、今度は大変だった。第一に暑さ。裸同然となっても作業はつらかった。第二に、この森は急傾斜の斜面にあった。太った人は現場へ行くだけで大きな息をついていたし、現場に集積できないので、一キロほどはなれた搬出場まで倒した木を引っぱって行かなければならなかった。「樹を『入会地の山』を越えて引き出すことが、きこりたちのなしとげた作業のうちのもっとも困難な部分をなしていたので、うんと汗をかいたし、収容所へ帰ってからは、しばしばお金もたくさんかかった」。お金がかかったとは、ビール代をさす。週に一度は終日森に入るが、そういうときには怠け者も参加し、「ちょうど今日は偶然にも」伐採はなく、引き出しだけだということにし、昼頃には作業を中止してしまって、下の水車川で水浴をし、涼しい場所でグループ毎にコーヒーで昼食をとったりしていた。「こうした楽園のような食事がわれわれの長い俘虜生活のうちのわずかな慰めとなっていて、松山にでもいたらこれは全くできないことだったろう」と書いていることからすると、板東と松山の扱いの違いは、かなりのものだったことが想像される。

俘虜たちは、さらに第三の伐採場にとりかかり、一九一九年二月四日に満一年を過ごす。一年間の作業量は薪約三万六〇〇〇貫（一三五トン）になった。市場価格と俘虜の伐採したのとの差は貫当たり二〜三銭なので、収容所の経理は約一〇〇〇円節約したことになる。「木こりたちとその疲れを知らぬ指揮者、クリーマント曹長にこの場をかりて、感謝と賞讃の意を表示しておくべきであろう」と、この記事は結んでいる。

「橋づくりの二年」

板東戦時俘虜収容所のドイツ人俘虜は、一九一七年から一九年の約二年間に収容所の近くで三つの橋をつくっている。現存するのは、「ドイツ橋」と通称「眼鏡橋」という二つの石造りのものである。両者ともにアーチ構造を持つ。木製の橋はすでに失われている。

『バラッケ』最終号、月刊の一九一九年九月号の四〇頁から五六頁にかけて、A・Dtという筆者名で、三つの橋のスケッチをはさみながら、約二年にわたる橋造りの記事がある。

一九一七年九月一三日、雨のなかを三三人が作業にとりかかった。大麻比古神社近くの森に橋を造る作業である。半ズボンはまだ考案されていなかった。カーキ色の帽子と穴のあいたシャツという服装だった。この橋は収容所と板東をつなぐもので、収容所の下にあったこれまでの橋は年に数回流されるようなものだったのだ。俘虜の作業は志願によったが、若干の小銭は期待されていた。全部で二〇円だったので、人数と日数によって分配すると、日当は六銭だったが、自分より貧しい人のためにこの金を取らなかった人もいた。のべ三三三人ということになる。

もともとは工兵の仕事とされていたが、他の兵科も加わり、やがて鋸、斧、スコップ、つるはしなどの道具の取り合いとなった。はじめのうちは日当かせぎののろのろ仕事で遅れ、仕上げの頃は悪天候で延びた。この橋の必要性を痛感したのは、一夜のうちにこれまでの通路が流されてしまい、まだ未完成の橋を渡ろうと、二〇人ほどの人たちと数台のリキシャが橋のたもとに立っていたときだった。「丸木の橋板はまだ全部はなかったが、不可能なこととは彼らには思われなかった。……一生懸命に一時間作業をしたら、丸木は置くことができ、一部は釘づけにさえされた」。男たちは自分で渡り、若い工兵たちは婦人に手をかした。橋への道路も改修することになって、四〇センチ幅の道を橋の手前八〇メートル、向こう側の一三五メートルにわたり、一・七五メートルに拡幅したし、それにともなって水車の導水路に小さな橋も必要となった。「毎日数時間、すばらしい森で過ごせるということから、この作業はあまりいそいではなされなかったが、九月末には橋と道路とは完成し、橋造りの人たちは大変残念がった」。この木の橋は幅一・四〇メートル、長さ一五メートルのもので、スケッチは後備工兵ズールの作である。

図3-3　いわゆる「ドイツ橋」のひとつ

「誰が言い出したのか、大麻の森にさらに『公園』をつくろうという、提案は賛成された」。日当の問題は片づいていなかったが、道造りから始まった。「毎日一群の戦時俘虜が朝早く出かけ、お昼に楽しげに歌いながら鉄条網の後ろへ帰ってきた。……その頃のわれわれは、まだ未来を明るく希望的に見る根拠を持っていた」。

当初は工兵が主力であったが、初めの日当がまだ払われず、金額も不明のまま、今度もはっきりしないということから、次第に抜けて、「よこしまなる敵のために無料で橋や道をつくる、という楽しみを、いわゆる『ヒラの兵隊』だけがなしえた」。工兵も「ジャガ芋皮むき免除券」ほしさに作業に来ることがあった。なかには散歩に出てしまって、「この国と人をよく知る」ことにはげむ人もあった。こうした記述から、敵国のための作業ということと、あてにした日当の問題、さらに工兵という工事専門家が手を引いたということから、今度の橋の工事はあまり進展していなかったことが読み取れる。次のような抽象的表現の実体は、今日ではうかがい知れないが、中断の恐れ、サボタージュなどがあったとも言いうる。「橋造りの人たちの舟が知らない岩礁にぶつかりそうになったこともあったが、いつもそうした危険な場所をうまく回避できた」。

一九年九月号の記事となるまでにでき上がったのは、上記の木橋、長さ一五メートル。一一三〇メートルの道路、石だたみ、傾斜路、一・五〇～一・七五メートル幅。石段二つ、長さ八メートルと三メートル。小木橋五、石のそり橋の小さいもの三、および以下にのべる石積みの橋であった。「これらの施設がみな長く利用されるだろうかと心配する必要はない。なぜなら、橋を造った人たちが日常的な保全にも気をつけていなかったら、多くの道はもう今にしてまた草ぼうぼうとなってしまっていただろう」。この文章は非常に遠まわしな表現になっているが、きちんと手入れもしてあるので長い使用にたえられるということと同時に、せっかく造成したのに、あまり利用されていないではないかという抗議の表明とも読み取ることができる。

通称「眼鏡橋」は現在では公園の中ではなく、神社の境内にあって日常の利用に供されていないが、俘虜たちが最後に作った石橋は当時のままに、石柱の三面に漢字、平仮名、ドイツ語で「ドイツ橋」ときざまれたものを神社寄りに残しながらよく利用されている。

「大麻の森の北西に岡があり、その上に小さな木の小屋が二つと石の碑がある。一一〇段の石段がこの神聖な場所に通じていて、その他の神域とはふちの切りたった三メートルばかりの谷でへだてられている。この谷を渡るのには約一年ほど前までぐらぐらする木のかけ橋で、朽ちた松の幹二本の上に柴を置き、風に吹き飛ばされないように、その上に土をのせていた」。一九一八年の秋にはこの橋は危険になり、折れた松の樹が谷に落ちていた。公園造成をしていた俘虜たちは、その間に「ミニチュア石橋」造りが上手になっていて、木の橋の代わりに「がっちりした石造りの橋」を築くことを決めた。

一九一九年四月初めに片付け仕事と石運びが始まった。汚れ仕事が数週続き、基礎造りとなったが、「セメントは使えず、石だけだった」。一メートル厚の通しの基礎を置き、その上に迫り持ち受けを立てた。幅一・六メートル、高さ一・七メートルに石を積み、その上に半円のアーチをかけたので、アーチの頂点の高さは二・五メートルとなり、基礎から橋の上面までは三・二メートル、橋の上面の道路幅は二メートルになった。「石積み作業のすべてはモルタルなしで施工され、適したよい工具が足りなかったので、工事は非常に困難なものとなった」。神社の近くの川には材料の石がないことがやがてわかってきたが、これは日本の労働者が堤防のかさあげのためにさらえていったからだった。上流まで石を探し歩き、そでの四面を含んで全体で約七五立方メートルの石材を使った。「比重を二・六とすると、石運びたちは一九五

図3-4　1919年のドイツ橋と著者

トン＝三九〇〇ツェントナー（一ツェントナー＝五〇キログラム、冨田）の石を運搬したが、暑いさなかをよくやったものである」。

付近の住民たちはこの橋造りに大きな関心を寄せ、「特に俘虜たちが早く帰国できるようにと大麻神社に日参している老婆たちのほかにも、近くの住民たちが姿を見せて、橋造りに感心していた」。一九一九年四月初めに工事にかかり、六月二七日迫り持ちの最後の石がはめこまれた。「兵士たちに好かれ、あこがれの的となっていた『美しき水車小屋の娘』も姿を見せ、にわか仕立ての即席の祝いの場では（水車小屋の娘のためではない）、年老いた主席神主が重い石工の槌を驚くほどの力で三度かなめ石に振ってみなを驚かせ、この橋が五〇年の一〇〇〇回の長きにわたって存続するようにと、祈りのことばを述べた」。

迫り持ちが閉じ、完成の見込がたってからは、「職人たちは時間をかけ、ときには『月曜日のサボリ』をはさみ、これも金曜まで延長することがあった」。六月以降に能率が落ちているようであるが、その事情の記述はない。いずれにしても、「こうしてこの素朴で簡素な建造物が強制なしの活動のうちにでき上がり、周囲の風景とよく適合した。橋は当初意図したよりも立派であり、美しくなっていたし、素人が造ったもので、芸術作品ではないにしても、これは注目すべき出来映えであるし、日本式の造り方とは異なっているのと、ドイツの戦時俘虜によって自由意志により、また無料で完成されたことがこの地方にあるこの橋に、とにかく若干の意義を与えている」。この記述に見られるように、「無料で」ということに、かなりのこだわりが見られるが、それに続く「創造の喜び」という記述によって、精一杯の意味づけをしている。帰国直前の俘虜にしてみれば、「チャリンとひびく賃銀」の音を聞きたかったであろうことは想像に難くない。

「このきつい仕事に人を引きつけたのは、チャリンとひびく賃銀目当てではなく、創造の喜びだった。そして、退屈を生ぜしめないこの創造の喜びによって橋造りたちは俘虜生活の退屈な多くの時間をまぎらわせた。多くの者は、きびしい精神作業の後に肉体作業のなかで元気回復を求めて、見出し、己れの肉体を鍛えてしかも精神の元気を回復した。肉体と精神との健康を保持し強化すること、創造の喜びと働く意欲、これらこそ、支払われることのなかった橋造りにあたって得ることのできた財産であって、しかもこうしたものは今日の状況の下では貴重なのである」。

収容所製菓所「ゲーバ」

『バラッケ』月刊最終号、一九一九年九月号の七四頁から七九頁にわたって、板東俘虜収容所内の製菓所の活動がまとめられている。

板東にいる日ももはや長くはないことは確かであるが、あと二週なのか二カ月なのかは不明である。「しかしわれわれは待つことはなれているではないか！」。その間に帰国の旅路と再会を夢見ることになるが、「どんな楽観論者といえども次の一事ははっきりしている」。すなわち、おいしい料理は食べられないことである。だから再会の喜びの後に、板東の肉なべをあこがれることになる。ビフテキ、カツレツ、卵、鶏、アヒルやガチョウ、多様で美味な肉製品へのあこがれである。「腹ペコで眠られないときに、われわれの頭のなかをめぐるこれらの楽しい想い出のなかでは、次のような姿が皮切りになるだろう。いきな盆を持った美食家の姿で、その盆には、『ゲーバ』の傑作が山をなしている。この収容所のいかなる企業もわれわれの俘虜生活の日々を、『ゲーバ』ほど楽しくさせてはくれなかった」。感謝の義務があるので、火の消える前に、その「栄光ある生涯」を回顧することとする。

『ゲーバ』とは、その名のとおり、「俘虜収容所板東（Gefangenenlager Bando）」の略であるが、それに付加すべき製菓所（Konditorei）の「Ko」は開店に際して故意に取った。この製菓所の歴史は、板東に集結以前の松山収容所時代にさかのぼる。収容所の食事はドイツ兵の胃袋には少なすぎ、酒保で入手できる「カステラ」（ラステラケーキと記述している）と「いわゆる装甲板」（おこしのような固い米菓子と思われる）が重要な役割を持っていた。日本の菓子は結局俘虜を満足させず、マウラー大尉の尽力で[13]山越の収容所に一九一五年一二月一日ドイツの製菓所が設立された。「多くの困難にたちむかわざるをえなかったが、このできたばかりの企業体は盛況をみた」。松山地区の他の分散収容所での販売は禁止されていたものの、「知恵と才覚を働かせてこの禁令をかいくぐることに成功していた」。

大正六年四月に松山、丸亀、徳島の三収容所を統合して板東収容所が新設され、松山山越の製菓所も板東に移転した。この移転は次の三点から「喜んで歓迎」された。第一は、「収容所当局がより大きな便宜を提供してくれたこと」、第二に、一〇〇〇人以上の俘虜を持つ大収容所一カ所になったために、「非常に大きな需要者層」が生じ、第三に、「徳島と丸亀の両収容所が若干のすぐれた製菓職人を引きつれてきた

表3-8　原料価格一覧表

品目	単位	A 1916年1月	B 1919年10月	B/A
牛乳	10ティン	2.25円	4.50円	200%
バター	1英ポンド	0.75	1.50	200
薪	100貫	2.30	6.50	282
砂糖	1貫	1.50	3.00	200
小麦粉	1袋50英ポンド	2.00	5.50	275
卵	1貫	2.00	5.10	255

グラフの目盛は細部までは不明なので，数字は概数である。
牛乳の単位 Tin は不明。

こと」、である。板東収容所製菓所は「大変な飛躍」をした。

板東での問題は「七カ月後」、したがって一九一七年一一月頃の建物の移転と物価の上昇だった。それまで「ゲーバ」があった場所に急に製パン所の倉庫を建設することになったので、「そっくりそのまま移転せざるをえなかった」。「建物全体を力強い人力によって、ゆっくりしかもよろよろしながら通りを運んでいったときの奇妙な光景を、われわれのうちの多くの人はきっとまだ覚えているだろう」とあるように、山を背景にした収容所の中央通路らしき所を、二〇人ほどの人間がバラックの下に渡した棒に手をかけて、歩いて運んでいるスケッチがはさまれている。ケーキを焼くかまは新造し、これが第六のかまとなり、一九一八年九月にはさらに更新された。

この移転そのものも大変な作業だったが、その後に常に悩まされた「災厄」は「原料価格の上昇」だった。具体的な品目別の価格変動のグラフを簡略にし、当初と最終の価格および上昇率を表にしたものが表3-8である。

板東だけで消費した小麦粉は、三万六二五〇キログラム、卵は一三万一〇〇〇個に及び、当初二名だったのが八名で運営されるまでに至っていた。設立以来「ゲーバ」は、一三八六・二九円相当のものを恤兵品として提供してきたし、さらには、「約五〇〇キログラムのコショウケーキ、二〇〇キログラムのマルチパン、一二〇キログラムのパウンドケーキを、特に大きな祝祭日にはこしらえて、この間に発送し、日本および中国にいる同胞に大いに喜ばれた」。この記事を筆者Rsはこう結んでいる。「われわれのうちの多くの者は帰国に際して立派なコショウケーキとマルチパンをさらに一個帰国の荷物のなかへ入れることだろうが、これらのケーキは故国にいるわれわれの愛する人たちのもとで、その後すでに静かな眠りについてしまった『ゲーバ』の名声をもう一度呼び起こすことになるだろう」。

板東における郵便と金銭

筆者の手元には一枚の色あせた「俘虜郵便」の葉書のコピーがある。[14] 発信人は、グレーテ・ブール、シュテークリッツ・ザクセンヴァルト通り11ペルシャン方、発信地はベルリンで、葉書の裏面は、写真屋でとられた写真に、おそらく本人グレーテ・ブール嬢が花びんのバラに左手にふれている横半身像が写されていて、表の左側に通信文、右側に、一六年一〇月二四日、ベルリンの受付丸印および「検閲ズミ」のゴム印が押され、上部に「戦時俘虜発送物」とアンダーラインつきで記入されている。受信地と受信者は、戦時俘虜ローベルト・ブール宛、福岡／博多、日本（アンダーライン）／三棟、とあり、福岡を赤鉛筆で消し、縦に名古屋行と日本側の記入がある上に朱印が二つ押してある。俘虜郵便という文字をD. O. とP. O. W. が上下にかこみ、検閲済がその上に、大分俘虜収容所がその下にある楕円の朱印と、円形の中央横に俘虜郵便、上部に名古屋俘虜収容所、その下に星、下部に検閲済の印とである。右側下部にドイツ人の筆跡と思われる数字で、「21/2.17」と記入しているのは、着信の日付が一七年二月二一日と考えられる。前年の一〇月一六日付の葉書が、福岡、大分を経て四カ月以上かかって名古屋収容所の本人の手に渡ったものであろう。通信文は簡単で「ベルリン一六年一〇月二二日。お兄さん！　喫茶店からお兄さんに心からの挨拶を送ります。ここはなかなか快適です。ひどく寒い日が続いていますので、暖い所にいますとシャンとします。フリーダからもよろしく！　妹のグレーテから心をこめて！」とある。

週刊『バラッケ』一九一九年三月一日、第二二号（通巻七五号）の四九四頁から五〇〇頁にわたって、無署名で「板東における郵便と金銭」について記述されている。「戦時俘虜の日常生活には二つの焦点がある。ニュースの公表と郵便物の配布である。この二つの慰めの泉からわれわれは陰うつな年月を通して新しい力と新しい勇気を汲んできた。ここ数カ月来のニュースは、われわれの心を楽しませるようなものはもうない。それだけにわれわれの日々の期待は、故国の愛する者たちからの挨拶やたよりをもたらしてくれる郵便物により多くむけられる。生命のない一片の紙なのに――われわれの心にもっとも近しい者がこれを手に持ったのだ、と考えるとき、またこれはあの人たちの筆跡だと知り、彼ら自身のことばを読むときに、この紙がなんと生き生きとしてくることであろう！　そして、故国からの手紙が多くの痛ましい便りをもたらしたとしても、また、戦争の苦悩のせいで書いている人がより速く年老いている、ということを、手元の不確かなふるえる手で書かれた文字から推論せざるをえなかったとしても、あるいはまた、同封された写真がこの悲しい推測を確かなものとしたとしても、故国からの便りはその意義をなにも失いはしなかった。反対に、両親の家、親類、友人たちとわれわれをますます強く結びつけた。それどころか、われわれのうちの多くの者をそれまでの筆不精からたたき起こし、もっとひんぱんに待ちこがれている消息を家郷に送る義務ありと注意を喚起したようである」。

板東収容所における一九一八年の発信数は、全世界に対して、手紙一万六一三七通、葉書五万七七七〇枚であり、俘虜たちは「筆不精ではなかった」。一日平均にしてみれば、封書四四、葉書一五八通となり、一人平均は年間封書約一六、葉書約五七、月間では封書一・三、葉書四・七五となる。しかし俘虜郵便は

表3-9　板東からの発信郵便物

種別	計	海外へ	日本国内	一人当り
月例封書	13,792	12,555	1,237	13
注文等封書	2,238	1,014	1,224	2
書留封書	107	65	42	0.1
月例葉書	14,451	12,633	1,768	14
注文等葉書	12,202	9,772	2,430	12
苦情葉書	8,956	7,978	978	9
祝日カード	22,161	17,012	5,149	22
小計	73,907	61,079	12,828	72
%	100	82.62	17.36	
印刷物	860	657	203	
小包	630	300	330	
荷物	84	24	60	
電報	375	64	311	
小計	1,949	1,045	904	
合計	75,856	62,124	13,732	74
%	100	81.89	18.10	

表3-10　板東での受取り郵便物

種別	計	海外から	日本国内から	一人当り
封書	33,284	29,984	3,300	33
葉書	25,884	16,611	9,273	25
書留	3,778	3,095	683	3
印刷物	28,847	23,823	5,024	28
電報	215	29	186	0.2
小包	11,006	7,210	3,796	11
荷物	487	110	377	0.5
合計	103,401	80,762	22,639	101

毎月将校封書二、葉書三、准士官各二、下士官一と二、兵各一通しか許可されていないので、数が合わないことになる。記事の筆者はこう書いている。「超過分はどこから来るのか？　高木大尉が『注文用ですか、家族のおしゃべりですか』[15]という問いをしながら受け取る特別封書と特別葉書がそうなのか？」高木大尉とは収容所付の副官である。注文とその確認のための封書が二二三八通、葉書が一万二二〇二通、クリスマスや誕生祝のカードが二万二一六一枚、苦情葉書八九五六通、書留封書一〇七通が特別のもので、

残りの一万三七九二通の封書と一万四四五一枚の葉書が規定どおりの俘虜郵便であることを考えれば、板東における取り扱いが俘虜にとって非常に有利であったことがわかる。郵便物のうち一九一八年には六一・七八パーセントが「特別」なものであったことになる。グラフで示されている一九一八年の発信および受信郵便物を一覧表にしたのが表3-9と表3-10である。

「この世の宝は平等には分配されていない」、と筆者Bは書き、一番多く手紙を受け取る者は、恋人を持つ者で、「きちんと毎週もしくはもっとひんぱんに思いのたけを」書いてくるし、小包は東アジアに住んでいた人たちが多くを占めている、としている。金の入った手紙が一番好ましいと思っている人もいるが、そういうのは一九一八年中に一四四三通きている。つまり、「収容所の住人にそれぞれ少なくとも一通となる。親愛なる読者よ、君にはないのか？　では君の仲間のなかに君の分も受け取った人がいることになるのだ」。

俘虜への送金は、召集兵の勤務先からの送金であって、一定額以上は強制貯金させたようである。[16]こうした封書の金額は一七万〇五五四・五八円に及んでいた。さらに収容所へ届く金銭は日本国内から一四七四件、一〇万一九二七・八九円、国外から三四四九件二四万七八九一・三五円、合計三四万九八一九・二四円、日本の主計を通じて渡される恤兵金四万一〇二九・四九円を加えると、収容所全体へ入った一九一八年中の金額は、三九万八四八・七三円に達している。一人平均にしてみれば、三八三円余りとなる。送金種別と金額および貯金額のグラフを表3-11、3-12の一覧表とした。一人平均の貯金額は約一〇二円となる。入金額から貯金増の金額と外国へ送金した一三八一・五二円を引いた三五万二二七八・七八円が一九一八年中に日本で支出された金額、ないしは現金で俘虜の手元にある金額となる。「これは収容所の住人一人当たり一カ月当たり二八・八五円となる」。二八・八五円は戦前の一五円ほどとなるが、「いずれに

表3-11　1918年板東収容所への入金

送金方法	件数	金額
現金書留	1,389	170,973.08円
郵便為替	3,483	170,987.90
銀行為替	35	5,248.99
電報為替	16	2,609.27
(A)　計	4,923	349,819.24
日本国内から	1,474	101,927.89
外国から	3,449	247,891.35
(B)　恤兵金		41,029.49
(A)＋(B)　合計		390,848.73

表3-12　郵便貯金額

1917年4月	42,925.46円		
1917年12月31日	67,723.19	8カ月間に	＋24,797.73円
1918年12月31日	104,861.62	対前年比	＋37,188.43円

してもこの三五万円は、一マルク三・二五円で換算すると一〇〇万マルクをいくらか越えるが、これが一九一八年中にわれわれの収容所をへてドイツの資産から日本のものへと変わってしまった。だから板東の商人たちはあとできっと『ドイツの伯父さん』に対して胸の痛む思いを覚えることになろう」。一カ月当たりにすれば、二万九三五六円、一日当たり九六五円という金額が板東町で費消されたことになるので、たしかにドイツ人俘虜は金持ちの伯父さんであったことになるし、出入りの商人たちがこの伯父さんを失うことは痛ましいことだったにちがいない。

板東俘虜収容所健康保険組合

一九一九年一月一日には板東俘虜収容所は一〇一九名のドイツ軍人から構成されていた。いかに収容所当局が寛大であったにせよ、鉄条網のなかに閉じ込められている俘虜であることに変わりはなく、本国をはるかに離れて情報も乏しく、いわば閉鎖された集団がそのまま数年を過ごすことにも変わりはない。この集団のなかに、いつ、誰によって、どのようにして健康保険組合がつくられたかはやがて明らかにされるべき課題であるが、ここでは『バラッケ』一九一九年二月一六日第二〇号、通巻七三号の四三七頁から四四七頁にわたって、年次報告がのせられているのに従って、一九一八年一カ年の状況をたどってみる。正式名称は Krankenkasse Bando であるが、ここでは日本語の通例にしたがって板東健康保険組合とした。

一九一八年における組合にとっての最大の事件は、全世界に流行したスペイン風邪の収容所への侵入だった。『バラッケ』最終号である月刊の九月号の巻末にかかげてある青島での戦死者および各収容所での死没者一覧表のうち、収容所での死者の多くは一八年のスペイン風邪によるものと思われる。八二名に及ぶ俘虜の死者のうち、名古屋収容所での死者は一一名となっているが、現在の平和公園に統合されている旧陸軍墓地には一二名の墓碑がある。一覧表作成の時点以後の一九年一二月一八日に一名の死者が加わっているからである。この一二名の死亡の日付のうち一八年一一月ないし一二月が七名あり、しかも六名は一一月一四日から二六日の間に集中し、残りの一名の死亡の日付は一二月一日である。この時期は日本全国にスペイン風邪が大流行した時期に一致しているので、名古屋収容所のドイツ人俘虜死亡者のうち半数以上はスペイン風邪によるものといっていいであろう。板東収容所も例外ではなかった。

「健康保険組合は一九一七年の年次報告の最後に、新しい年にはできるだけ活動分野が少ないようにしたいと願ったが、この願いは残念ながら満たされなかった。一九一八年は健康保険組合に前年よりもはるかに大きな要求をしたのである。一九一八年秋までは収容所の健康状態は良好といえたのに、一一月はじめの数日間にスペイン風邪が発生したことによって急激に悪化した。その月のうちに収容所にいる人のうちの七〇パーセントがこの病気に襲われ、三人の仲間がインフルエンザが起こした肺炎で倒れた（ゼーゲル上等兵、二中隊、一一月三〇日死亡、キューネ水兵、四中隊、一二月九日死亡)」。この病気の影響は年末まで尾を引き、一二月に発生した腸チフスで倒れた水兵クラヴァッツォーの死も遠因はインフルエンザとしていい。「健康保険組合がこの年度に扱ったその他の大きな病気はたいてい昔からの持病によるものであった。しかし、俘虜生活が長く続いているということがいよいよ重くなってきていて、家郷からの悲しい知らせによってみんなの心を打ちひしいでいるという状況が加わってきているので、ますますそうなる」。

収容所内では月平均一五人の患者に給食し、それ以外にスペイン風邪患者、一一月に六七七人、一二月には三〇人に給食した。徳島の病院〔六〕には年間に八人の種々の病人がいて、月平均一ないし二人に給食した。収容所内では全部で三七一六給食日、スペイン風邪患者を含めて六四四四給食日、病人食を交付した。平均一日当たり給食費は二〇銭であった。表3-13に整理した会計報告のうち、「板東給食費」一二五七・四三円という金額と品目からすると、日本側の食事を補充するものとして、主として現物によって給付したものと思われる。

「二つの収容所薬局（クラウス上等水兵とハイル水兵）は、一九一八年度に一万一八九四回の要求に応じ、そのうち五一三〇は包帯ですみ、二一六九はその他の怪我、二四九二件はちょっとした薬品を交付し、二二二本の強壮剤、栄養剤のビンが渡された。平均してこの二つの収容所薬局はそれぞれ一日一六回の来訪があった」。

板東俘虜収容所の健康保険組合を支えてきたものは、収容所内外の「犠牲的精神」だった。「健康保険組合の基本精神によって今までと変わらず所内における月例の集金が基金の主たる源泉をなしている」。スペイン風邪のときには、俘虜の財政状況悪化にもかかわらず、多額の金を集めることができた。通常の集金とインフルエンザの特別集金との合計、一三七八・七〇円の全収入の四七・九二パーセントとなり、所内からの寄付金五四三・九五円と合計すれば六六・八三パーセントになるが、これは俘虜一人当たり一・八八円を負担したことになる。東京救援基金の「ドイツ義捐金II」のうちから毎月五〇円の助成金が送られ、徳島軍病院で働くドイツ人看護人に対する一人週三円の看護助成金と合計して七四八・五八円、全収入の二六・〇二パーセントとなる。

海外からは、少額の資金のほかに、大量の恤兵品が組合に送られてくる。特に薬品、包帯、栄養剤、食品、衣料品である。上海の義捐基金からだけでも五〇個の小包で薬品その他を収容所薬局に送ってきた。価格にすれば、少なくともメキシコドルで一〇〇〇ドルに達する。同じような小包が一六個、解散しようとしている天津の救援行動会から届いているし、上海のフィードラー製菓は三七個の小包でケーキを慰問品として送付してくれた。さらにこの健保に対して日本と中国の同朋やドイツ人救援組織から数多くの義捐金が寄せられ、これに加えて収容所内の人たちや所内の企業体からも寄付があった。

金品以外にも必要な奉仕活動をうけた。俘虜相互の助け合いがあって、私心のない看護が常に行なわれ、特にスペイン風邪のときがそうだった。かからなかった人やすでに恢復した人すべてが力をかしてくれた。日本側との折衝にあたってくれた俘虜や二つの調理室の人たち、さらに軍病院の給食にあたった徳島在住のドイツ人女性たちもよく尽力した。こういう人たちの奉仕によって健康保険組合は一九一八年を切り抜けることができた。

「喜ばしいことに日本の収容所当局からは健康保険組合に対してあらゆる面で助力がえられた。これがあったからこそ、衛生部と手をとり合って仕事ができたのだし、やむをえない場合にはその代行をすることが可能だった。スペイン風邪の期間に収容所の軍医が発病し、徳島から長期にわたって交替要員が来なかったときには、クラウス上等水兵が収容所当局によって衛生室の管理を任された。さらには、日本の収容所長が口を利いてくれたおかげで、その前年には本当に不充分だった軍病院の給養に救済策を講ずることができた。患者ないしは看護人がこれまで与えられていた現物給養の代わりに、割り当てられている賄いの費用の金額内で自分たちで用意できること、さらには、週に三回（最近ではさらに毎日）食糧品を収容所から配膳係によって軍病院へ持参してもよいということが実施されるに至った」。

軍病院の診療にあたった軍医は、一二月に「Nakase」大尉に代わって「Mishima」大尉となり、ミシマ大尉は「厚意的に健康保険組合に協力して仕事をしている」。「Momoi」軍医大尉に交替して一二月一三日に「Nittoni」軍医が収容所軍医に就任した、と書かれているが、ニットニ大尉は入戸野大尉の書き誤りの可能性がある。そうだとすれば、『バラッケ』の一九一八年一二月三一日号から一九年九月号までが一まとめになっていたことの説明が容易につくことになるが、まだ断定はできない。

板東健康保険組合の一九一八年度会計報告を整理しなおしたものが表3-13である。月平均支出は二三九・七三円、一日では七・九九円となるが、スペイン風邪の二カ月を除いた当初の一〇カ月は月平均一八八・七一円、一日は六・一九円（一九一七年はそれぞれ一四五・五〇円と四・八五円）であると報告しているので、一一月と一二月の二カ月間に約九九〇円、月平均四九五円ほどの支出をしたことになる。これは当初の一〇カ月の月平均の三四〇パーセントに達する。一七年に対する支出増の第一は牛乳価格の上昇で、「年頭の三・五銭から五銭」になったせいである。「患者および健康者にとってもっとも大切な栄養源である牛乳が今年もふたたび最大の地歩を占めている。つまり五〇〇円を越えている。あの流行病の間に消費した牛乳代の一五七・六〇円というこれを越える金額は、健康保険組合の切なる申し立てによって収容所当局が引受けてくれた」。ごくわずかな例外を除いて牛乳の全量は「収容所酪農場」が供給した（一万三

表3-13　1918年1月1日から12月31日に至る間の板東健康保険組合年次報告（単位円）

収入			支出		
摘要	（内訳）	金額	摘要	（内訳）	金額
繰越金		26.46	板東給食費		1,257.43
募金		1,378.70	卵	82.74	
収容所会計	725.—		オートミール	140.74	
スペイン風邪	653.70		牛乳	501.93	
寄付金		543.95	バター，蜂蜜	52.40	
板東ボーリング場	135.—		肉製品	33.55	
収容所薬局から栄養剤	51.65		小料理	267.18	
その他	357.30		紅茶，コーヒー，砂糖	30.53	
東京救援基金の助成金		748.68	果実ジャム	42.76	
払い戻し金		72.59	ワイン，果汁，炭酸など	44.62	
給食代金	25.63		果物	35.49	
収容所当局立替金	42.20		その他食品	20.49	
病院現金補助	4.76		給食現金補助	5.—	
スペイン風邪のための物品売却		10.65	徳島病院支出㈡		521.22
拾得金		3.75	牛乳	12.83	
予備費繰入れ		75.—	バター	21.30	
不明金		17.04	肉製品	73.68	
			肉かんづめ	48.32	
			婦人による食事	129.53	
			その他食品	42.96	
			食事改善現金補助	135.—	
			暖房費	2.90	
			運搬費・運賃	54.70	
			経常費		315.42
			管区清掃	42.—	
			伝達	30.—	
			病人の風呂代	11.10	
			木炭と石油	108.33	
			病人用氷	27.39	
			洗濯代	14.30	
			紙製品	37.87	
			印刷物	18.33	
			電報代	4.25	
			電灯代	8.98	
			小支出	12.87	
			一回限りの支出		707.75
			医療上必要品	53.89	
			衛生室，病院用薬品	131.66	
			シュニッツラー事故補助	30.—	
			所内薬局用雑品	119.88	
			衛生室改造	26.39	
			個人住居建設，内装補助	95.06	
			自営企業，病人特にスペイン風邪のための備品	148.86	
			久留米移送者用蚊帳	60.—	
			同上荷物の消毒	32.07	
			床屋消毒	9.94	
			予備費		75.—
			貯金口座へ	75.—	
		2,876.82			2,876.82

不明金　19.1.1.　17.04

板東，1918年12月31日

閲　覧　　　　　　　　　　　　健　康　保　険　組　合

（署名）　クレーマン少佐　　（署名）　ゴルトシュミット　予備軍曹

（署名）　アルベルス　　　後備上等兵

九二七本とあるので、牛乳ビン一本一八〇ミリリットルとして計算すると、俘虜の酪農場は年間二五〇〇リットル以上を生産したことになる)。運賃が増加したのは、徳島への運賃で、「荷物の運賃とならんで、若干の戦友が、軍病院の治療を常に受けるのではなく、月に数回治療もしくは診察のために軍病院へ往復しなければならなかった」からである。特別支出は久留米から移送された戦友たちが南京虫に汚染されていたのを消毒したのと、大部分の者がここのバラックに適した蚊帳を持っていなかったからである。「消毒は収容所外の地域で大規模に行なわれ、完全に成功した」。

よく組織された健康保険組合の適切な処置と理解ある日本側の協力によって、板東におけるスペイン風邪の死亡者を、収容者四九〇名と板東の半分以下の名古屋収容所の一一月、一二月の死亡者七名の半分にとどめえた、ということができる。(17)

「九月に健康保険組合理事を新たに選出した。選出された人たちは、

K2代表、後備伍長デーゼブロックおよび水兵グロースマン〔七〕

K5代表、予備軍曹ゴルトシュミットおよび上等水兵クラウス

K6代表、後備曹長クリュックおよび水兵シュタインフェルト

K7代表、後備伍長クラーセンおよび後備上等兵アルベルス

陸戦工兵中隊代表、予備上等兵シュラーダー

K4および配属部隊代表、水兵リッシュおよび予備上等兵シュレッター

沿岸砲兵隊およびK1付、機関士ブルーメ、(階級不明)コーネン、(階級不明)ブールホープ

の全部で一四名」。

年次報告の末尾にかかげてあるこの組合の基本理念には、「資力のない病者への配慮、困窮時の同志的

協力、全体の福祉」とある。代表者としてゴルトシュミットとアルベルスの二名の署名で報告は終わっている。

ドイツ本国からの義捐金

板東健康保険組合の会計報告（表3-13）の収入の部に、東京救援委員会の助成金として、七四八・五八円という年間収入の二六・〇二パーセントを占める数字が見える。一九一九年の『バラッケ』には二回にわたってこの「義捐金」についての記事がある。一つは、一九一九年一月五日付の第一四号、通巻六七号に（二九七頁から三〇五頁まで）、東京救援委員会、A・ケストナー名で、「ドイツ義捐金Ⅲ」と題し、もう一つは、三月三〇日付、つまり週刊の最終号である第二六号、通巻七九号に（五九八頁から六〇四頁まで）シャイダー名で、「一九一八年会計年度（一九一八年四月―一九一九年三月）における板東収容所のために東京救援委員会から送金された義捐金についての使途明細書摘要」である。前者は義捐金の性格および使途の制限にふれ、後者は主として日常の食費補助として板東での支出細目を提示している。これを表3-14にまとめた。

「板東収容所設立後のまもない頃東京救援委員会（Hilfsausschuß Tokyo）からこちらに通知があった。兵員賄のために別に定めるまで毎月二七五円を東京で食糧品購入の用にあてる。さらに収容所は毎月一七五円をスポーツ、歯科医の費用支払いのため、また病人の補助や兵員管理の少額の直接購入のために受取ることになる、というのだった。

二七五円の給養基金からは、日本人からほんのわずかか、全く供給されないような食糧品の購入に主としてあてられた。たとえば、干し果物、もっと上質の香辛料、ザウアークラウト、豆類、マカロニであ

表3-14　1918会計年度板東収容所用義捐金の使途　(単位円)

I	板東収容所のための支出―収容所での支出 (54.32%)		13,480.72
A	食糧のために		10,920.23
1)	野菜，つけ合わせ，香辛料	5,424.92	
2)	肉，ソーセージ	2,889.35	
3)	牛乳，小麦粉，米	391.71	
4)	ラード，ベーコン	1,500.98	
5)	魚	121.77	
6)	養豚用豚，用具購入	391.78	
7)	木炭	4.15	
8)	冷蔵庫2と氷 (102.53+49.04)	151.57	
9)	下士官，調理人の食費補助	44.00	
B	維持費および業務費		592.66
1)	第1棟(劇場，講堂)の暖房，照明，清掃，図書室	139.03	
2)	全員のための教材費，講演会費	57.48	
3)	収容所図書室補助	177.50	
4)	音楽活動に一回の助成	20.00	
5)	パン工場修理，所内作業賃銀	197.55	
6)	伐採用具修理	1.10	
C	保　健		1,859.12
1)	歯科医支払	560.74	
2)	川の水泳場建設維持，ボート借上	65.00	
3)	看病費(健保寄付，看護料助成)	647.63	
4)	スポーツ活動経常助成	480.00	
5)	久留米移送者蚊帳，患者用フライパン	46.50	
6)	埋　葬　費	21.94	
7)	身障者手当(特に送られたもの)	37.31	
D	そ　の　他		108.71
1)	筆記材料(中隊支出を含む)	54.16	
2)	筆記代，収容所伝達加俸	43.50	
3)	電報，荷物代	9.60	
4)	第1棟クリスマス飾り付け	1.45	
II	東京救援委員会の仲介による食糧品購入の支出 (45.67%)		11,333.92
A	くん製品および脂　ベーコン，ハム，ラード，チーズ	3,516.10	
B	干し果物　梨，スモモ，アンズ，リンゴ，桃	2,375.20	
C	豆　類　グリンピース，白豆	1,076.00	
D	魚　鰯，鮭，塩にしん	1,960.01	
E	香辛料　こしょう，肉桂，チョウボク　カレー，チョウジ，月桂樹など	232.87	
F	その他　魚かん詰632.10，マカロニ1,134.48　コーヒー87.00，ザウアークラウト297.50	2,151.08	
G	道　具　かまどのリング15.00，台所用手斧7.66	22.66	
合計			24,814.64
	うち　IのB－D　(12.13%)		3,010.49
	純諸経費　(87.86%)		21,804.15
総計	(板東で予備金とした927.97円を加える)		25,742.61

る」。

東京での支出分二七五円と板東での一四五円、合計毎月四二〇円の救援資金は、一九一七年四月以降から始まったことになる。数カ月後の「一九一七年一二月には、義捐金からのこの資金の大幅な増額が予想され、それも一九一八年一月一日以降毎月一一〇〇円ということだった。これはそれ以前に対して約一〇〇パーセント以上の増加だった」。「もう一度の、そして最後の」増額は一九一八年三月中旬に二月にさかのぼって行なわれ、これも約一〇〇パーセント増、つまり「一人月二円」、したがって、約一〇〇〇人に対して毎月二〇〇〇円が割り当てられた。表3-14の金額はこれをよく示している。このうち「約九〇〇円は東京での購入」分に、一一〇〇円は板東での「自前の管理運営」にゆだねられた。「収容所においていかなる預金口座も設定されざるよう、毎月送付される慰問補助金（Liebesgabenzuschuß）が――この助成金はそのとき以降こう名づけられたが――規則的に費消され、兵員の状態を全般的に改善するように、というのが醵金者の願いであるから、と救援委員会は同時に依頼してきた」。

最後の増額は大きな効果を持った。というのは、一八年の夏には台風がたびたびきて、食糧品、「特に野菜と果物」が大幅に値上がりし、倍になったものもあったからである。日本側の食費は固定したままだったので、「給食量は週毎に少なくなった」。「できうる限り、すべての他の補助を制限し、ドイツ義捐金IIの資金のすべてを兵員賄につぎ込んだ。個々への給養を以前の月と同じ水準にできるだけ保つことがまずもって肝要だったからである」。表3-14に見られるように、賄用に二万一八〇四・一五円をふり向けたことになるが、「この金額は、一人当たり毎日の給食費二五銭として日本軍当局の一三週もしくは四分の一の支出分に相当する」。またこの金額を一人一日当たりに換算してみると、五・八七銭上積みしたことになる。日本側へ食費の値上げを要求しても実現できたかどうかは疑問だったであろう。「いずれにしても、兵員賄から今日では、多すぎるほどたっぷりではないにしても、おいしい上に比較的変化に富む給食をうけていることは事実である」。炊事場にとって容易なことではないであろうから、感謝しなければならない、と記事の筆者はつけ加えている。

「慰問補助金の醵金者の願いに反しているが、当地で九二七・九七円の少額の予備金が兵員会計にとめ置かれた。東京での資金確保について不確実な情報があったためである。義捐金IIの入金が不確かなので、最後の数カ月の送金のうちからこの残高を残しておくことが、適当であり、必要だと思われた。こうして、補助金が入ってこない場合に、一定期間さらに、ただし著しく少額となった補助金をうけるという可能性が、収容所に与えられていた。これはもちろんまずもって賄にあてられるものだった。九二七・九七円の現金残高は自明なことだが、帰国の前には収容所のためになるように使ってしまうことになろう」。

俘虜たちはこの義捐金をさらに、有効に活用するために、養豚を自営していた。この記事の末尾にはその決算をかかげている。「以前に購入した豚および仔豚のうちこれまでに消費したのは、七頭、重量で一五〇・一貫、一貫目一・七〇円の市価で二五五・一七円、現在まだいるのは、屠殺に適したのが一五匹と仔豚が一〇匹で、うちわに見積っても今日では三〇〇〇円の評価となる。合計すれば、五五五・一七円であり、これから購入価格三九一・五七円を引けば、収容所の利益は、一〇六・六〇円残る。三〇〇〇円と評価した豚はしたがって兵員会計の資産をなしている」。

板東収容所へ一八年四月から一九年三月までに配分された義捐金は、一人月間約二円、総計二万五〇〇〇円に達しているが、この義捐金についての東京救援委員会の通達を、若干のコメントをつけてそのまま記事にしているのが、「ドイツ義捐金III」である。

この通達は各棟に掲示され、各中隊にコピーを配布してあるが、「掲示はしばらくすれば取り去られ、その内容は忘れられる」。再録するのは、感謝の義務を果たし、「どのように故国の人たちが在日戦時俘虜のために多年にわたって心配してきたかを、書き留める」ためである。

通達文書の日付は、一九一八年一二月一七日、東京、番号はB・第三六二〇／二一号、通達者は、「東京救援委員会A・ケストナー」である。文書名は、「ドイツ義捐金II、およびIII＝在日ドイツ人およびオーストリア・ハンガリー人の義捐金について」である。

「来年の一月以降は義捐金分配の新しい計画を立てなければならない。したがってわれわれは諸君に、義捐金の出所、その現在の金額およびその配分についての概観を示しておく」、と趣旨が説明され、以下四点にわけて、「I　義捐金の出所と指定」、番号なしで「義捐金のこれまでの配分」、「III　一九一八年一二月の配分計画」、番号なしで「一九一八年一二月三一日の予算案」を通達している。

「義捐金II」は、「ドイツにおける私費の慰問金徴募」であって、東京救援委員会が先任将校たちの同意のもとに管理することになっている。「この義捐金はもっぱら栄養改善にあててもらいたし、とドイツにおける義捐金は使途を定めている」。現金での配分はさけよ、とのことである。

一〇月三〇日までは義捐金の金額は一万六〇〇〇円だったが、為替相場の下落のため、一一月一日以降は毎月一万三三三三円である。一八年一一月末に義捐金から電報で指示してきたのは、「緊急やむをえざる場合においてのみ」この義捐金を使い切ることが許される、ということだった。「一月以降の義捐金の入金は保証されていない」。つまり、ドイツ本国で集められた義捐金は、一九一八年一〇月まで一万六〇〇〇円であったが、外貨事情のため一一月以降は一万三三三三円となり、一九一九年一月以降の送金は不確実である、ということになる。「義捐金IIは一二月末に約一万八〇〇〇円の予備費を持つことになるが、「以下のような事情から義捐金IIIが入金する場合においてのみである」。

「義捐金III」の性格はIIと同じであるが、醵金者たちは次のような規程を指定してきた。つまり、「准士官毎月一八円、下士官毎月一〇ないし一四円を受け取らせること」、以下のような戦時俘虜は「この義捐金の受領から除外される――(1)第三者から返還を要せざる毎月三〇円以上を受け取っている俘虜。(2)家族が東アジアに居住し、扶助金を受けている俘虜、その扶助金の一部を俘虜に送金できることを前提とする。(3)公務員たる俘虜。(4)膠州勤務者たる俘虜」。最後の指定は、義捐金IIIをジーメンス商会が与えた貸し付け金の返済にあてる、というものだった。同時に、将来においては准士官、下士官に「義捐金II」からは小遣い銭を与えない、ことも指示してきた。

東京救援委員会は醵金者の定めたとおりに管理しなければならないが、除外該当者の分がどれほどになるかわからないので、下士官の毎月一〇ないし一四円という所は金額を決めないままにしておく、醵金者による上記のような枠づけは一度にきたのではなく、電報によって次々と知らせてきた。手紙による通達はまだ来ていない。「義捐金IIIは一七年一〇月一日にさかのぼるものである。電報によって繰り返し問い合わせたにもかかわらず、この義捐金は今日までまだ到着していない、その入金は国の方で変化が起きている結果全く保証されていない」。したがって、この東京からの通達は、「義捐金III」が一七年一〇月にさかのぼるべきものではあるが、日本へ着く可能性、したがって各俘虜、特に送金のない准士官、下士官が慰問金を受け取ることはできないだろうと予告するものとなっている。

「在日ドイツ人およびオーストリア・ハンガリー人の貧しい戦時俘虜に対する現金配分のための義捐金」。これは神戸、東京、横浜の三ドイツ救援委員会が在日ドイツ、オーストリア・ハンガリー人の間で募金したもので小遣い銭として、准士官二・六五円、下士官一・六〇円、兵二五銭ずつ配分される。「在日同胞の財政状態はひどく困難なので、この義捐金が常に不変のまま入金するということは、充分な保証

表3-15　ドイツ義捐金II　1918年11月予算

収入		支出	
義捐金II	13,333.33	8,810.00	1) 各収容所へ
予備費から	2,196.61	5,410.80	2) 小遣い銭
		1,042.47	3) 病院補助など
		266.67	4) オーストラリアへ
計	15,529.94	15,529.94	

がない」。約四五〇〇人の俘虜の全員が兵と仮定しても一カ月一一二五円、一年では一万三五〇〇円という金額となるので、わずかな人の募金で計画どおり実行できたかどうかは、はなはだ疑問である。したがってこの義捐金も見通しが暗いことになる。

「これまでの義捐金の配分」。「義捐金II」は少なくとも一九一八年に限れば、予備費を含めてなんとか保証されているようである。一一月までの配分実績として次の項目に分けて通達されている。(1)全収容所への月例金、(准士官、下士官、兵)の全俘虜に等しく炊事補助金として、一人月二円ずつ。東京での購入分と各収容所での調達に分かれ、東京分については、炊事委員会が決定してきた。ただし、この補助金からは、歯科医、スポーツ、図書室の費用と、健康保険および劇場の維持の補助金も支弁された。(2)貧しい俘虜の小遣い銭として、毎月准士官二円、下士官一・五〇円、兵一・三〇円が配分され、在日同胞からの義捐金と合計すると、それぞれ、四・六五、三・一〇、一・五五円となる。(3)軍病院入院患者、身体障害者および長期療養者、また看護の補助金。(4)在オーストラリアの俘虜。「ドイツ義捐金II」の一一月の予算は表3-15のようになる。為替相場のため赤字となった分を予備費によって埋め合わせている。一八年一二月一日の予備費は二万一〇七六・七九円と報告している。またこの予算表から、一人月二円の収容所助成金から准士官以下の人員が、一九一八年一一月において、四四〇五人と逆算することもできる。

表3-16a　1918年12月31日予算案

収入		支出	
定期収入	13,333.33	8,918.00	収容所補助
予備費から	14,483.46	17,763.95	小遣い銭
		868.17	病院補助
		266.67	オーストラリアへ
	27,816.79	27,816.79	

表3-16b　義捐金IIの予備費会計

備考	収入	支出	残高
1918.12.1 現在高	24,076.79		24,076.79
運送費など		234.32	23,842.47
12月赤字補充		14,483.46	9,359.01
義捐金III入れば	9,000.00		18,359.01

「義捐金III」は一一月には未着である。「ドイツ人およびオーストリア・ハンガリー人の義捐金」、つまり在日同国人の義捐金の収入および支出は二一七〇・五〇円。「III　一九一八年一二月の配分計画」。マルクの下落によって一万六〇〇〇円が一万三〇〇〇円ほどになったこと、「義捐金III」が望み薄であることから、一二月の配分計画は苦しいものとなっている。「ザークセル海軍大佐[18]およびその他の先任将校の提案により、義捐金IIIの配分と別に准士官、下士官、すべての貧しい兵員に対して一二月分は小遣い銭を値上げ（三・五〇円）して送金した。この増額小遣い銭を一二月に兵員に配分するためには、義捐金IIの予備金に手を付けることが必要となった。義捐金IIIが准士官、下士官用と予告されているので、義捐金IIの予備金をまずもって兵員用にふり向けるのは、正当なことと思われた」。だがIIIは未着なので、IIから一二月を支払い到着後返却することにし、この配分を義捐金IIIの第一回配分額とみなすことになった。

「一九一八年一二月三一日予算案」（表3-16a、b）に見られるように、義捐金IIの予備費を投入して処分しようとしている。Ⅲの入金は予想されないので、一九一九年の計画ははっきりしていない。「新年度兵員小遣い銭」の説明の最後にはこう書かれている。「将来なにをなしうるかについて、それぞれがはっきりした予想を持ちうるように、上記のように、すべての義捐金の正確な明細を提示した」。一九年一月以降は、義捐金Ⅱが一万三三三三・三三円、在日同胞から約二二〇〇円、計毎月約一万五五〇〇円の入金と、予備費約九〇〇〇円（義捐金Ⅲが来れば約一万八〇〇〇円）が資金となるのに対して、規定どおりの最少必要の支出は、各収容所へ約八八〇〇円、オーストラリア在住の俘虜へ約二二〇円、病人のために約九八〇円、計一万円となるので、兵員の小遣い銭に使えるのは、約五五〇〇円となる。Ⅲの入金がない場合には、この金額が全員の小遣い銭の金額となる。つまり、これまでは、Ⅱの五五〇〇円と在日同胞からの二二〇〇円、計毎月七七〇〇円ほどであったのを減額せざるをえないということである。

『バラッケ』の最終号、一九一九年九月号に至るまで、以後の救援委員会の報告は登載されていない。

「総　括」

『バラッケ』最終号である月刊九月号は、付録として「一九一九年一〇月」の行事をつけ加えている。「一〇月の収容所日誌」によれば、一〇月二〇日にパウル・エンゲル・オーケストラの第二回ベートーベンの夕べが開かれ、二六日には、第四六回櫛木への遠足とゾルゲル少尉の講演、さらに軍楽隊による第三五回コンサートが行なわれている。一九一四年一一月七日青島で降伏調印以来、丸五年にわたる俘虜生活が続いたことになるが、『バラッケ』編集部はこの号のはじめに「Fazit」と題する無署名の記事を掲げ、この年月を無益なものとしないで、仲間の俘虜たちが得たものを数えあげることによって、日本での俘虜生活になんらかの意義を与えようと努力している。

「人生をまじめにうけとめる人は、毎日どうすごしたかを夜になってきっと反省している。ちょうどきちんとした商人が一日の終わりにその日の利益や損失を記帳し、利益を喜び、損失を将来さける方法手段に思いをめぐらせるように、そういう人はふるまうものだ。俘虜生活においては毎日毎日が損失であり、あるいは少なくとも逃げていった利益を意味するもので、しかも例外なく誰にとってもそうである。これらは健康上、物質的および精神的な性格のもので、それぞれの方式、それぞれの実際の量もしくは想像上の量により、また生活状況や当人の素質によっていろいろに感じとられる」、と前置きをした上で、「個人的には罪はない状態にあること」をプラスのものとしている。「長年にわたる俘虜生活のなかでなにかこれはというものを貸方にまわしたか」、と問いかけ、「利益は少数の例外はあるものの、精神的な性格ののだけであろう」。収容所で働いて得た技能を金銭に換算しようと思わない限り、そうなる。

無署名の筆者が、収容所生活を振り返ってみると、「自分自身の人間性を完成する点について満足」を覚えはするが、「いろんな機会を逃したことについて自己批判」を残念ながらしている。戦後の必要性がはっきりしないので、「本当の創造の喜びはときにわき上がってこないこともあった」。いろんな技術を身につけよう、などとは思わなかった。製本技術や家具職の修業ができたのに。音楽の才能にあまり恵まれていなくても、なにかの楽器をあやつれるようになった戦友がうらやましい。「肉屋、仕立屋、靴屋には素質はないと思われるが、現在のような不安定な状況と故国での一般的な勤労意欲の減退のときには、自分の靴に自分で底皮をつけるのが一番いいようなときが来るかも知れない」。兎や蜜蜂、にわとりの飼い方を覚えればよかった。副業になるだろうに。逃がしたチャンスはもっとあるが、戦前にはできなかったことを今では自分でやれることもある。家具職のまねごとや、料理、ケーキ造り、菜園作業もできるようになった。「俘虜生活はわれわれを他人に頼らなくてもいい状態にしてくれた。己れ自身に対する必要な信頼さえ持てば、ずいぶん多くのことをなしうることを教えてくれた」。「各方面にわたる講演や講習会によって」人間をもかえた。「収容所の強制された密な共同生活もこれに寄与したし、そのためにひどく異なった性格の人を正確に知ったことによって、自分の性格が影響をうけ、そのうえ他人をよりよく判定する能力が高められた」。戦前には仕事と時間に追われて教養を積むことはできなかった。「さて、多くの点では悲しむべき俘虜生活という無限の時間がやってきたわけだが、これが知識欲にもえている人にとっては黄金郷になったのだ。やっとひまができた。これまで人の話でしか知らなかった数多くのすぐれた人の著作をゆったりと勉強するという、長い間望んでいたチャンスができたのだ」。文学ばかりでなく他の分野でもそうだった。ドイツ史、交戦国の歴史、東アジアの諸民族の歴史、宗教、政治、社会などについての知識も不充分だった。生物学も知らなかった。日曜講演会が教えてくれた。「入念に準備された講演を全部、とくにゾルゲル予備少尉とボーネル水兵のを、きちんと聞き、あとでよく考えぬいた人は、今日では世界を前とは違った眼で見ているし、無限の利益をそこから得ている」。筆者自身について考えてみれば、自然の動きを学んだ。冷静に事柄を見つめることを学んだ。つまるところ、「人生はその内容を失っていないという認識」に至っている。「私個人としては、収容生活のなかで私の心のなかに本当にわき上がってきた公共のための喜び、誰もが国民全体に負っている義務に対する責任感を、国民思想のための利得として、さらに記帳する」。

収容所での気象観測

九月号本来の記事の最後にMn名で「板東における気象観測」という記事が多くのグラフを伴ってのせられている。一九一八年から一九年（大正七―八）という時期と、板東という場所から考えて、おそらく気

図3-7 板東の風 1918/19

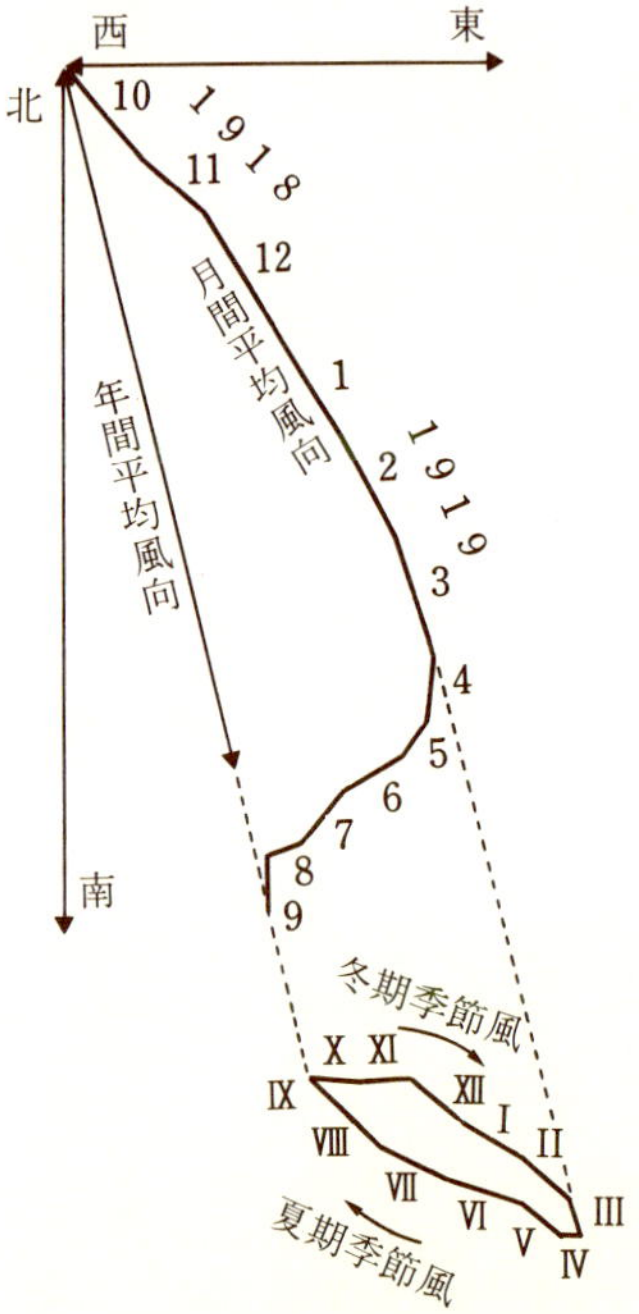

図3-5 板東の気温 1918/19

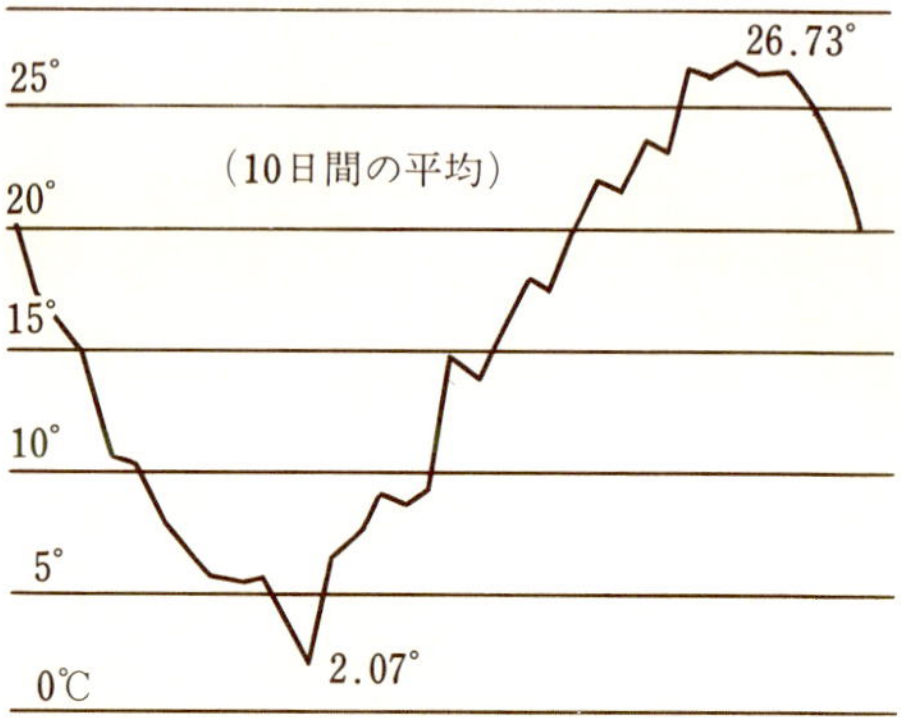

図3-6 板東の気圧 1918/19

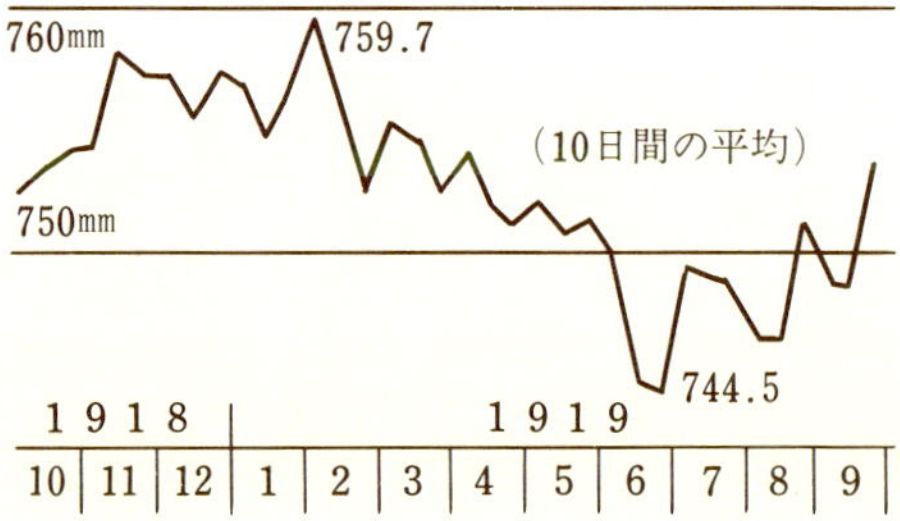

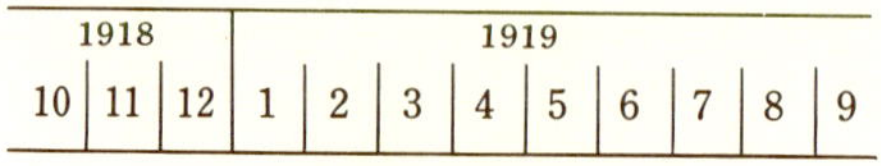

図3-8 板東の平均湿度 1918/19

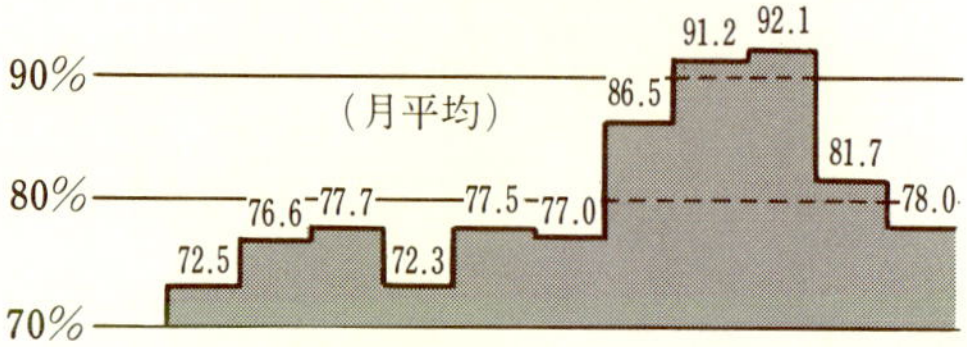

図3-9 板東の降雨日 1918/19

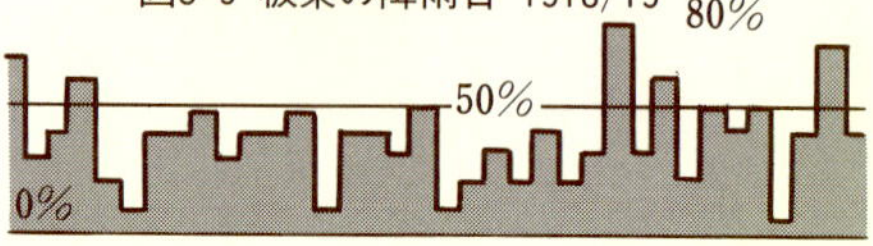

図3-10 板東の降雨量 1918/19

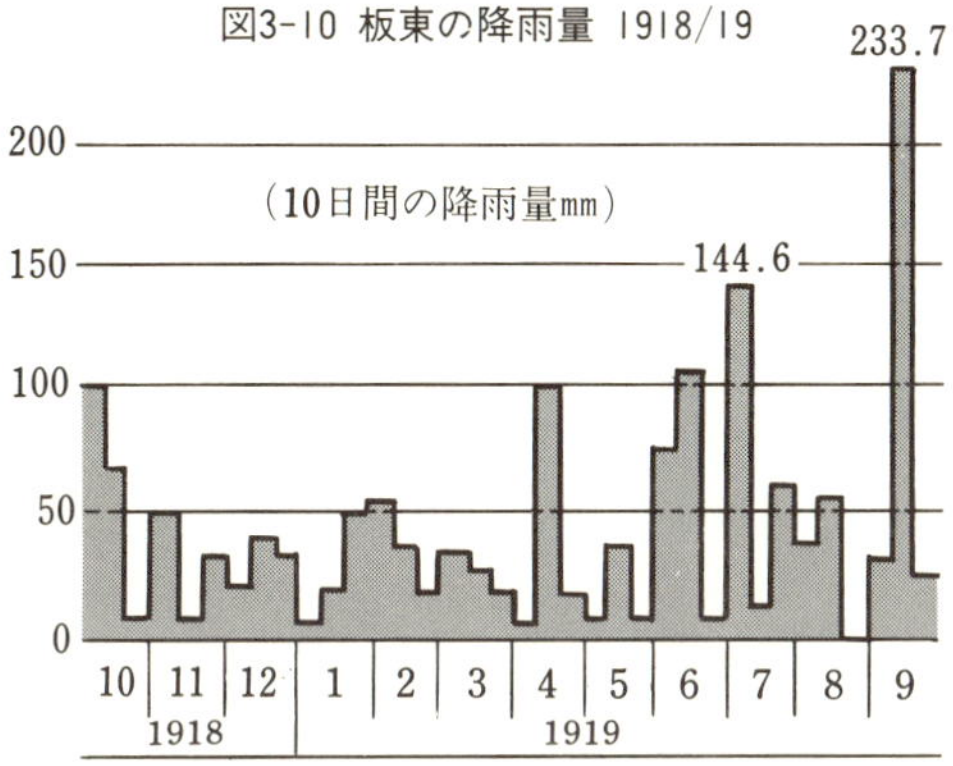

図3-11 板東の月齢による降雨頻度 1918/19

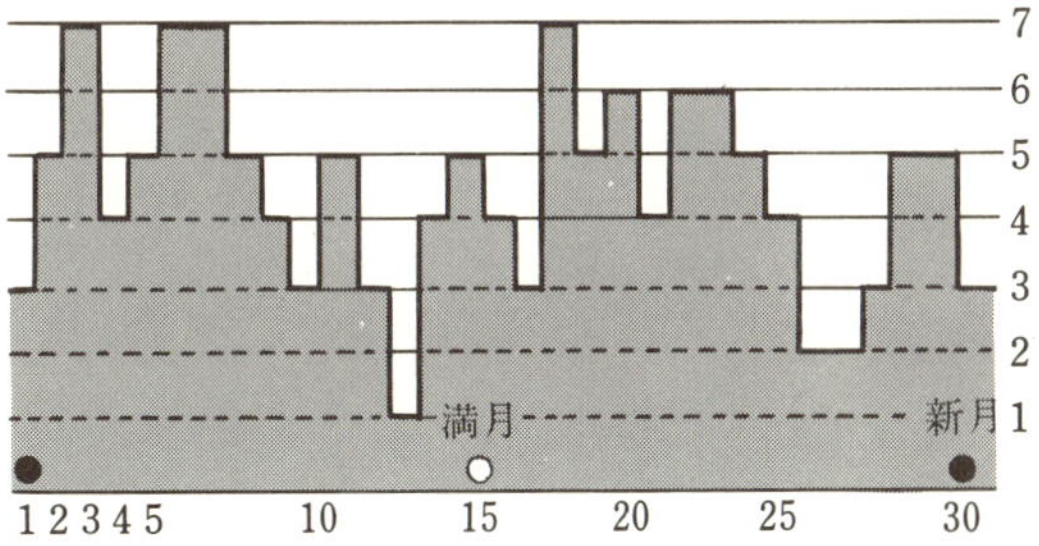

図3-12 板東の月齢による降雨量 1918/19

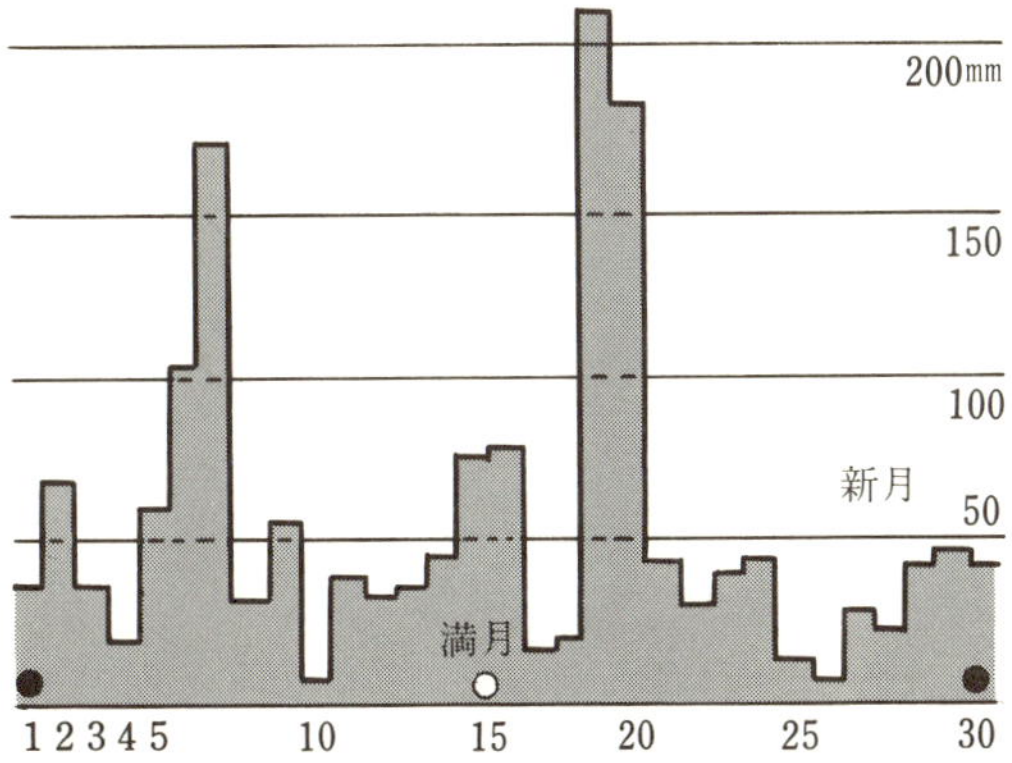

図3-14 板東の1918年12月の平均風向

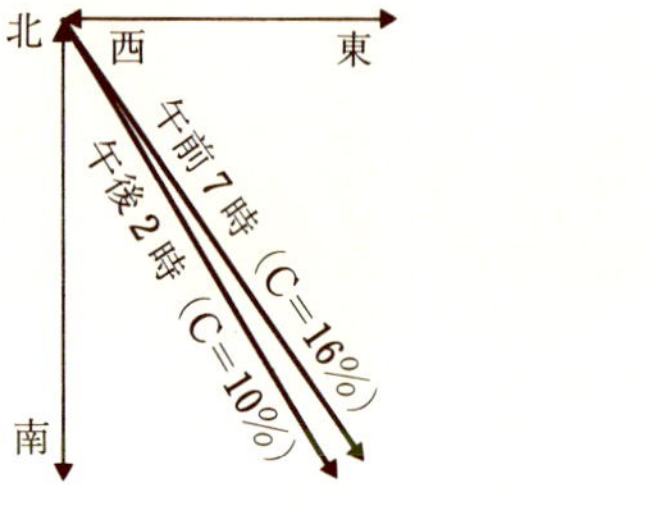

（円内およびCは無風を示す）

図3-13 板東の風向頻度 1918/19

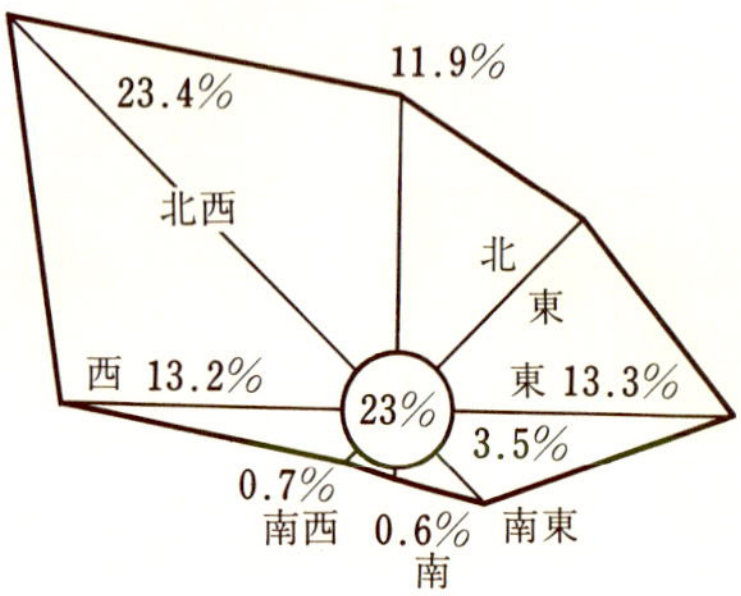

図3-15 板東の1919年6月の平均風向

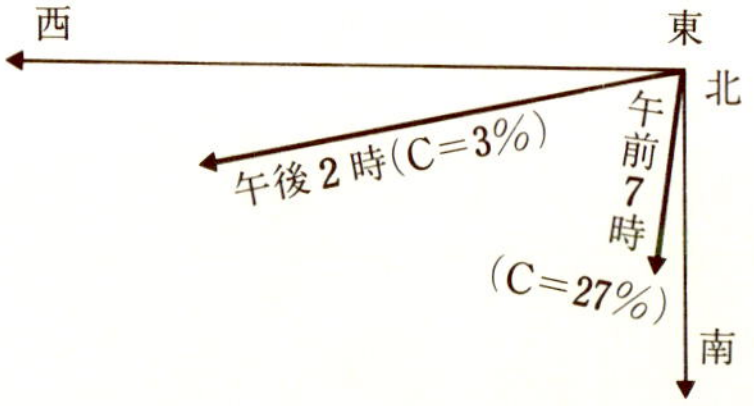

図3-16 板東の1919年6月の風向頻度

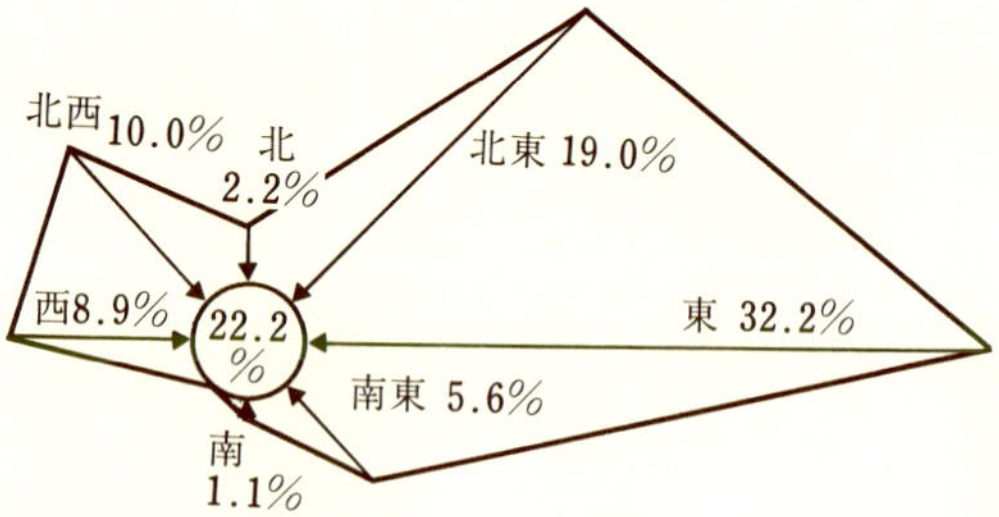

図3-17 板東の1918年12月の風向頻度

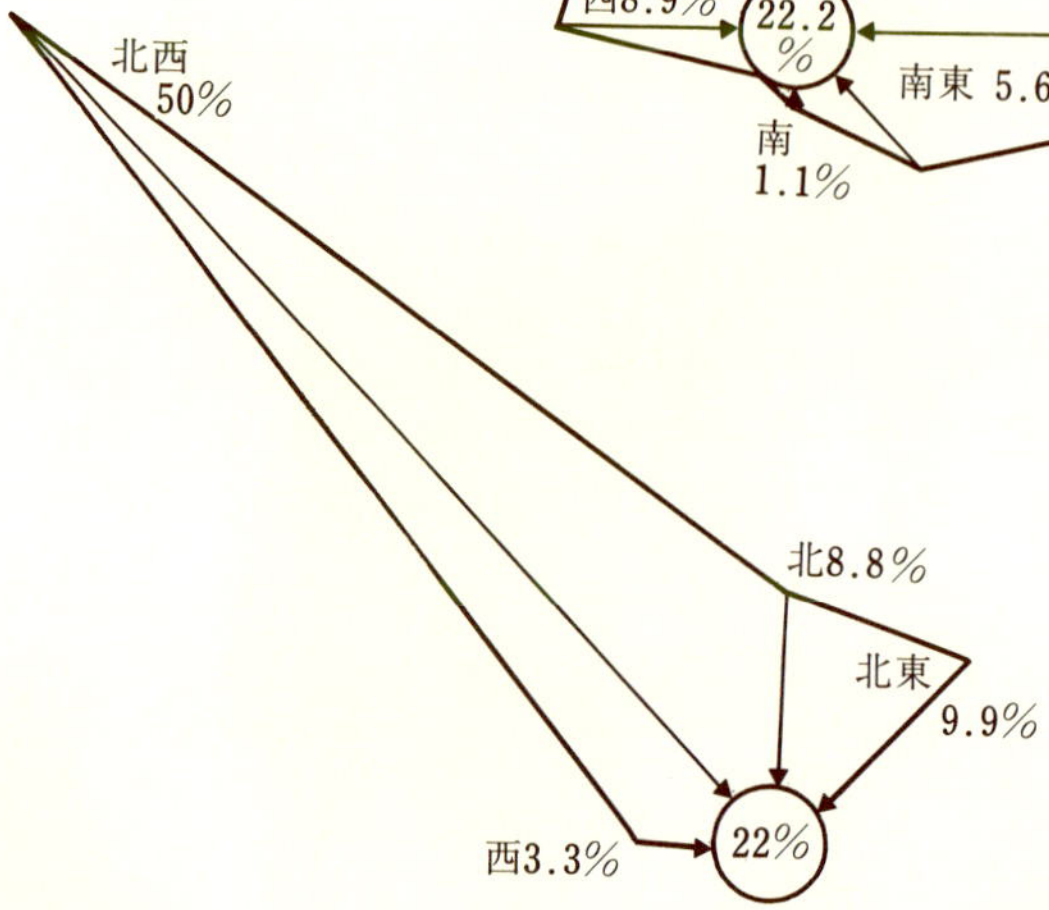

象観測のデータは日本側にはなかったと思われるので、なるべく元のグラフのまま再録したのが、図3-5から図3-17である。

　観測値は一九一八年一〇月一日から一九一九年九月三〇日までの一年間のもので、観測は午前七時、午後二時と九時の一日三回行なわれ、一〇日毎に平均されたものである。元のグラフは、ゾルゲル予備少尉が作成した。観測器具は完全なものではなく、設置も申し分なしとしないので、このデータに「けっして立派な学問的な価値を求めることはできない」、と断わってある。

　グラフでは示されてなくて、説明として書いてあるのは、最も寒いのは二月の初めの一〇日間、暑いのは八月上旬であること。最も寒い月は一月で摂氏四・九度、暑いのは八月の二六・四度。最低最高温度は器具の都合で確定できないが、定時観測で読みとった限りではマイナス二・五度とプラス三二・六度。最低気圧は、一九一八年八月四日台風が南を通過したときの水銀柱七三七・六ミリ。年間の降雨日数一二〇、降雨量一五六八ミリ、「すなわち、われわれの収容所に全体で一・六メートルの高さに水の層ができたことになる（ドイツでは約〇・七メートルの層が考えられる）」。雨をもたらす風は一〇月、一一月には西と北西、一二月から三月までは北西、北および北東、四月から八月までは北東から南東、九月には東、南東および西、北西。ゾルゲル少尉が、同一月齢日の降雨量および降雨日数を合計したグラフは興味ある結果を示している。新月および満月の四ないし五日後が最大で、降雨量、日数とも少ないのはこれらの月相の前、となっている。「比較的わずかな観測データなので、この結果は単なる偶然、という可能性がある」。

遠　足

一九一八年一一月一一日、フランスのコンピエーニュの森で対独休戦条約が調印され、四年以上にわたった第一次大戦の戦火はおさまった。板東のドイツ人俘虜にとって、この停戦は、自由、解放、帰国が近づくことを意味した。一九一九年二月二三日発行の週刊第三巻二一号、通巻七四号の『バラッケ』には、「停戦の結果、行動の自由の拡大が間近い」といううわさが一月初めに流れた、と書かれている。

「われらの遠足」と題するこの記事は、冒頭にハイネの『ハルツ紀行』の一節をかかげている。「山へ私は登りたい／樅の木が高くそびえ／小川のせせらぎ鳥の声／雲高く流れる山へ」。はるか彼方にあった故国の山河が、停戦の知らせとともに、にわかに近より、俘虜の心に「小川のせせらぎ鳥の声」を聞かせ、樅の木を見させたに違いない。

一月六日には一号棟入口ぎわの掲示板に公示があり、一月七日の一時からブッターザック大尉の引率で猿山へ第一回の遠足に行く、というのだった。「見張りとお伴のパーティなしで、神の自由な自然を享受できるのがわかったとき」、みんな大喜びだった。記事の筆者はここで松山収容所時代と比較してこう書いている。「われわれ松山組が当時の外出をふり返ってみると、厳重な見張り――ほとんど一個中隊全員が着剣して――警官と騎馬憲兵つきで、道後公園や川へ連れてゆかれたものだ」。

この計画は、ブッターザック大尉が各方面を説得し、指揮と責任を個人で引き受けることによって、実現にこぎつけた、ということで、以下二月中旬までの遠足の記録を整理している。

第一回、一月七日、猿山、行程一〇キロ、参加者一一二名（猿山の本来の名は大麻山、とこの項では説明されているが、ドイツ人俘虜は、収容所周辺の地形に自分たちの名づけた地名を使っている）。好天に恵まれ、見事な展望だった。一時間でこの山に登ろうとした人もあったができなかった。遠くから見ると簡単そうに思われるが、きつい山だった。

第二回、一月一〇日、水車谷、一八キロ、一二二名。水車にちなんだ命名の美しい谷で、両側には樹木、その間を谷川がくねって、ときに岩づたいに川を渡った。

第三回、一月一三日、大麻神社の西の谷、一五キロ、一四四名。山登りと谷歩きの両方。谷から登って吉野川を眺めた。帰路、この島の第二番目の聖地（極楽寺のことか）に寄る。たいへん見事なブロンズの観音像がある。

第四回、一月一五日、ハエの谷、一四キロ、一四一名。溜池のほとり、以前に伐採した谷、「薪振りまわし」をした人なら誰でも知っている所。尾根歩きの後の眺望はすばらしかった。漁船の浮んだ海が魅力的だった。帰路は池谷の製陶所のわきを通る。

第五回、一月一七日、お天気神社、二〇キロ、二五五名。山登りと尾根歩きで第四回に似る。お天気神社は、旱魃のとき美少年と美少女をそこへ連れてきて、雨が降るまで二人は祈らねばならない。神の怒りを解くため、ということである。

第一回終日遠足、一月二一日、三二キロ、二三三名。終日遠足のすべり出し。朝寒く、集合時間の七時五〇分にはわずかだったが、出発時には各バラックからぞろぞろ出てきた。炭焼き魔女から折野谷へ。一〇時三〇分折野谷のお寺で朝食休憩三〇分、大浦―栗田―櫛木と海ぞいに歩く。白い波をたてる青い海と多くの島の美景。海辺のある農家の前に巨大なサボテンが数メートル幅にひろがっていた。帰路、「車を引いた牛が列に突っ込んだ。外国人に敵意をもったのだろう」。三時に大麻の並木に着き、集結して、「われらの家郷たる鉄条網」に帰った。

第六回、一月二九日、極楽谷、一七キロ、一六七名。天気が悪くようやく二九日にできた。猿山（大麻山）の西、山を上下する度に瀬戸内海の景観が変化した。収容所の西のふもとにミカン畑がきわだって見えて、黄色がかった金色の果実がたわわで、暗緑色の葉に絵のようにはえていた。

第七回、一月三一日、池谷尾根歩き、一五キロ、七〇名。特記事項なし。

第八回、二月五日、お天気神社の谷からこぶ谷、一七キロ、一五三名。午後の遠足だったが、成功。登りがすばらしく、こぶ谷への下りは危なかった。こぶ谷とは勝手につけた名だが、ぴったりだった。

第九回、二月七日、吉野川堤防、一五キロ、一六五名。計画では下流の堤までとなっていたが、その附近の村が伝染病のため行けなくなった。夏に水泳をしたオトゼ（乙瀬）川を越えて、幅約一四キロの吉野川の平野へ。米、藍、麦、砂糖黍の産地で、大きな堂々たる農家や造り酒屋の家から豊かさがわかる。

第一〇回、二月一二日、収容所北西の山、一六キロ、一三三名。雪まみれで歩き、ときに雪合戦で楽しかった。老いも若きも暴れまわった。大麻公園の近くで白い梅を見た。春のきざしだ。

第二回終日遠足、二月一八日、水車谷―内海―鳴門海峡―池谷、四〇キロ、二二六名。暖い春の好天に恵まれた。海、山、森、谷をへて終日。村人たちは物珍しそうに眺めていたが。

「友好的なオハヨー」で挨拶すると、「特に老人、婦人ははっきり喜んで答礼を返して」くれた。貧しい漁夫の家が続いたが、「木造ながら多くのガラス窓と明るい模範的な採光の学校がつねに村々の一番立派な建物で、残念ながらわが国の田舎の学校は必ずしもそうはいえない」。入江の一周は楽しかった。一時に山の中腹で休憩。見晴らし良。足元に喰い込んでいる海を小鳴門と思ったが、本当の阿波鳴門、小鳴門ははるか北の方で、収容所から日帰りでは行けない。段々畑がよく見える。「山に貼りついたり、きざみ込んだり」している。「芳香つぼ」（肥だめ）のわきを通り抜けて山を下った。池谷への帰路、撫養の近くで広がった塩田を見た。ここの塩は斉田（Saida）塩として知られている。ぐったりして歌も出なかった。

この記事は一月から二月にかけての一〇回の遠足と二回の終日遠足の計一二回の行事を略述している。

その後は遠足についての記事はなく、月刊の一九一九年六月号に説明なしに、「一九一九年一月―六月板東戦時俘虜収容所主催の遠足および終日遠足についての半年の統計」として一頁の表が示されている。

この統計表では、終日遠足が通常遠足の回数に含み込まれているが、記号によって区別できる。半年間に四一回の遠足、つまり毎月七回弱の遠足をしていることになり、そのうち一七回は終日遠足である。

七月以降は、月刊各号末尾の収容所日誌によって見ることができるが、九月号には九月一〇月の二カ月分が記載されている。七月には「第一八回終日遠足、櫛木」とあって、六月までの一七回に回数は続いている。以下一〇月まで、すべて終日遠足、行先は櫛木となっていて、七月二一日、第二〇回だけが、天気の神経由大須、となっている。七月には計五回、うち櫛木に四回、八月には櫛木に八回、九月は七回、一〇月一〇回と、四カ月に二九回ないしは二九日、櫛木の海岸へ行っている。

後述の記事からすると、夏の四カ月のうち丸一カ月海岸で過ごしたことになるこの櫛木行は、遠足というよりは、一定の地域を限っての自由解放、ということができる。

板東のドイツ人俘虜たちの「行動の自由」の二段階は、大戦終結期の段階によく対応している。一九一八年一一月一一日の休戦条約以後の段階に、一月から六月の四一回の「見張りとお伴のパーティなし」の遠足の時期が、一九年六月二八日のヴェルサイユ講和条約の調印以後に、櫛木への二九回の終日遠足が対応している。

半年間の遠足統計表は表3-17のとおりである。参加者のもっとも多かったのは、四月二一日終日遠足第九回の五四一名である。全収容所の半数以上が参加したことになる。月刊五月号『バラッケ』末尾の日誌によると、その日は復活祭の月曜日で、コースは、天気の神の西方から折野、三津、大須であった。五月二九日は、これにつぐ参加者で、櫛木海岸へ出かけている。

表3-17　遠足統計表（1919年1月～6月）　（○印は終日遠足）

回数	月日	距離(km)	参加者 将校	参加者 下士・兵	参加者 計
1	1. 7	10	9	103	112
2	10	18	10	112	122
3	13	15	12	132	144
4	15	14	7	134	141
5	17	20	18	237	255
○6	21	32	9	224	233
7	29	17	10	157	167
8	31	15	7	63	70
9	2. 5	17	12	141	153
10	7	15	17	148	165
11	10	16	14	119	133
○12	18	40	10	216	226
13	21	15	3	57	60
14	24	18	10	125	135
15	26	17	7	139	146
16	28	12	6	67	73
○17	3. 4	35	14	350	364
18	7	20	5	47	52
○19	14	40	10	171	181
20	18	19	2	28	30
○21	21	30	5	196	201
22	3.25	16	5	24	29
○23	4. 1	32	11	152	163
24	4	17	3	21	24
○25	8	32	10	188	198
26	11	14	4	39	43
27	18	12	4	28	32
○28	21	28	11	530	541
29	25	16	5	41	46
○30	28	40	8	116	124
31	5. 2	10	6	22	28
○32	6	30	10	216	226
33	9	12	3	19	22
○34	16	40	7	112	119
○35	23	30	11	162	173
36	26	12	2	23	25
○37	29	28	10	459	469
○38	6. 3	28	9	92	101
○39	9	28	10	94	104
○40	20	28	11	74	85
○41	25	30	11	142	153
総計		918	348	5,520	5,868

		距離(km)	将校	下士・兵	計
終日遠足	合計	551	167	3,494	3,661
終日遠足	平均	32.4	10	206	216
遠足	合計	367	181	2,026	2,207
遠足	平均	15.3	8	84	92

競歩大会

『バラッケ』月刊四月号は、一九一九年四月一七日に行なわれた競歩大会の模様を伝えているし、『鉄条網のなかの四年半』という画文集にはそのスケッチがある。

「四月一七日の競歩に寄せて」と題するヤンセンの筆になる記事はこう書き始めている。「一九一九年の春はわれわれの収容所にとって遠足一色にぬりつぶされている。……ひんぱんに与えられている山歩きの機会を利用しない人は、肉体的および精神的などれほどの楽しみと利得を手に入れずじまいにしているかを知らないのだ」。意欲なく、のんべんだらりとしている人を見ると、一九世紀後半の詩人マルティーン・グライフがからかっている対象そっくりである、としてその詩を引用している。

春の始めに仲間が三人
遠足しようと打ち合わせ
しかし一人が文句つけ
「まだまだ昼間が短いぞ！」
またまた集まり話し合い
二人目不平で、「木陰がないぞ！」
汗ばむ頃に酒盛りし
「暑すぎだよ！」と三人目
こうして話のつく前に
うるわしの春も過ぎ去った

筆者ヤンセンは、ドイツ人の心情にとっての自然と山歩きを説き、速度を競うこととは違うと論じ、ついで競歩の意味は「己れの肉体と意志を試す」ことにある、として四月一七日の競歩大会の報告に移っている。

この競歩大会のルールは次のようなものである。

I　収容所長の指定。「収容所長は、この機会が勝手な散歩に利用されないこと、申告された進路を外れていかなる道にも入らないこと、民家に足を踏み入れないこと、という条件の下で競歩行事を許可した」。

II　スポーツ委員会の指定。

(1)　装備――服装は自由。背と胸に指定した番号をつける。折野のスタート地点以前に服装、靴をとったり、かえたりしたい者は、己れの責任で手配する。五―一〇人の参加者に一名の補助者をつける。

(2)　コース――スタートは折野、海岸沿いに坂元まで、旧軍用道路を大坂越え、新軍用道路を大寺まで下り、板東牧場をへて収容所のバラック第一棟と第五棟の間でゴール。坂元、大坂越、大寺に検問所を置き、それぞれ時間を記録し、コースの途中に多くのチェックポイント、大寺から東の村道にはパトロールを配置して、ルール違反のないようにする。

(3)　歩行法――片足の踵が常に接地していること。追い抜きは、カーブの外側から、直線コースでは左右どちらでも。

(4)　スタート――スタートの順序はくじによって決定し、五人一組で三分間隔にスタートする。一〇時三〇分に第一組の一番から五番まで、以下同様とするが、当日欠席者はつめずに欠番のままとする。

(5)　異議申立――検問所のみが委員会に異議申立ができる。ルール違反者は競技から除外する。近道を通ること、追い抜きの妨害、歩行せずに走る場合である。

(6)　安全対策――筋肉のみならず、心肺に大きな負担をかけるので、過度の功名心で健康を犠牲にしないよう。健康保険組合が救護班を大寺と収容所に配置し、大坂越と大寺に歩きながら取れるように果物を置く。

(7)　入賞者の表彰――全体の六位までと、年配組の二位までに表彰状と若干の賞品（飲食品）を授与する。

(8)　出発――スタート地点への出発のため参加者は、七時半以前に衛兵所に集合のこと。

天気は好く、ドイツ人ばかりでなく、沿道の日本人の関心も高い。一九〇八年のドイツ陸上競技事務局によると、二〇キロ競歩の記録は、一時間五四分二二秒。今度の競歩大会の距離は約二一キロである。ヤンセンのこの記事は参加者数をあげていないが、完歩したのは、一般組八五名、年配組一六名の一〇一名で、全員の順位、スタート番号、氏名、年齢、スタート時刻、坂元、峠、大寺の中間通過時刻とゴールの時刻、所要時間を二頁にわたって一覧表にしている。出発番号は一〇三があるので、登録は少なくとも一〇三名以上あったことになる。最年少は二四歳、年配組で三五歳、最年長は一般組で三五歳、年配組で四三歳となっているので、おそらく本人の希望で三五歳以上でも一般組に参加させたものと思われる。

一位の記録は二時間一五分四一秒半、年配組で二二分一三秒五分の二、完歩最下位は一般組八五位の三時間三〇分三一秒、年配組は一六位の三時間二分二三秒である。

図3-18は、四月号一二六頁にある略図を写し、地名などを書き加えたものである。

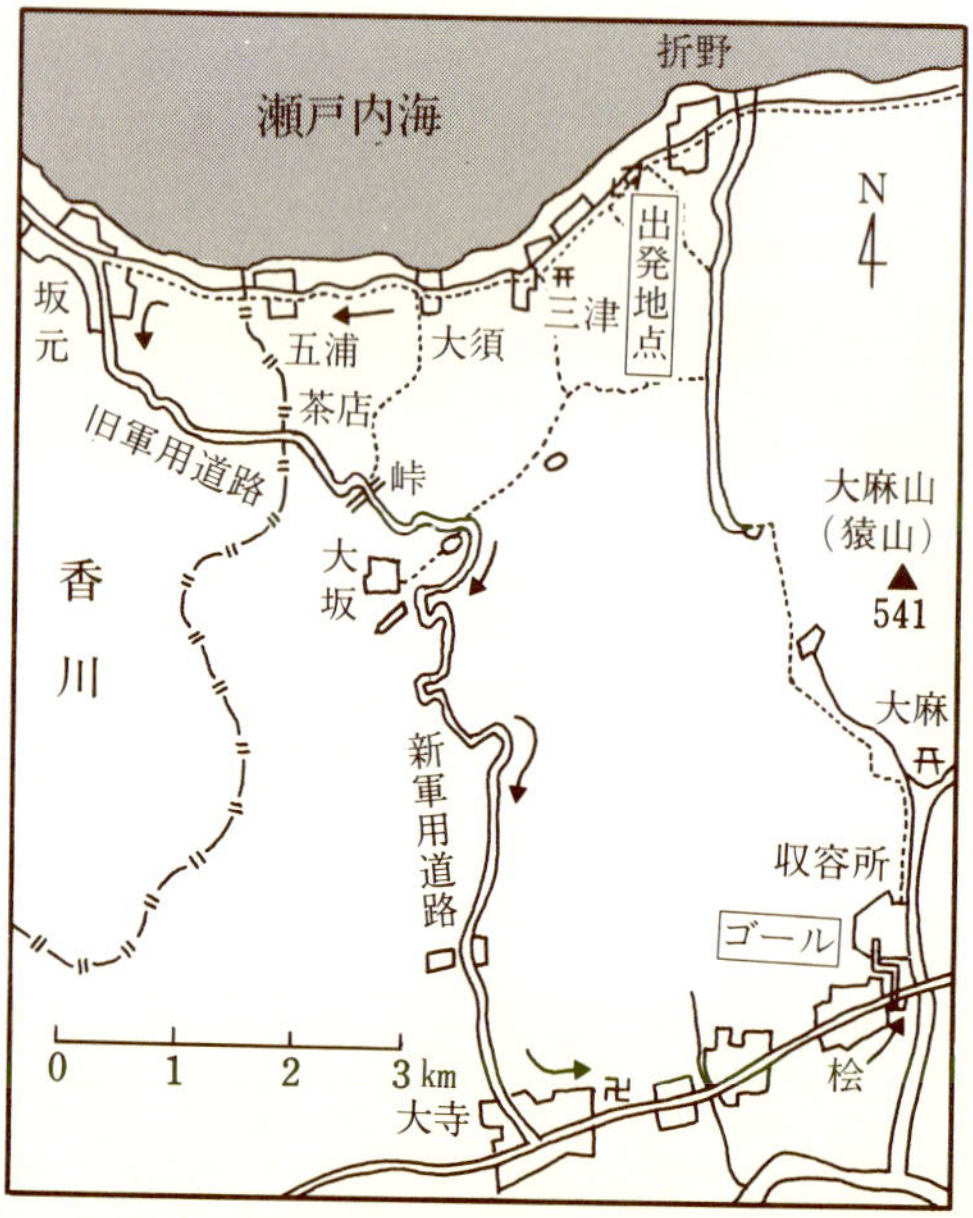

図3-18　1919年4月17日板東俘虜収容所競歩大会コース

記事の末尾で筆者ヤンセンは、体育の重要性を述べ、「労働時間の短縮と賃銀の上昇が体育とスポーツのための余裕と手段を創り出すのなら、この進歩を心から歓迎しようではないか」、と結んでいる。

櫛木海岸

前述のように、講和条約調印後の帰国待ち状態の俘虜たちは、七月から一〇月までの間に二九日、約四日に一日の割合で櫛木の海岸へ出かけている。各号末尾の収容所日誌によると、五月二九日に第一三回終日遠足として、六月二五日第一七回終日遠足として櫛木に行っている。合計すれば五月以降三一日この海岸で過ごしたことになる。

『バラッケ』月刊八月号には「KUSHIGI. とどかなかった手紙」というRs名の記事が一一の線画とともに一〇頁にわたっている。さらに続けて「第二五回終日遠足に（ブッターザック大尉殿とその活動的なスタッフに捧げる）」という-ä-名の詩が約六頁、「一九一九年八月一三日瀬戸内海櫛木における水泳大会」の報告が無署名でされている。九月号の収容所日誌には、八月一三日第二五回終日遠足とまず記載され、その次にカッコつきで（櫛木水泳大会）と書かれているので、名目上は、遠足、その内容が水泳大会であったと思われる。名目と実質との違いは、数多くの終日遠足櫛木も同様であって、「とどかなかった手紙」がその状況をよく伝えている。

「親愛なる友よ！」ということばでこの手紙形式の記事は始まっている。「僕たち二人に地理学の秘密の世界を教えて下さったあの老ドクトル・エルが、突然例のいや味たっぷりのニヤニヤ笑いをしながら君にこう尋ねたと思ってくれ。『君、クシギは一体どこにあるんか言うてみい』。どうしようもなく、なにもわからず君は突っ立っているだろうし、隣の胸を突っついて何とか助けてくれと願っても救いにはならないだろう。だが、数年たって息子をこの模範的先生の手にゆだねたときに、この質問の答えを息子さんがしてくれるだろう。『櫛木は日本の四国の北岸にあって、アジアのもっとも重要な海水浴場である』。……『ようし！　そのとおり！　さて、その場所が驚くほどの発展をしたのは誰のおかげじゃろうか？　もっぱらわが同胞、極東におけるドイツ精神の開拓者たちの実行力のおかげじゃぞよ！』。

この開拓者というのは私たちのことなんですよ、板東の俘虜であるわれわれをさしているのです。私たちがそこを見つけたのだ。これまでは目だたない所だった。発展のきっかけを与えたのは私たちで、週二回出かけて行ってにぎやかに泳いだり、もっと正しくは海岸で過ごしたりすることによってです。というのは、泳ぎは残念ながら禁止されていて、『足を洗うこと』だけしか許されていないからです。しかし、アフリカには、首までハダシで歩いていて、したがってそれ相応に足を洗う黒人がいます。私たちも同じようにやるのです。もちろん洗いについてだけですが」。

「第一五回終日遠足に」という詩には、「リュックサックのポケットにソーセージ、ベーコン、パンを押し込み、『足を洗うこと』のために水泳パンツをつめ込んだ」とあることからも、「禁止」されているはずの水泳が、「足を洗うこと」という名目で公然と黙認されていたことがわかる。

海水浴場櫛木について筆者の想像はさらに続き、「デラックスな大ホテル、ぶらぶら歩きの伊達者のいる散歩道、いかした水着で強調した魅力を男たちに見せて喜ばせる色気たっぷりの女たちは欠けている。しかしある一点では今日すでに櫛木は」——と一転して現実に戻り——ベルギーのオストエンデ、南仏のビアリッツ、イギリスのブライトンというヨーロッパの有名な海水浴場にも匹敵する、すなわち「物価において」と書いている。「恐るべきスピードでこの素朴な漁村の金もうけ心は好景気に適応したのですが、このスピードはここの将来に対する保証とすでになっている。私たちの長い隊列の先頭が見えるとすぐに、漁夫たちは、なんといっても彼らの目は魚群の急な出現に対して鋭くなっているのだから、急いで網を張りめぐらせ、獲物を確保しようとする。網とは村から海岸まで運んだ井戸水を入れたバケツであり、果物、卵、ミネラルウォーター、ビール、ケーキ、魚、敷物、ワラぞうりを入れたかごである。そしてこの網にかかったままになる獲物とは、私たちのキラキラ光る硬貨と、輝きはないが、紙幣なのです。先日僕が老婆を相手にカレイの値切り交渉をしていて、この人たちは明らかに短時間の間に金持になるつもりだ、と不平ながら断言したとき、だじゃれ好きのカーラウ出身のいやみな仲間がぬっと姿を見せて、こちらが体勢をたて直すまえに、この地方はやっぱりすでに『石ころほど富んでいる』のだよ、おまけにこの老婆が郷土のカレイ（土地と同音異義語）に愛着を感じているのは、感動的である、と言いおった。……この発言の前半分で彼は、残念ながら否定できない事実を暗示しようとしているのです。櫛木の海岸は砂ではなく石からなりたっていて、ヨーロッパ人のやわな足には楽しいものではないのです。この地方はかの聖地に似ています、なぜなら『石がたくさんあります』し、明らかにまた『パンが少ない』からです。そうでなければ、村の子供たちが一日中グループからグループへと遍歴して、たえず「『パンアリマスカ？』とパンをねだったりはしないでしょう」。

坊主頭のわらぞうりばきの裸の少年が、両手を前に出して立ち、その横に水泳パンツにバスタオルを肩にかけた大きなドイツ人が腰をおろしている線画が掲載されている。

物価上昇とマルクの減価による貨幣価値の低下と選択の自由のない生活状況が、物価においては櫛木は国際的保養地に匹敵する、となかば冗談めかした表現をさせている。

こうした面白からざることのつぐないをしてくれるのは景色であって、海岸線、波、海上の舟、往復の峠からの展望、森や谷の美しさを記事は述べ、「この無限のはてまでも眺めることが、私たち鉄条網内で住みなれた者たちにとって慰めとなることである」。

収容所から池谷をへて二時間半で海岸につくと、村の人たちの声が迎えてくれる。「どこでも村の子供たちの『グーテン・モルゲン』がひびいてくる。ドイツ語の力をつけてしまった物知りの子は『お元気で』(Lebewohl) と私たちに呼びかける。私たちが着いたときにはぴったりしない挨拶ではあるが、いやな気はしない。物まねで覚えた発音ではこれがレバーソーセージ (Leberwurst) のように聞こえるからです」。海岸近くにくると行進の列がざわめいてくる。「いつものねぐらが見知らぬ人に占領されているのではないか、という心配が足に羽をはえさせる」。場所を確保し、マットを置くと、それぞれ「コーヒーカイシャ」のメンバーが薪を集める。「コーヒーの世話を『カイシャ』のためにする『当番』にあたっている人は、ため息ながらに、重いリュックをおろして荷を軽くする。やがていたる所にキャンプの火が燃える」。わずかな着衣で原始生活に近い。「のんびりマットにねそべって、松の濃緑の葉の下を眺めながら夢想にふける人もいれば、得意げに、燃料としてみんなが求めている古下駄をぶらさげてくる人もいる」。近くの村からわざわざドイツ人なるものを見に来た老農夫が、俘虜のうちで評判の大男のそばで背くらべをしている。フライパンで料理をしているまわりを日本のおかみさんが取りかこみ、「新しい料理法をものにしよう」と眺めている。「だが一番の行事はあの『足を洗うこと』で、熱心に根気よく行なわれている」。

近くの岡の上の見張りから声があがると、漁船が沖へ出て網を投ずる。やがて網をしぼるときには、村中の人や俘虜も手をかして、獲物を陸上げする。だが「見せかけの自由の時間」はたちまち過ぎ、集合の合図が、「なつかしき鉄条網の垣根」へとせきたてる。はるか水平線上に「通り過ぎてゆく汽船の煙がたちのぼるのが見えたりすると、心楽しい満足感はなくなって、つね変わらぬ俘虜の故郷と自由へのあこがれがふたたびうずいてくる。だがどうなろう。……この夏の数カ月櫛木は慰めであり、これまでのすべての慰めよりも輝かしいものである」。

「とどかなかった手紙」の筆者Rsは、ゲーテの『ファウスト』（九三七―九四〇行）の引用でこの記事を結んでいる。

もう村のざわめきがきこえてくる
ここに民衆の本当の天国がある
おとなも子供も満足して喜びの声をあげている
ここでは私は人間だ、ここならそうであることを許される

「第一五回終日遠足に（ブッターザック大尉殿とその活動的なスタッフに捧げる）」という-ä-署名の詩そのものは、けっしてすぐれた作品ではないが、そこに見られる人名によって、遠足やスポーツの行事に尽力した人が浮かび上がってくるので、最後の四節のうちの三節を以下にあげておく。

私たちのために障壁を
日々取り除いてくれる人に
その人に感謝をしよう
ブッターザック大尉万歳！
……
アルプスとホイヤー、ありがとう
君たちに謝意の握手をしよう
太陽の火に黒々とやけ
海の風にほてりながら
今なお舌に感ずるのは
あの苦い海の塩の味
私は叫ぶ、カーリウス、ブルーメ万歳！
ブッターザック大尉万歳！

「第二五回終日遠足」という名目で一九一九年八月一三日、櫛木海岸でドイツ人俘虜の水泳大会が開かれ、その記録が無署名で『バラッケ』八月号の記事となっている。

それまでにもいろんなスポーツ大会、体操大会などが行なわれたようであるが、水泳大会も俘虜の支持を得、ティッテル予備軍曹、フェネヴィッツ水兵、予備砲工長エーベルツ、上等兵シェーファーが委員となった。乙瀬川では流れが不公平となるので、瀬戸内海ということになり、毎週の遠足でブッターザック大尉の指揮をうけてよく知った場所を選んだ。「この案は、前もって予測されたとおり、若干の問題にぶつかったが、ブッターザック大尉の努力のおかげで、みごとに克服された。大尉はつねにスポーツの行事の促進者だった」。

二週間の登録期間に五二の申し出、のべ一五八名の出場登録があった。寄付金をつのって必要経費と賞にあてることにし、長い交渉の末、漁夫たちが「八月一三日に内海を水泳大会に自由使用」させてくれることになった。終日遠足というよそおいもえて、「『アルコールなしの』飲物を供する海岸ホール『荒くれゴットリープ亭』、ソーセージ屋台、収容所製菓所ゲーバ、無料コーヒー、両吹奏楽団の野外音楽によって」興がそえられた。朝七時に二隊に分けて出発、『ゴットリープ亭』は朝三時か四時にもう準備に出かけていた。九時半櫛木着、一〇時から始まった。

競技は組毎に分けて行なわれたが、着順による決勝レースではなく、タイムによって争われたようであるが、記事では方式と距離はあげていない。タイムからすると五〇メートルと思われる。種目と記録は以下のとおりであった。

平泳
　一位　ヴィヘルハウス上等兵　四二秒
　二位　vd・ラーン水兵　四五秒
　三位　リュッシュ上等兵　四六・二秒
横泳
　一位　シェーファー上等兵　四一・一秒
　二位　ラングハイン砲工長　四一・二秒

三位　シュタインメッツ伍長　四二・一秒

年配者競泳

一位　ティッテル予備軍曹　四四・四秒

二位　マルティーン後備兵　四五・二秒

三位　アンドレー予備伍長　四八秒

皿拾い　一五枚の皿を投げ、五人ずつ拾う競技では、

一位　F・マルティーン水兵　六枚

二位　アルプス伍長　五枚

〃　ベーリング伍長　〃

主競泳（タイムからすると一〇〇メートルと思われる）

一位　シュタインメッツ　一分二八・四秒

二位　シェーファー　一分三八・一秒

三位　ラングハイン　一分三九・二秒

背泳

一位　エーベルツ　四四秒

二位　ティッテル　四五・一秒

三位　ヴェネヴィッツ　五三・四秒

抜き手

一位　シェーファー　四〇秒

二位　F・ローデ水兵　　四四秒
三位　E・エンゲル後備兵　　四四・一秒
潜水競技
一位　ヘリング水兵　　四二メートル
二位　デールト水兵　　四一メートル
F・マルティーン水兵は三位になるはずだったが三七メートルでコースを外れた。
初心者競泳
一位　A・ヴィンクラー水兵　五二秒
二位　ロールバハ上等兵　　五三秒
障害物競泳ではヘリングが四二秒で一位。
メドレーリレーでは、ヴィヘルハウス上等兵、シュタインメッツ伍長、フェルチュ主計、レーマン予備伍長組が二分四八秒で一位、G・シュミット砲工長、ラングハイム砲工長、ティッテル軍曹、シェーファー上等兵組が二分五〇秒で二着だった。年配者のリレーの一位は、三分一二秒。
「残念ながら飛込種目を入れることが委員会にはできなかった。飛込台を造れば莫大な費用がかかっただろうからである」。秋に乙瀬川でやれるだろう。
シュレスヴィヒ出身者
月刊『バラッケ』七月号の「収容所日誌六月」には、「六月四日二八名（日本全国から一一三名）のエルザス人出発」、「六月一九日七名のポーランド人出発」、最終九月号の「日誌」には「八月二六日七名のシュレスヴィヒ人出発」とある。同じ九月号には一〇六頁と一〇七頁の間と別刷の大型両面印刷の「新国境のドイツ地図」がはさみ込まれている。

一九一九年六月一八日のヴェルサイユ条約調印以前に、エルザス・ロートリンゲン出身者、ポーランド出身者（ポーランド人）が板東収容所を出ている。準備と手続きを考えれば六月一九日のポーランド人七名の出所は、六月一八日以前に決定しているはずである。

条約によれば、ドイツは、ベルギーにオイペン・マルメディを、フランスにエルザス・ロートリンゲンを、ポーランドにはいわゆる「ポーランド回廊」を、チェコスロヴァキアにフルチン地方を割譲し、ダンチヒは自由都市化した。帰属を人民投票によって決定すべき地区として、ザール地方、東プロイセンの南部と西部、上シュレージエン、シュレスヴィヒを国境線外とした。(19) メーメル河東部も連合国支配下に置かれた。

エルザス・ロートリンゲンと「ポーランド回廊」について、『バラッケ』は論評をしていないが、シュレスヴィヒ問題については、月刊七月号に「シュレスヴィヒにおける投票によせて」というE. Arps名の記事と、八月号に「シュレスヴィヒ人の出発に」というM名の記事をのせている。

「講和条約がわれわれの祖国にもたらした悲しみのうちに、われわれシュレスヴィヒ人にとっては、海にかこまれたわれわれの郷土の一部を失うのではないかという心配がもう一つ加わってくる」、と筆者アルプスは書き出しで述べている。ついでこの地区をめぐる歴史をふりかえっている。

「われわれ俘虜となっているシュレスヴィヒ人は、この投票問題にどのような態度を取ったらいいのだろうか。こちらでの抗議やデモ行進はできない相談だし、やったとしても郷土のそれと同じように効果はないだろう。だが、俘虜はわれわれの郷土の運命についての投票に参加する権利を疑いもなく持っている。

講和条約の調印が完了した今ではなおさらそうである」。アメリカの新聞によると、「フランス政府は、すべてのシュレスヴィヒ出身俘虜をその傾向を問わず投票のために郷土へ帰すことに同意した。デンマーク寄りのシュレスヴィヒ出身俘虜はイギリスの収容所から出てコペンハーゲン経由で故郷へ送られた。板東にいるわれわれドイツ側のシュレスヴィヒ人は、この報に接して東京の日本陸軍省宛に、上記の報道が事実に対応する場合には、われわれをして投票に参加することを可能ならしめるのに賛成するや否や、即時釈放して帰郷せしめるか、収容所において正規の投票を行ない、正式記録のその結果を郷里の当局に伝達してくれるか、いずれかの用意ありやを問い合わせた。同様の請願書は東京のスイス公使館に送付された。俘虜生活が長く続いている間に、仲間の身体障害者を故国へ帰す可能性さえ見出せなかった事実があるので、われわれの釈放という点についてはいかなる期待もいだいてはいない。……にもかかわらず、われわれはこの投票を断念するわけにはいかないと思っている。投票がすんでしまった後で、文句を言われることがあるかも知れないが、そのときに、あのとき何もしなかったではないかと非難されないためにもそうである」。

月刊『バラッケ』八月号の「シュレスヴィヒ人の出発に」という筆者M名の記事は、八月二六日の七名のシュレスヴィヒ出身者の出発について、それ以前の分離解放、すなわちエルザス・ロートリンゲンおよび「ポーランド回廊」出身者の帰国との相違点を強調し、膠州沿岸砲兵隊楽団の指揮者ハンゼンに対する感謝の意を表するとともに七名の帰国者を激励する文章となっている。敗戦、国土の喪失が俘虜の心に与えたものは、帰国の喜びとともに、深い悲しみと不安でもあった。ドイツ帝国の枠内に保たれた精神的統一も、その枠が区切られることによってゆさぶられたに違いない。

青島要塞での敗北は事実として受容していたにせよ、俘虜生活の初期にはドイツの戦勝を信ずる時期が集団としてあったであろうし、やがてその確信がぐらつく時期にぐらつきの度合が集団内にひびを許したであろうし、ついで、いずれにせよ戦争そのものに結着がついて、帰国できるようになってほしい、という点で集団の統一が保たれた時期もあったであろう。しかし、帰国がまだ憧れであったときには、集団が運命を共にする者の集まりとして一致点を見出しえたとしても、帰国が現実として迫るにつれて、集団が個人に解体されてゆく。共に解放、帰国という限りにおいて、かろうじて集団は保たれるであろう。前年一一月の停戦から一九年六月のヴェルサイユ条約までの期間が、個人に解体されながらも、かろうじて集団を維持している段階と見なされうる。敗戦に耐えている時期ともいうことができる。

国土の喪失は、俘虜集団内部の個人間に深刻な問題を投げかけた。この集団の枠となっていたドイツ帝国の一部が、旧敵国の領土となり、その地域出身者の国籍の問題が浮かび上がってくるからである。この集団構成の第一の共通要素が崩れ、しかも、切り離された地域の新国籍、すなわち戦勝国民となるか、旧国籍たるドイツ国民、敗戦国民に留まるか、という問題である。領土喪失は個人の問題ではないにしても、ドイツ人たるか否かは、個人の選択の問題であり、大部分のいぜんとしてドイツ人である俘虜にとっては、数年にわたって運命を共にしてきた仲間が、単に別離を迎えるというのではなく、全く違った、それどころか、完全に対立する敗戦国民と戦勝国民に切り裂かれることである。

俘虜集団が集団である限り、年齢、信条、思想、出身地、民族、貧富、階層などから起こるさまざまな個人ないしは小集団間の対立、葛藤はあったはずであろうが、『バラッケ』はそれを伝えていないし、「戦勝国民」として分離してゆく人たちについても記事はのせていない。帰属を人民投票によって決定する地区の一つである北シュレスヴィヒ出身者と思われる七名が、八月二六日に収容所を出ている。フランス領となるエルザス・ロートリンゲン出身者は、二月一六日発行週刊『バラッケ』によれば三〇名とあるが、そのうち、六月四日に出発したのは二八名となる。州としてのシュレスヴィヒ・ホルシュタイン出身者は五五名で、もっとも高い人口比で板東収容所にいるわけであるが、八月二六日に出発したのは七名とあるのは、投票の行なわれる北シュレスヴィヒ出身者に限定されていると推定できる。

「海にかこまれたるシュレスヴィヒ・ホルシュタイン／ドイツの心を守る高き砦よ／困苦もて得たるものをしっかりと護れ／夜明けの陽《ひ》の輝くときまで／同族たるシュレスヴィヒ・ホルシュタイン／わが祖国よ、ゆるぐなかれ！」と歌声のひびくなかを七名は収容所を出てゆき、「急な帰国という思いがけない幸運に恵まれた小グループに池谷駅までついて行った幾百人がハンカチを振り、大声で別れを告げるなかを、八月二六日の朝早く、シュレスヴィヒ出身の七名の戦友を乗せた列車が故郷へ、自由へ向かって行った」。ヤスペルゼン、ハンゼン、フライエンハンゼン、ブロイニンゲル、ニールセン、カルステンス、イェプセンの七名である。「これまでわれわれのもとを去ったのは、ドイツ人であることを外国の、敵の国籍と喜んで取り替えようという気持ちをもった収容所の住人だけだったが、今度はじめてドイツの同国人がわれわれから分かれた。しかも、外国によって故国へ輸送されはするものの、ドイツの問題のために微力を尽さんとする人たちである。そして、喜びにあふれた七人の戦友の列車が池谷の村を通ってカーブで見えなくなった瞬間、後に残ったわれわれは、現在の状態、すなわち終わりそうにもなく、無益にこうして待つことの重苦しさとつらさを痛感させられたが、自由へと旅立っていった人たちの喜びの上にもやはり暗い影がのしかかっていた、つまり、彼らの故郷の大部分は、われわれの相手国が公正と見なす人民投票の方式によってドイツから無縁化され、デンマークの主権下に至る公算が大きいからである」。

慣れ親しんだ土地に、突如「異国の旗がなびき、異国の権力者が支配し、異国の音声がひびく」のは耐え難いことだと、筆者Mは書き、一転して七人のうちのハンゼンについて述べている。

「収容所のなかでもっとも功績があり、またこう言ってもいいのだが、もっともみなに好かれている人物の一人である」ハンゼンがこの人たちと共に去った。「ハンゼンがMAK楽団の主宰者として全体のために果たしてきた、たゆまぬ活動に対して、収容所全体の感謝の気持ちはわれわれの収容所の先任者が」、八月二五日のさよなら演奏会のときに述べたことばや拍手、彼に対してはみんなが心からの別れの挨拶をしていたことからも、明らかである。

ハンゼンの活動は、小収容所であった徳島で小規模な形ではじまり、「今日の堂々たる姿に至るまでの発展の様子はわれわれ自身が共に体験してきたし」、徳島から板東に移ったハンゼンが後から合流した人たち、すなわち「労苦と二年にわたる災難に疲れた松山と丸亀の戦友たちを、板東の門の所でプロイセン行進曲で迎えた日[20]」がそのはじめだった。

ハンゼンはその二つの楽団、弦楽オーケストラと吹奏楽団によって「休みない活動」を続け、三三回におよぶ演奏会のプログラムをめくってみれば、その活動ぶりがよくわかる。「彼の手腕は音楽の大きな全領域に及んでいた」。皇帝誕生日（一月二七日）、タンネンベルクの戦いの記念日（一九一四年八月二八日）、リーガ占領の折（一九一七年八月二一日）のような「愛国的な祝祭日」には、ハンゼンはその十八番の音楽、すばらしい軍隊の行進曲を聞かせてくれた。「夏にはポピュラーの演奏会があって、陽気なメロディーと軽快なイタリアの音楽が交互になっていたし、冬は冬で重厚なクラシック音楽にますます捧げられた。数多くの成功をみている彼の活動のうちで最高をなす二つは、疑いもなく一九一八年五月の第九交響曲のすばらしい演奏と今年のワーグナー演奏会だった」。四月一九日と二〇日に膠州沿岸砲兵隊（MAK）楽団第二九回演奏会として行なわれた、ワーグナーの夕べをさしている。

ハンゼンのようなすぐれた音楽家といえども簡単にうまくやれたわけではなく、「苦労の多い、辛抱強い雑務を必要とするし、われわれ俘虜にたいていはひどく欠けているねばりをも必要とするのだが、このねばりたるや自分のやろうとする事柄に対して本当に打ち込むことによってのみ得られるものではある。だが、特にそのために必要なものは、俘虜収容所での生活にないとはとても考えられないさまざまな、われわれが充分承知しているいざこざや抵抗を、その人が姿を見せたり、その人の全人格によって克服してしまうすべを心得ているような、そうしたしゃんとした人柄なのである」。筆者Mはハンゼンの人柄を書きながら、俘虜たちに欠けたものとして「ねばり」を説いてもいる。

記事の最後は、ハンゼンへの謝意で、「もう一度収容所の心からの感謝と、彼の身にさらに幸あれと心からの望みを表明する」と結んでいる。

収容所の音楽活動

一九一九年八月二六日にハンゼンら七名のシュレスヴィヒ出身者が板東収容所を後にしたが、その前日には、「ハンゼン楽長指揮の最後の演奏会」が開かれている。前記の筆者Mは三三回の演奏会と書いているが、第三二回は六月二一日に行なわれ、その次に八月二五日のこの演奏会となっているので、本来はこれが三三回目にあたるわけであるが、ハンゼンのさよならコンサートには回数が付されず、九月二一日に第三三回、二八日に第三四回演奏会が行なわれた、と「収容所日誌」は記録している。

『バラッケ』は、松山、丸亀、徳島の三収容所が統合新設された板東において、一九一七年一〇月に発刊されたが、当初は「日誌」を付けずに発行され、週刊第一〇号の一二月二日号に至って、過去八カ月分まとめて記録している。四月六日に旧徳島収容所がまず移り、ついで八日の復活祭に旧丸亀、九日に旧松山収容所が板東に到着している。徳島で結成された楽団が、前記のように、「松山と丸亀の戦友たちを板東の門の所でプロイセン行進曲で迎え」るのは、かなりあわただしかったと思われる。

この徳島オーケストラは、板東に移ってわずか一〇日たった四月一七日に第一回の演奏会を開いている。その月のうちにさらに、二二日と三〇日の二回、計三回の演奏をしている。徳島時代からの回数を連続せずに板東でのそれのみを回数としているので、一九一七年四月一七日の第一回から一九一九年一〇月二六日の第三四回までの二年半の間、平均して月一回強の演奏会を持ったことになる。

しかし、ハンゼンのこの楽団は、徳島で結成されたがゆえに徳島オーケストラという名を持っていたはずであるが、板東に移ってもそのままの名称を続け、第二二回を一九一八年八月二八日のタンネンベルクの戦勝記念日に持ったあと、九月二三日には、第二三回MA吹奏楽団、板東で演奏会、という日誌の記述になっている。回数は続いているが、名称が徳島から沿岸砲兵隊ないしは海兵隊砲兵隊と変更になり、翌月一〇月二日には第二四回MAKオーケストラ演奏会となってくる。

板東に集結した一〇一九名の俘虜の旧所属部隊の主たるものは、第III陸戦大隊（III. S. B.）が七六〇名で七四・五八パーセント。沿岸砲兵隊（M. A. K.）が二一四名で二一パーセントであった。[21] 小収容所であった徳島においては、所属を問わず編成されていたものが、大収容所となった板東において次第に部隊毎の編成に転換していったと考えられる。しかもこれに要した時間は一年数カ月になっている。

「収容所日誌」によると、板東収容所開設当初の二カ月に活動していた楽団は、徳島オーケストラ、シュルツ・オーケストラ、エンゲル・オーケストラとモルトレヒト指揮のマンドリン楽団の四つである。一年半後の一九一八年九月、一〇月にあっては、九月九日に第一一回エンゲル・オーケストラ演奏会、一五日に第二三回MA吹奏楽団、一〇月二日第二四回MAKオーケストラ演奏会、六日には第二回IIISB（第三陸戦大隊）吹奏楽団演奏会、二〇日にモルトレヒト男声合唱団がエンゲル弦楽オーケストラ、ヴィーナー・アンサンブルと協力して歌曲の夕べを行なっている。

エンゲル・オーケストラだけは、少なくとも名称を変えることなく、一九一九年七月六日には四周年記念演奏会を開いているので、一五年には設立されていたことになるし、板東に移ってからは一七回の演奏会と、三回のシンフォニー、二回のベートーベンの夕べを続けている。

III. S. B.の名が最初に見られるのは、一八年七月二七日で、ⅢSB吹奏楽団として池の畔で演奏をしている。八月四日には、第一回ⅢSB吹奏楽団演奏会と、「日誌」は記録している。

一九一九年には板東収容所において二二回の音楽会が行なわれ、そのうちの一〇回については『バラッケ』に音楽評の記事として、一二回については曲目だけが残されている。主要な演奏会を記事によってまとめてみることにする。

二月二三、二四日にエンゲル・オーケストラが第三回シンフォニー演奏会を開いている。「全く異なった二つの作品という形でベートーベンが私たちに提示された。すなわち、彼がまだハイドンやモーツァルトの道を歩いていた頃の、軽やかで優雅な第一交響曲と、運命のきびしさを持ち、強く心に迫ってくる第五交響曲であるが、第五は昨年の冬以来まだ楽しい記憶に残っている」。筆者は音楽関係の記事の多くを書いているCeである。会場は「ほぼ満員」で、「第三、第六交響曲についてのうわさが本当になってほしいし、もう一度ベートーベンの夕べを持ちたい」としている（三月一日発行、週刊二二号）。

三月三〇日発行の『バラッケ』週刊二六号（通巻七九号）には、三月二六日に行なわれた「室内楽の夕べ」について、これもCe名の記事を付録としてのせている。「室内楽にもっとも実りをもたらした作曲家の一人はフランツ・シューベルトで、そのいわゆる『鱒五重奏』がこの夜の中心をなしていた」。ヴァイオリンは海軍中尉ガルスター、チェロは海軍大尉ドュムラー、ピアノは予備伍長クラーゼン、ヴィオラは予備少尉クラインシュミット、コントラバスは砲術兵ナスートの五人であった。ドイツ側の資料によるとドュムラー大尉はビスマルク山砲台の二八センチ榴弾砲四門の指揮官だった人である。「多くの聴衆は、この五重奏団を折があればまた聞きたいと望んでいるだろうし、きっと（公開で）これは可能になることであろう」、という書き方からすると、将校を中心とするこの集団は公開演奏会を開かず、自分たちだけの仲間をつくっていた可能性がある。事実、以後一〇月に至るまで、この室内楽の夕べは記録されていない。

「鱒」に続いて、エンゲルがクラーゼンのピアノと共に、ベートーベンの「ソナタ第七番」とヴンダーリッヒ予備軍曹のピアノと共にブラームスの作品七八を演奏している。

四月一九日と二〇日には、第二九回MAKオーケストラの演奏会として、「ワーグナーの夕べ」が開催された。「その夜のプログラムは『ローエングリーン』第一幕と第三幕の序曲、『マイスタージンガー』序曲、『パルジファル』から聖金曜日の魔法、『神々のたそがれ』からジークフリートの死にあたっての葬送曲、『さまよえるオランダ人』序曲であった。並外れた多様性がここではオーケストラに求められていて、数カ月にわたる熱心な練習の成果は心暖かく賞讃してしかるべきである」。「ワーグナー愛好家にとっては感謝と喜びの気持ちをもって過ごした一夜であったし、アマチュアオーケストラであっても勇気をもって熱心に練習すれば、音楽界のもっとも困難な領域にも歩を進めることができる、ということの立証となっていた」。

五月一八日と一九日のエンゲル・オーケストラ第一五回演奏会の記事もCe名である。「音楽シーズンの結びに、エンゲル・オーケストラが、これまで当地で開かれたうちでは、その多様性と堅実性においてもっともよい演奏会をやってくれた」とし、ヴェルナー氏の功績をたたえ、きびしい練習にたえた団員の努力を認め、「全体がねらいをはっきり定めての創造活動は、故国のよいオーケストラの力に嬉しいことに近づいてきた」、としている。

演奏曲目は、フィデリオ序曲に始まり、フィリップ・シャルヴェンカの交響詩「春の波」と続き、パウル・エンゲルの独奏によるポーランドのヴィエニァフスキーのヴァイオリン協奏曲第二番、結びにエンゲルを第一独奏者としてサンサーンスの「死の舞踏」である。「わざわざ造った木琴が作曲家の要求するオーケストラ楽器を完全なものにし、骸骨に心ゆくまでカタカタという音をたてさせた」。

ハンゼン楽長指揮の最後の演奏会が八月二五日に開かれた後、MAKの第三三回演奏会が九月二一日にヴェルナー後備軍曹、第三四回が九月二八日にガルスター海軍中尉の指揮で行なわれている。『バラッケ』の伝える板東収容所での最終の音楽活動は、一〇月一九日と二〇日のエンゲル・オーケストラ第二回ベートーベンの夕べで、指揮はヴェルナー軍曹である。演奏されたのは第六交響曲であった。

なお、現在板東の「ドイツ館」に残されている当時のプログラムと『バラッケ』の「収容所日誌」によると、一九一八年六月一日にはベートーベンの第九交響曲が合唱付で第四楽章まで演奏されている。徳島オーケストラ第二回シンフォニー・コンサート、八〇人の合唱団友好出演と、プログラムには書かれ、続いて、指揮、沿岸砲兵隊軍楽隊長ハンゼン、MAK主任楽長、独唱者、志願兵ヴェーゲナー、後備水兵シユテッパン、志願兵フリッシュ、後備伍長コッホとある。当然のことながら収容所には女性歌手はいない。プログラムの末尾には、「六月一日土曜日（公開本げいこ金曜日、五月三一日）一九一八年、夕六時三〇分」、とあり、さらに二本のアンダーラインをして、「煙草を吸わないようにお願いします」とある。〔八〕

一九一九年三月一六日発行の週刊『バラッケ』は三月九日のMAK第二七回演奏会の記事をCe名で一頁のせ、次の二頁の見開きに「ドイツの水路」という三色刷りの地図をはさみ、そのなかでドイツの河川の運送路としての能力を水色で示しながら同時に赤い色で、戦後に失うであろうと予想する領地をも示しているが、次の四頁で筆者Mは、さきの音楽会の趣旨となったシベリヤのドイツ俘虜の状況を述べている。

「昨年の一月ネアンダー牧師が、シベリヤのわが同胞俘虜の状況について話してくれたことは、まだわれわれみんなの記憶に残っている。それ以来彼らの消息の詳細はもう聞いていないが、ブレスト・リトフスクの平和条約が彼らにとっては平和でも解放でもなく、反対に苦労と空腹のさらにきびしい新時代になっていることは承知していた」。ヨーロッパロシアの俘虜が大部分ドイツへ帰ったのに、在シベリヤの人たちは交通路を断たれている。近ごろ板東に着いた一九一八年一二月三日付の砲兵第八連隊ヴェンモス少尉の手紙とTTB（日刊電報通信）にのせられた京城プレスからのYMCAの報道によって若干のことがわかってきた。

「九四八名のドイツ俘虜、そのうち将校三〇名が、この手紙の語っているのによると、ウラディヴォストックにいる。このなかで将校と収容所にいる四一四名の兵員は一九一八年一一月二〇日、日本軍司令部によって引き取られたが、残りの五〇四名は当時いろんな国際的な派遣軍の労務者として配属されていた。収容所ではほとんど三〇〇名の、一部はすでに一九一五年以来公認されている傷病兵が交換帰国を待っていたのだ。チェコ軍の専制の時期が特にきびしかったにちがいない。だから、少なくとも収容所にいた俘虜が日本軍に収容されたときには、わが同胞たちは救いと考えた」。ハバロフスクのスウェーデン赤十字代表は射殺され、利益代表たる赤十字は解散された。ウラディヴォストックのスウェーデン赤十字と、オーストリア・ハンガリー俘虜の利益代表であるデンマーク赤十字がなんとか助力できた状況だった。

この窮状から総督閣下に対して、クリスマスの援助を求めてきた。「クリスマスはだがもちろんとっくに過ぎてしまったが、この手紙が来てすぐに始められ、この収容所でも期待以上の、目下の乏しい財政状態を考慮すれば、喜ばしい反響のあった救援活動は、現在でもまだ遅すぎはしないだろう。一七七一円五一銭と二八ルーブルを一一日に陸軍省経由で日本軍の収容所長宛に送ることができた。この金額をヴェンモス少尉に渡し、俘虜に分配してくれるようにという依頼と共に。この大金の大部分は収容所にいる者たちの自発的な醵金で集められたものであり、三八円三六銭は先週の日曜日に、この目的のために特に行なわれたMAKオーケストラの演奏会によってさらにもたらされたもので、二六六円六〇銭は収容所印刷所が主催した富くじのあがりで、一三〇〇本の富くじは驚くほど短時間に買い手がついた。善行をしながら所内小料理店の夕食三〇食とか、純血の――この間に本当に生まれた――ダックスフントもしくは立派なベーコンをもらうことが、魅力となったのだろうか」。予備中尉マイヤーが呼びかけた衣類も集まった。石版の葉書の売上げから六六円五〇銭送金もできた。

「誠実な戦友愛から醵出されたこの醵金が、苦境にあるわが戦友たちの状況を少々でも緩和するのに寄与してほしいのだ！」

収容所の講演会

『バラッケ』の伝える「収容所日誌」の最終の行事は、一九一九年一〇月二六日（日）の次の三つである。第四六回櫛木への遠足、講演シリーズ「郷土研究（Heimatkunde）」の「ドイツのバルト海沿岸」（ゾルゲル少尉）、MAK第三五回演奏会、つまり遠足、講演、音楽である。

一九一四年一一月から四国のドイツ人俘虜は徳島、丸亀、松山の三カ所で二年半を、一七年四月に板東に集結収容され、『バラッケ』の記録する一〇月二六日の最終行事までの二年半を過ごす。最後の一一カ月はすでに停戦後となる。板東の二年半のうち最初の六カ月は『バラッケ』が出ていない期間であるが、一九一七年一二月二日発行の第一〇号で四月から一一月までの日誌をまとめて記録している。

最後の講演をしているゾルゲル少尉が、板東収容所における最初の講演をしている。四月六日、八日、九日と三収容所から集結した俘虜たちは、それぞれ新しい環境に身を合わせていたのか、一七日になって徳島オーケストラの第一回コンサートまでの一〇日ほどは行事が記録されていない。日刊電報サービスの設立、道路建設開始、健康保険組合設立、カトリック、プロテスタントの礼拝、さらに二回の音楽会が四月中の行事として記録されている。五月になると活動は広がり、五月一四日にこの収容所での最初の講演会が、予備役少尉ゾルゲルによって開かれる。「第一回『中国の夕べ』」と題され、二四日、三一日とゾルゲル少尉の話は続いている。

中国についての講演会は、討議の夕べを含んで一九一八年四月までに四五回行なわれ、そのうち二月までにゾルゲル少尉が約半数の二二回講演者となっている。しかも一八年一月からは「郷土研究」と題された連続講演を日曜日にほぼ定期的に開くようになったので、ゾルゲル少尉は一八年二月には日曜日の講演を四回と中国に関しての三回と合計七回も話している。

「収容所日誌」に記録されているゾルゲル少尉の「郷土研究」は、一九一八年一月六日の第一回から翌一九年一〇月二六日に至るまで、少ない月で二回、もっとも多い一八年六月には日曜日の毎回で五回に及び、合計して七三回のシリーズをなしている。これに加えて中国についての講演を一七年に一六回、一八年に六回の計二二回、その他のテーマで三回の講演をしているので、彼は二年半の板東収容所の生活のなかで九八回の講演をしたことになる。

一八年二月からは「日誌」に具体的な題目があがっているので「郷土研究」の内容がうかがわれる。数例をあげれば、二月三日「生命の基盤」、二月一〇日「原子と細胞」、二月一七日「発展と退化」、二月二四日「植物の発生」など、生物学、地学、歴史学その他に及ぶ広汎な領域の題目である„Heimatkunde“の下にまとめたものと思われる。

一九一七年一二月から一八年五月までの間には、ボーネル水兵が「ドイツの歴史と芸術」というテーマで三三回の講演を行なっている。さらにボーネル水兵と記入はないが、テーマから明らかに彼のものと見られるのが二回と、「ドイツの歴史と芸術」という題とは別に、一七年一一月六日に上演されたレッシングの「ミンナ・フォン・バルンヘルム」について、その前々日の四日に、一〇日にはシラーの「鐘」について講演している。ボーネル水兵はさらに一八年五月三〇日、つまり徳島オーケストラの演奏会の前日に、ベートーベンの第九交響曲についても講演をしているので、一七年一一月から一八年五月までの七カ月間に三八回講演をしているわけだが、それ以後は二度とその名が見えなくなっている。

一九一八年四月になるとマーンフェルト伍長の「ドイツ近代史」と題する講演が開始され、その第一回は四月一七日、「一八一五年から一八四八年まで」となっている。以下一一月に至るまで、八カ月間に三一回、最終は一一月七日に「ドイツの農業」というテーマで開かれている。

軍事情勢、戦局についての講演会は主として将校によって一八年一一月までに三〇回、その他散発的なテーマについて一四回開催されているので、ゾルゲル少尉、ボーネル水兵、マーンフェルト伍長、その他の中国関係の講演会と合計して二三四回となる。三〇カ月の板東収容所生活でドイツ人俘虜は月平均八回弱の講演会を持ったことになる。もっとも回数の多いのは一八年二月の一九回、三月の二〇回、四月と五月の一七回、六月の一五回なので、この時期が板東収容所の充実期と見なすことができる。

板東健康保険組合年次報告書

当初松山、丸亀、徳島の寺院、公会堂に収容されていた青島のドイツ俘虜が新設のバラック建板東収容所に集結されたのは、一九一七年四月六日から九日にかけてであった。板東俘虜収容所新聞『バラッケ』の第一号は半年後の九月三〇日に創刊され、その一二月二日の第一〇号には四月に遡って一一月末に至るまでの収容所日誌が整理されて掲載してある。

この日誌によれば旧徳島収容所が四月六日に、旧丸亀収容所が復活祭の日曜日の八日、翌九日の復活祭の月曜日に松山組が板東に移っている。一〇日後の一七日には徳島オーケストラが第一回コンサートを開いているし、ニュースを伝える『日刊電報サービス』も発刊され、翌一八日には築城少尉ドイッチュマンの指導の下に所内の道路建設も開始されている。

四月二〇日には「収容所健康保険組合設立」と記されている。翌年の二月三日発行の『バラッケ』第一九号には一〇頁にわたって、「板東健康保険組合年次報告書一九一七年」が掲げられている。なおこの第一九号からは、それまでの各号毎の頁数に加えて、下欄外に巻の通し頁を付しているので、第一巻の四〇一頁からの一〇頁となる。以下はこの「年次報告書」による俘虜収容所内の、おそらくは日本の土地における最初の健康保険組合の活動報告の概要である。

四国の三収容所が板東に統合されたとき、旧丸亀収容所の戦友たちが、すでに一九一六年（大正五）に丸亀で発足した健康保険組合を板東においてもより大きな規模に発展させようと提案した。

第Ⅲ海兵大隊、第七中隊の後備上等兵アルベルスの提唱で、板東に集結した各隊の代表が会合し、数日後の四月二〇日には「収容所健康保険組合（Lager-Krankenkasse）が発足した。

この健康保険組合の基本理念は、適切な病人食、日本側から提供されない強壮剤その他の補助手段という形で、所内のすべての恵まれない病人に援助の手をさしのべ、主として病気にかかった戦友にいかなる形であれ助力し、その苦境をやわらげ、その回復を促進することにあった。

個人的な助け合いはどの収容所でもあったが、すべての要求を満すことはできなかったし、厚意にとどまった。健康保険組合の第一の任務は、恵まれない病友に対する配慮は、この収容所に居る者すべてが担うべき、またその義務を果たすよう各人が努力すべき名誉ある義務である、という考えを大切にすることである。「一人はみんなのために、みんなは一人のために」という原則に従って機能し、それぞれが参加する組織にたよるという感じを、この健康保険組合を利用する人は誰もが持つべきである。所内の誰もが自分の力に応じて力を合わせるとき、たとえあまり恵まれない人が寄せる小銭にすぎなくても、このときにこの原則は見事に実現されることになる。

俘虜生活が長期化するほど、病人に対する統制のとれた保護が必要となってきた。というのも、病気になるケースが増加し、資金源の多くは涸渇してきた。特に戦傷を受けた障害者に対して俘虜期間中を通じて給養を保証するような組織の結成が適切と思われた。恒常的に充分な資金の準備とたっぷりと使用できる医薬品ならびに食糧品があって初めて有効な救護活動が可能だった。したがって利用可能な資金、資材のすべてを集中するように努めなければ、病者のすべてに一様に配慮し、入ってきた慰問品をできるだけ公平に配分することはできなかった。

資金確保のために健康保険組合はまず第一に収容所構成員に頼った。初めは直接各人に、後には集金機構として収容所会計の仲介によって。所内のほとんどの人は毎月病者のために喜んで会費を寄せてくれたので、設立当初から一九一七年末までに七三二・三九円が集まった。さらに金額は大小あったが個人的な寄付金も一五〇円になったし、所内ボーリング場からはこの五カ月間に一五五円が寄せられた。合計してこの八カ月間に所内構成員から一〇〇〇円以上を組合は受け取った。東京のドレンクハーン氏が管理しているドイツ義捐金IIからはこれまでに計一八四・三六円が定期的に配分された。

組合の運営は一二人、後に一三人の代表のうちの一人が当局との折衝と外部の救援組織との文通を担当し、もう一人が組合業務にあたり、三人目の人が患者の世話と食糧の管理を引き受ける一方、各隊内で生じた疾病について看護者に情報を伝える仕事を然るべき構成員が果たした。

一九一七年四月二〇日から一二月三一日に至る間に月平均二〇名の患者に給食が行なわれた。所内医務室とバラック内では合計三二〇〇給食日、徳島衛戍病院では三一八給食日に患者食を給養した。ヘルムートとリーデルの両名は結局死亡したが、入院中は特別看護人を派遣した。徳島のドイツ婦人の提唱で神戸からイギリス人医師をリーデルの病床に呼んだが、どうにもならなかった。衛戍病院での給食には徳島のドイツ婦人たちの助力を大いに得た。所内医務室での看護では、多くの戦友たちが貴重な助力を与えてくれた。日本側当局は健康保険組合の活動に理解と厚意を示した。

患者と回復期患者への給食とならんで組合がやがて取り組んだのは、軽い病気や軽傷の場合に応急処置の取れるようにすることだった。医務室では時間がかかるし、充分ではなかったので、一九一七年七月五日収容所薬局がふたつ開かれた。治療と薬学を修めたクラウス軍曹と水兵ハイルが責任者となり、一九一七年八月一日から一二月三一日までに両薬局で四五九四回の利用があり、うち包帯一五三八、その他の負傷処置八七三件、頭痛、風邪等の軽症に対する投薬が八五六件、下剤を渡したのが二六七回、栄養剤九二本が出ている。

これらの所内薬局は、外部、特に上海救済基金一九一四からの援助がなかったら成立しなかった。上海の教授フォン・シャープ博士の提唱で、六〇〇ドル以上の価格の栄養剤、強壮剤を恤兵品としてその基金の費用で組合の利用に供し、定期的に薬品、栄養剤、包帯材料を少しずつ送ってきた。その上、本来はシベリアのドイツ俘虜に送るはずなのに、送れない食糧品、衣料品をこちらへ振り替えてくれた。上海救済基金一九一四からの恤兵品は合計して一五〇〇ドルを越えるであろう。だからこれが組合にとってこれからの長い間にわたり確かな、また豊かな土台をなしている。

神戸、横浜の婦人救助会や天津婦人協会、また極東各地の個人などのドイツ人救援組織からも食品、衣料品などが多く寄せられた。所内の戦友たちも受け取った恤兵品から一部をたびたび醵出したし、収容所製菓所「ゲーバ」は患者用ビスケットを提供してくれた。組合に寄せられたこれらの寄贈品は二五〇〇円相当になるだろう。

上海のフォン・シャープ教授は医学上の助言によって組合を援助した。ある収容所構成員は持病を通信治療によって完治した。

設立以来の組合の収支は表3-18のとおりであるが、支出の一日平均は四・八五円、月平均は一四五・五〇円となっている。全部で一二〇〇〇円ほどの三分の一以上は牛乳代だった。一〇月なかばまでは、北海道のフランス系トラピストからすべて牛乳を取り寄せなければならなかった。近辺からの日本の牛乳が患者には不適当と判定されたからだった。乳しぼりが本職であった戦友のクラウスニッツァーの監督する収容所酪農所が開設されてから牛乳代は大いに減少した。患者食は通常炊事Iで調理され、この目的のためにドイツ義捐金IIの資金から特別の調理用鉄板を購入した。

一九一七年の板東収容所の健康状態は一般に良好で、組合が扱った重病はたいてい既往症のせいであった。これまでのところ、幸いにも伝染病の侵入はなかった。来年度もこの健康保険組合ができるだけ小さ

表3-18　板東健康保険組合年次決算書（1917年4月20日－12月31日）

（単位円）

収入			支出		
負担金		732.39	板東での給食費		751.03
救済基金東京㊈の援助金		184.36	卵	57.27	
寄付金		320.72	ひき割り麦	128.51	
公会堂援助金	25.—		牛乳	411.98	
板東ボーリング場	155.—		バター，ヨーグルト	29.62	
収容所薬局からの栄養剤代	35.82		肉製品	84.81	
その他寄付金	104.90		野菜	11.75	
			その他栄養食品	13.59	
給付した給食代金の払い戻し		73.31	木炭	13.50	
拾得金		1.26	徳島衛戍病院㊂の出費		267.85
			牛乳	32.36	
			バター	14.48	
			肉製品	24.18	
			ワインなど栄養食品	36.47	
			婦人たちによる食事	80.55	
			食事改善のための現金	62.36	
			火鉢用木炭	2.19	
			運搬費	15.26	
			反覆出費		79.60
			従卒	23.85	
			患者入浴費	16.65	
			少額出費	39.10	
			一回限りの支出		187.10
			医療用入用品	16.92	
			医務室，病院用薬品	37.40	
			収容所薬局用品	22.36	
			組合運営と患者用の設備用具	46.60	
			個別住居建設補助	23.86	
			患者用小物	11.01	
			クリスマスの贈り物	28.95	
			現在高		26.46
		1,312.04			1,312.04

18年1月1日残高　26.46円

閲：

板東，1917年12月31日

健康保険組合

署名　クレーマン　　署名　ゴルトシュミット　予備副曹長

少佐　　署名　アルベルス　後備上等兵

い活動分野にとどまってほしいし、清算決算書を出せる状況にやがてなってほしいものだ、ということばでこの報告書は結ばれている。末尾の署名は健康保険組合（Krankenkasse）の省略と見られるKr・Kとなっている。

板東の周辺

一九一七年四月初めに四国の三収容所から板東に集結したドイツ俘虜は、旧陸軍省資料によれば丸亀から三四〇名、松山から四一四名、徳島から二〇六名の合計九六〇名だった。[22]すでに一年半を別個の収容所で過ごした三集団から一集団にまとめあげるのには、ある程度の時間を要するのは当然である。旧松山収容所で多くの寺院に分散収容されるという悪条件の下で、しかも第六号以降を非合法に発行し続けた週刊『陣営の火』[23]の編集スタッフを主力として、板東収容所新聞『バラッケ』の第一号が発刊されるまでにも六カ月かかった。

一九一七年一〇月一四日発行の『バラッケ』第三号に、筆者Tが「板東の周辺」と題して地図のスケッチを含めて六頁ほどの記事を書いている。また第四号（一〇月二一日発行）には同じ筆者によって「板野郡の行政と経済（板東の周辺）」という五頁ほどの記事がある。

収容所統合後約半年のうちに、周辺の状況を把握分析する方法と能力を、大正初期の少なくともTと名乗るドイツ俘虜は持っていたことになる。『バラッケ』編集部のうちの主力はすでに松山分散収容所群で『陣営の火』を一年三カ月にわたり刊行した人たちである。[24]この週刊紙（六号以降は日本側に対して非合法な回覧紙）は三二号（一九一六年九月三日発行）と三四号、三六号、三九号にわたり「松山」というテーマの下に日本語、英語、ドイツ語の文献を参照しながら、約七八頁の紙面を使って自分たちの収容されてい

る地域をとらえようとした。これは大正初期の松山像を全体的に見た作品ということができる。(25)

『バラッケ』のTは「板東の周辺」をこう書き出している。「日本軍管理当局がわれわれに定期的な散歩と遠足の希望を持たせてくれてからは、多くの戦友、特にこの地方のことをあまり知らない松山、丸亀からの人たちにとって、板東の周辺のことを知ることは、きっと好都合であろう」。そして固有名詞部分にはローマ字の次に漢字を挿入しながら、「日本の四つの主要島のひとつである四国の徳島県板野郡に市場町板東はある」。他の三県の名を紹介し、阿波国徳島県は一市一〇郡にわかれ、板野郡は北東部に位置し、北部は瀬戸内海と讃岐山脈に区切られ、この山脈の南東支脈は板東まで達している。東部は瀬戸内海、厳密にいえば、太平洋に通ずる部分の紀伊水道、西部は阿波郡に接しているが、自然の境界はなく、南部はこの地域全体の生命線である吉野川で区切られる。肥沃で、人口密度の濃いこの河の流域は、文化的に遅れ、山の多い荒地の県南部と顕著な対比をなしている。吉野川は紀伊水道に多くの支流となってそそぎ、河口の富田川と別宮川に人口七万二〇〇〇の県都徳島がある。乙瀬川という吉野支流では水泳をしたので知られている。

板東の集落は郡の中央にあるが、通常「板東町」と呼ばれるいくつかの村落がつながった全体をなしている。すなわち、板東、板西、桧、池谷、堀江などである。収容所の西部には板西があり、さらに大きな村大寺で街道が分かれ、一本は北へ山を越えて香川県へ、他は西へ阿波、美馬、三好郡へ通じている。大寺の北西松坂村の近くには有名な天台宗の地蔵寺があり、四国巡礼の第五番である。弘法大師作と称される子供を守る地蔵像と僧たちが彫った天明期（一七八一—八八）の五百羅漢で知られている。昔は豊かで末寺を五五も持っていたが、栄光を失った今でも近辺の崇敬をうけている。

収容所の東の集落板東は特記するものを持たない。その少し北の方大麻山（一九七メートル）の麓の神道の大麻比古神社へは聖霊降臨祭の遠足で行ったが、祭神は猿田彦命である。特に職人の参拝が多い。そのすこし南の、板東の近くに真言宗の寺院霊山寺があり、「四国霊場第一番」といわれる。ここが巡礼の出発点だからである。板東の東の堀江には街道のすぐ北に土御門天皇（一一九五―一二三一）のお墓があり、俗に丸山と呼ばれている。生垣と濠にかこまれた樹木の繁った丸い塚なので、ここが天皇陵墓とは誰も気づかない。北条義時に追放され、数年後に淋しく亡くなったのだ。

街道を東へ行くと堀江を越えて姫田に至るが、南の徳島からの街道とここで合流する。さらに東へ一里の所に郡都で人口一万一〇〇〇の撫養がある。ここは全県の主要塩田地帯で、特にこの町の南の方には、海岸沿いに広大な塩田があり、三〇〇〇年以上前から塩を産出してきた。一六〇〇年頃大名益田大仙が播磨国（神戸付近）から人を連れてきて塩田を開かせた。撫養の南東の里浦の近くに宮廷の女官であり詩人であった清少納言（一〇〇〇年頃）の記念碑が立っている。撫養で有名なのは、(1)鳴門海峡、町の北東。四国と淡路島間の海峡で激しい潮流がある。一日に一回だけ短時間渡航できる。年中観光客が訪れる。(2)大凧、特に三月と四月にこの付近であげ、老若ともに参加する。

板東―撫養の線の南の地域は吉野川のデルタで、非常に肥沃である。板東の南東の勝端で建武年間（一三三四―五）に足利将軍が家臣の大名細川頼春に命じて大きな立派な町を建設させたが、今では廃墟と墓だけが残っている。細川一族の後には長宗我部元親が勝端の城を手に入れたが、三好一族、さらに蜂須賀一族と交替した。蜂須賀はこの間に町となった徳島に移った。廃墟には見性寺という小さな寺があり、その少し西には中富川の戦の慰霊碑が蜂須賀家の儒者名和という人の筆になる碑文を刻んで建てられている。細川家初代の頼春の墓は吉野川の北の入会地萩原にある。

板野郡の北部沿海部は特にふれるべきものはない。

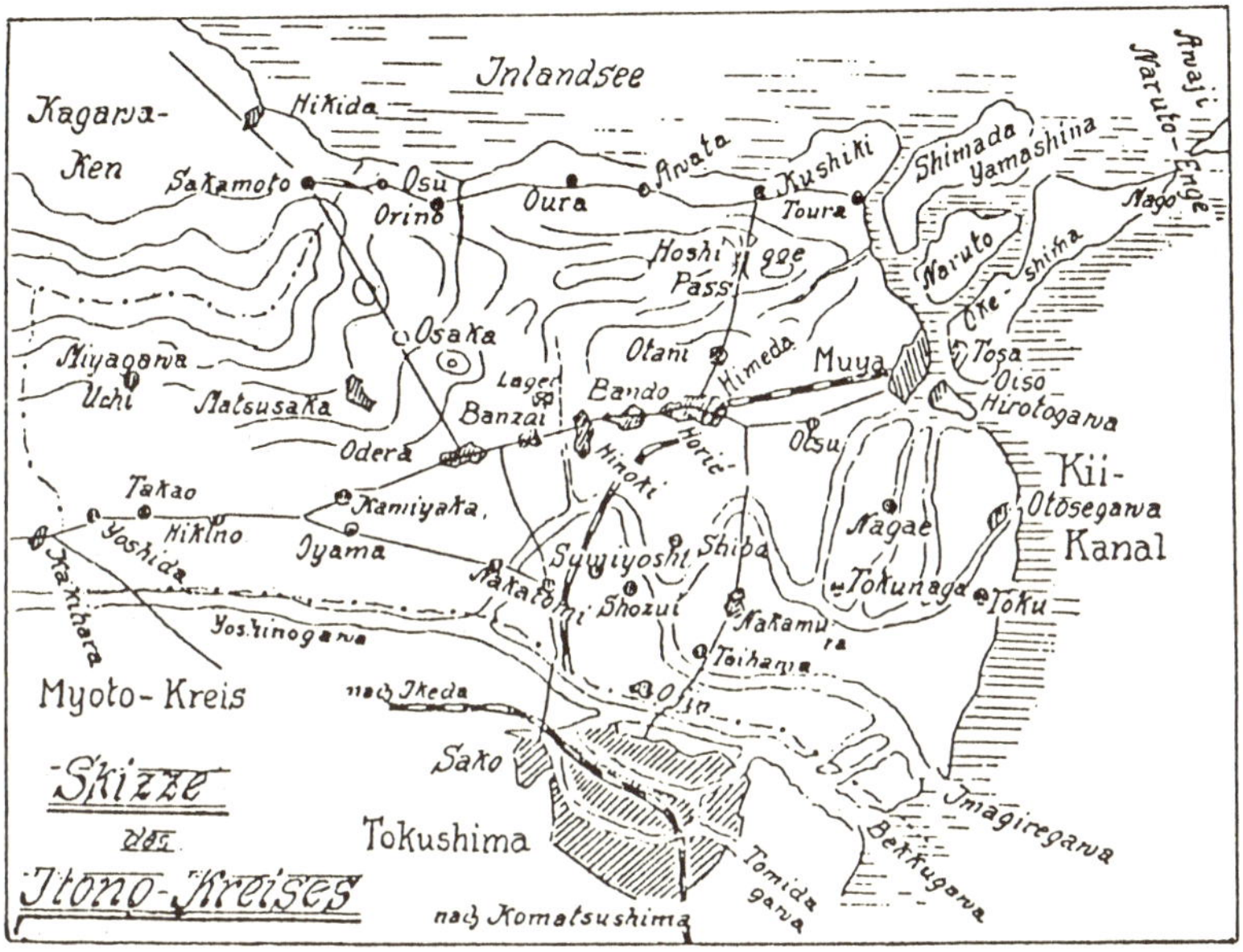

図3-19　板野郡略図

筆者Tの掲げた末尾の地図を、縮小して図3-19として付しておく。

『バラッケ』第四号（一九一七年一〇月二一日）では、同じ筆者Tが「板野郡の行政と経済（板東の周辺）」を書き、収容所周辺の地域の事情を戦友たちに紹介している。

板東村の村長は野本、板野郡長は添川といい、徳島の知事の下にくる。司法上では板東は撫養の区裁判所の管内に属し、上級審では徳島の地方裁判所と大阪の高等裁判所の管下にある。軍事面では郡は徳島連隊区に属している（ドイツの管区司令部に対応するもの、徳島に歩兵第一〇旅団、善通寺に第一一師団がある）。教育は日本全土に普及している。撫養には中学校と高等女学校があり、郡内の小学校は一六、高等小学校は一で、それぞれ二八五学級、三八学級、教師は合計二七六人、校長と教頭は三八人である。神社仏閣は数多く、重要なものについてはすでにふれた。キリスト教は普及せず、わずかな信者は徳島のアメリカプロテスタントないしはスペイン系カトリック教会に属している。交通状況は日本の他地方と比較するとこの郡はすこし遅れている。主街道はすでにふれたが、板野には狭軌だけしか通っていない（阿波軽便鉄道株式会社）。これは徳島の北東から撫養まで至り、撫養で北に向かう路面電車と鳴門への観光客用のモーターボートに接続している。

郡の産業としては農業が主で、当然のことながら小麦と米が主要作物であるが、これと並んで比較的藍が多い。徳島県だけで藍の全国生産量の三分の一を占めている。大戦前には年々生産が落ちて、ドイツ産の合成染料が輸入されていたが、戦争中に藍は増産されるようになった。問題となったのは、保守的な農民のことなので当初は乗り気にならず、政府は大変な努力をした。農林省が賞を出したり、県が補助金を出したり、農業協会は専門家を講演旅行に派遣したりしたが、作付は思ったほどには達していない。

小麦、米、藍以外の作付はわずかで、甘蔗、玉蜀黍、馬鈴薯、甘藷、里芋、黍、蕎麦、豆類などである。養蚕のための桑畑は比較的わずかで、茶畑はない。これに比してタバコ栽培が多く、撫養の専売局支局の統計によれば、板野では一九一六年に一八万六六貫のタバコの葉が生産され、刻み煙草に加工されて神戸、大阪の船乗りや工場労働者向けに積み出されている。

農業の副業としての果樹栽培はわずかで、むしろ家禽と養蜂が注目される。畜産はまだ未発展で、大戦と板東収容所設置のために畜産と肉製品の価格が大幅に上昇した。板東には飼養所支所が霊山寺へ通ずる道の東にある。

板野のような純農村地方が大量の肥料を外から持ってこなければならないのが目につく。一九一六年だけで各種肥料五四万三八六〇貫、価格にして一二万五五五四円が郡内に入ってきたが、大部分は神戸、大阪から船で運ばれる人糞肥料だった。

一九一六年一二月現在の土地利用の割合は表3-20の通りである（概数）。

林業は微々たるものであるが、讃岐山脈の南斜面に所々それらしきものがある。

海産物は郡にとってより重要で、鰹、鰯、鯛がほとんどである。鯛はおもに四月北部海岸と鳴門海峡近くでとれる。さらに種々の魚や蟹、海藻などがあり、特産として有名なのは撫養の若布（Undaria pinnatifida）である。淡水魚はわずかで、所々で鯉と鰻が養殖されている。塩は撫養近郊で大量に生産され、そこには専売局支局がある。

表3-19　板野郡の面積と人口（概数）

板野郡	39平方里	122,000人
徳島県	271	725,000
日本（除朝鮮）	27,062	54,000,000

表3-20　板野郡の土地利用（概数）

田	5,970町	評価額　2,268,270円
野菜畑など	5,068	897,041
宅　地	929	1,117,168
森　林	11,112	65,621
草　地	384	2,459
塩　田	406	197,951
池　沼	36	471
その他	22	122

商工業は板野では未発達で、撫養にいくらかの繊維産業があって、特に足袋が生産されている（一九一六年五三〇万足、七〇万円）。製陶所が九、酒造が三〇カ所にあり、年間に約一万四〇〇〇石の酒を生産している。

板東ボーリング場

板東健康保険組合の年次報告書の収入欄には一九一七年度に一五五円（『バラッケ』一九一八年二月三日、第一九号）、一九一八年度に一三五円（『バラッケ』一九一九年二月一六日、第二〇号、通巻第七三号）の寄付金が板東ボーリング場から入金になっている。収容所西南の一角に青島の市街区の名Tapautau（大鮑島）と呼ばれた地区に小屋が数多く建てられ、さまざまな営業活動が行なわれていたが、そのなかに板東ボーリング場はあった。付属のキチンでは食事をも提供していた。所有者は「援助金庫公会堂」、場長はドライフース、朝七時半から夜九時まで開かれ、料金は一一時半まで一時間四〇銭、午後三時まで三〇銭、七時までが四〇銭、九時まで五〇銭となっている。(26)

このボーリング場について、『バラッケ』一九一八年一月六日の第一五号で筆者Stがその成立事情を記事にしている。

神戸、横浜のドイツ人クラブには以前からボーリング場があって、イギリス人の癪の種となっていた。戦争となって日本側に手をまわし、日本人の方は「大きなことをそれだけ容易に拒否できるように、細かいことにはイギリス人の言うことをきく」ので、「神戸、横浜のドイツ人に対してその他多くのこととともにボーリング場を禁止した」。

松山の俘虜の方が幸いだった。ここのボーリング場は連合国側の嫉妬の目をうけることを免れることができたし、設置にあたっては「あまり偏見なしとしない収容所管理当局の許可」を取りつけ、数人の器用な仲間が考え出した、レーンとピンはうまく調達できたが、日本に適当な材料がなく、アメリカから輸入しなければならないボールはそうはいかなかった。こういうときに頼りになるのは、第六中隊所属の戦友たちで、アジア各地のドイツ人クラブとのつながりを利用できた。やがて横浜、神戸、東京、天津から充分にボールは入ってきた。

一九一五年五月二三日にボーリング場は完成し、人もよく入った。青島から松山の分散収容所に移されてわずか半年の間にドイツ俘虜は日本側と話をつけ、資材を入手してボーリング場を設置してしまったことになる。主として召集の予備兵からなる第Ⅲ海兵大隊第六中隊構成員の力ということになる。一九一五年九月と一九一六年六月にはボーリング大会が開かれたが、「貴重な鵞鳥のためではなく、『メールヘンの国』日本のちょっとした記念品をきそった」のだ。

レーンは耐久力があり、ピンの補充も容易だったが、ボールだけが悩みの種だった。そこでボーリング場の写真をとり、アメリカの友人に苦境を訴えた。この友人は『ニューヨーク・ステイト新聞』にこの哀歌を公表した。「同じ新聞の一九一六年五月一三日号に、アメリカの『一番大きな』(他の会社はアメリカにはないようだが) ボーリング用品会社が早速無償でボールを大量に哀れな松山の俘虜に送った、という記事を見たときのわれわれの喜びは誰も筆舌に尽し難いほどだった」。だが、何度ニューヨークに問い合わせてもボールは到着しなかった。「宣伝用の大ボラあれど実行なし!」日本のドイツ人クラブが後始末せざるをえなかった。

以下のこの記事は若干曖昧な表現を含んでいるが、なんらかの懲罰を受けて、俘虜が「フィリップ親父」と呼ぶ営倉に入った仲間に、ボーリング場の「営業収入」から、慰謝料を給付したことを前提とすれば、ボーリング場の利用料金の使途とその理念が理解できる。

「持ち分はもともとの建設者、所有者の手から結局『フィリップ親父』へ次第に移っていった。この団体の規約第一条はこうなっていた——『当会構成員の連帯のために、なんらかの事情で現下の権力者によってブタ箱入りする構成員に留置期間慰謝料を引き渡すものとする』。この団体の会員基本料は毎月二〇銭で、ブタ箱入りの慰謝料は、

最初の二日間に対して	一日当り	二円
三日目 〃	〃	一円
以下の七日間 〃	〃	〇・五〇円
以下の一カ月まで 〃	〃	〇・二〇円

その先の期間　〃　〃　〇・〇五円

三カ月後には支払いはストップした。やがてはっきりしたことは、会員をもうすこし慎重に選ぶことと、追加条文を加えることだった。

「娯楽を求めるために収容所を出るか、出ようとし、そのためにブタ箱入りをする者は」慰謝料に対する請求権を持たず。

この予防措置は大変効果があり、「金庫」のお金は増加し、「当初考えた使途と並行して、この資金を全体のよき目的のためにもふり向けることを考えることができた」。約四五円を「保険事業家」に、二一〇円を貧しい在日俘虜に、二二〇円を天津と神戸の救援委員会にまわした。会員の会費とならんでボーリング場のあがりによって、全体と在日、在露の貧しい戦友のために役立った。

ボーリング場は結局「フィリップ親父」会に完全に移行し、これが板東移動に伴って解散したとき、会員の決議に基づいて「援助金庫公会堂」に渡された。「新しい収容所においても、したがって健全なドイツのスポーツからの利益が個人所有者のポケットを満すのではなく、公共的な企てのためと援助を必要とする戦友を支援するために使用されるべきだということになった」。

板東への移転の半月前、三月二〇日に松山のボーリング場は撤去され、「わがドライフースの行動力ある指揮のおかげですでに五月二五日には、デュムラー海軍大尉殿の感激的なあいさつによって開場することができた」。板東での再建に莫大な費用がかかったが、かなりの金額をよき目的のために残すことができた。借金なしででき上がり、すでに約一六〇円を収容所の健康保険組合と劇場基金にふり向け、さらに「援助金庫公会堂」に貴重な補助をすることができた。この金庫は毎月の会費から、一九一五年の設立から一九一七年九月までの間に、一一〇〇円以上を日本とシベリアの俘虜のために使うことができるほど集めたのだから、会費に加えてボーリング場の利用料があるため、板東において以前より大きなこの収容所の大幅な必要事項を満足させうるようになった。

筆者Stはこの記事をこう結んでいる。

「ボーリング場はこうしてその目的を達成した。個人には喜びを、全体には効用をもたらしている。しっかりな！」

俘虜作品展覧会

一九一八年三月八日（金）から一九日（火）まで板東公会堂において、板東収容所の俘虜の美術工芸展が開かれ、一部は即売された。この展覧会については、鳴門市ドイツ館に収蔵されている五六頁のカタログによってもその概要を見ることができるが、『バラッケ』第二四号（三月一〇日）において、匿名氏（…n…n）がその趣旨を、第二五号（三月一七日）は通常の倍の頁数のすべてを展覧会の特集号にあて、dt、eの二名が三部分四二頁を分担して記述している。

「黒・白・赤の三つの花環がここ数週、数カ月来われわれに輝いてきている。あらゆる地点から、われわれの日刊新聞から、また——最近徳島へ行った人は見たであろうが——鉄道の車輛の側面から、モーターボートの横や駅の壁からさえも。この花環のポスターこそ外部に向けての展覧会の象徴であり、この広がりから、日本人にも大きな関心を呼んでいることがわかる」。収容所当局の奨励助成もあった。

所内の芸術家、愛好家、工芸家たちに展覧会に対する関心を持ってもらうのにかなりごたついたので、特に準備の数カ月間にはできるかどうか幹事が疑った時点もあった。ところが、期待を上まわる盛大なものとなり、予定した公会堂では狭すぎたため、大麻比古神社の建物をいくつか追加した。カタログに見られるように約四五〇点の多種多様な展示品が出品された。

「明らかなことだが、こうした展覧会は展覧会そのもののために催されるのではなく、根本においてはより高い目的のためである。仕事をするドイツ人の力、ドイツ人の徹底性が長年にわたる俘虜生活にもめげずなしとげうることを、注意深い来訪者の眼前に示すのが展覧会である。戦友たち全員にとっては、なお予測される俘虜生活の期間をさわやかたらしめ、活力を保たせることになるだろうし、祭りの雰囲気のうちに、創造的な喜びに満ちた能力のすべてが収容所にひそんでいるのを、一緒になって見ることになる。この点に展覧会のわれわれすべてにとっての本来の価値がある」。

三月八日の金曜日に展覧会はにぎにぎしく開場された。作品の優秀作には投票が行なわれるし、娯楽場で遊んだり、カタログや絵葉書を買うことによって来訪者は、この展覧会の金銭的な面を保証してくれることにもなる。

第二五号の『バラッケ』は表紙の上方に三色の花環をかかげ、幔幕をめぐらせた会場の霊山寺を多色刷にしている。全頁を展覧会の記録にあて、GとMを重ねたサインを入れた線画一三点をちりばめている。このサインは『バラッケ』の挿画の随所に見られるが、展覧会の漫画の部門の出品者であるグスターフ・メラー副曹長と特定できる。展覧会場の雰囲気を伝える二点を縮小して以下にかかげておく。

「板東公会堂における美術工芸展、一九一八年三月八―一九日」の総論的部門をdt署名が九頁にわたり、準備、組織などの状況を伝えている。

起床ラッパの鳴る前に水曜日の朝早く外を見ると、この数カ月は、「一団の人々が、内陸アフリカ探検旅行のような身支度をして、大またな足取りで収容所を出てゆく姿を見ることができた」。展覧会出品作を仕上げるために必要な物品を町へ買いに行く人たちであるが、便乗組もいて、「おや、Xもいるぞ、あ

zu verlieren. Wenn sie dann glücklich ins Innere der Hal-
le gelangt waren und dann den lichtvollen Ausführungen

図 3-20　展覧会場風景

いつも芸術家になったのかな」、などという声もあった。自分の無能を嘆きながら点呼に集合し、「来週の水曜までに自分も芸術家になろうと誓う」戦友もいた。

俘虜たちは所外の橋造り作業にかかっていたが、「天気のよい日に、身心を（若干の労働によって肉体を、橋の完成より前にはこの長期の戦争はきっと終わらないという確固たる確信によって精神を）さっぱりさせようと『橋造り』と共に所外へ出かけた人は」、つまり適当に作業を手抜きしてぶらぶらする人たちは、芸術家たちの仕事ぶりを見ることができた。「ときには、鉄条網の後ろに座り込んで熱心に筆を運んでいる人たちを、またときには、のんびりと野や森をぶらついている生活の芸術家を」。

展覧会の日が近づくにつれ、大鮑島（小屋がけの「営業」地域、収容所内西南部）でも、山すその工場地区（所内東北地区）、板東・東の別荘地区（小屋建ての個人所有）でも熱心な作業が始まった。いたる所に小屋が建ったが、「展覧会のせいで小屋が建てられるのではなく、小屋のために展示がされるのだ」、という人もあった。

展覧会の幹事は、シュテッヒエル大尉、ミュラー予備少尉、ラーハウス予備火工副曹長、コッホ予備火工副曹長、メラー副曹長、デーゼブロック後備伍長、フォン・ホルシュタイン予備補充兵だった。日本側、ドイツ側の調整や諸要求にすべて応ずるのは困難だった。板東村は公会堂を無償で提供した。祝賀会場には適当でないので、ブンゲ曹長が弟と共に短時日のうちに冷やかな板張りを、温く明るい展示場ホールにぬった。仕切りを入れ、デーゼブロック後備伍長の指揮で大勢の手によって山から木の葉を取り、ショーン後備伍長の指導で飾りのつるに編み上げられ、この緑が部屋に落ち着いた暖かさをかもしだした。

開場数日前から収容所と会場の間の板東の一部はすっかりドイツ色になった。どの商店にもメラー予備副曹長作のドイツの黒・白・赤の三色の展覧会ポスターが見られた。ドイツ兵が自由に歩きまわっていたが、「ただ時折日本の歩哨がいやなことを思い出させた。われわれが楽しんでいるのが、やはり仮の自由にすぎないことを」。会場入口には小さな凱旋門が立っているが、「われわれはまだ落ち着かない感じがする。眼前に見える姿は美しい霊山寺を背景にしているので、異質なその形は魅惑的ではあるものの、いかに故郷を遠くへだたっているかを、想起させるからである。入口から最初の売店では日本語とドイツ語のカタログや展覧会の絵葉書を買うことができるし、右へ行けばドイツに居るような感じがする。この右手の方では学術講演が行なわれ、物理学、化学、植物学、鳥類学、天文学などが数カ国語で講演される。ホール入口にはドイツ騎士団の大きな騎士像が『いずこも良きドイツの地なり！』という銘を掲げている」。

美術部門には二七人の二二〇点（うち四〇点は参考出品）が展示され、一二のグループに分けて賞をきそった。審査員はマウラー大尉、ゴルトシュミット予備副曹長、ハンゼン軍楽長、ボーネル海兵隊員、フォン・ギムボルン第II後備兵であった。グループ分けと出品点数、受賞点数をまとめてみると表3-21のようになる。

工芸部門では一〇八人の二四七点の出品が

表3-21　1918年の俘虜美術工芸展出品数

グループ	参加作品	受賞作品	
油絵創作	7	4	
油絵模写	7	—	
水彩創作			
肖像	7	2	
風景等	66	9	佳作 2
水彩模写	13	5	
単彩創作	13	2	
単彩模写	20	4	
色鉛筆・クレヨン創作	3	1	
木炭創作	1	1	
色鉛筆・クレヨン・木炭模写	4	1	
写真による拡大			
肖像	8	1	
風景等	5	2	
ポスターと広告	9	2	
漫画	11	—	佳作 2
製図	6	1	
合計	180点	35点	佳作 4 点

あった。審査員はモール予備少尉、ラーケット魚雷火工長、アンドレー後備伍長、ヴァルター後備伍長、エンゲルス後備上等兵で、次のグループに分けられた。

(A)モデルシップ、氷上ヨットを含む、(B)その他のモデル、(C)動く金属作品、(D)その他金属製品、(E)木工製品、(F)木工象眼、(G)焼画・そぎ彫り・糸のこ作品、(H)遊具、(I)楽器、(K)器具、(L)織物・刺繡、(M)蒐集、(N)日用品、(O)共通利用の収容所企業、(P)演劇、(Q)食品

グループ毎に賞を出したが、別に特別賞として次の三点が選ばれた。

一等賞　Nr四二七の自動噴水付水槽　　　　（フレーリヒ後備上等兵）

二等賞　Nr三〇八の象眼アルバム　　　　　（シュレール工兵）

三等賞　Nr二一二の五本マスト全装帆船モデル　（ゼーゲバルト海軍兵曹）

出品作品の記述はeという筆者であるが、ふたたびdtが「展覧会の日々」をまとめている。

三月八日の朝、ステッヒエル大尉の簡単なあいさつとシュルツ楽団の軽快な行進曲で幕を開いた。「開会日はこれ以上幸運にはなりえなかった。というのも、ちょうど二日前にロシアとの講和という嬉しいニュースがとどき、開会中のはじめの数日間に、かつての宣戦布告のときのように、さらに講和締結が続いたからである」。

八日と九日の二日は収容所の人たちだけの日で、天気はあまりよくなかったが、大小の楽団が寒い所で「死をも恐れず」演奏した。指揮をしたのは、シュルツ伍長、ドーベ海砲兵伍長、エンゲル後備海兵隊員だった。一三、一四日の二日もドイツ兵の日で、こちらは好天に恵まれた。

日本人入場日になると、「老若男女のあらゆる層がはてしない列をなして入口にむらがり、ドイツ兵俘虜の傑作を見ようと押しよせ、前の人の着物に心配そうにくっついて、列のなかのうまく取った場所を失

うまいとしていた」。会場内では疲れを知らぬドイツ側通訳（ヴェルナー後備騎兵副曹長、クリュック、オイヒラー、バルクホーン副曹長、ダーム士官候補生、ホイエル伍長、ヴェルナー工兵、マイスナー、シュタインフエルト、ベーアヴァルト、ファン・デァ・ラーン、シェーファー、アンドレーアス、エッゲブレヒト、ジモーニス、カイスナー、シュトラウス、ニッツェ海兵隊員）が説明にあたった。先生に引率された数多くの子供が展覧会にやってきた。「彼らにとってもっとも興味ある展示物は明らかに邪悪なる敵国人そのものだった」。この期間中に訪れた人数は、

三月　八日	一一三〇	ドイツ人の日
九	一一六〇	
一〇	四九八一	日本人の日
一一	六九二五	
一二	九三七〇	
一三	一八〇六	ドイツ人の日
一四	一五六八	
一五	三六二〇	日本人の日
一六	二二〇九	
一七	七六二八	
一八	四三八八	
一九	五三一〇	

五万〇〇九五

訪問者のうちには、東京からのシュレーダー牧師、徳島に居住しているドイツ婦人たち、神戸からの同国人たちがいたし、はじめのうちの数日間には日本側の要人たち、特に徳島衛戍司令官山口少将、歩兵六二連隊の将校たち、農林省代表、徳島県知事、県議会議長、さらに役人たち、市会議員、工場主、商人たちが見学に来た。

展示品は需要が多く、非売品まで希望があって、即売品はほとんど残らず、追加注文も多かった。収容所の人たちの投票によっても賞が与えられ、四〇六票中の一二六票でシュレールが賞金一〇円を、七八票でフレーリヒが二等の五円を、ルムプッ予備少尉とホーン補充兵がミュラー予備少尉設計の住宅モデルで三等三円の賞金を三五票で得た。次には三〇票のゼーゲバルトのモデルシップがきた。

「誇りをもってわれわれ俘虜は板東のドイツ展覧会一九一八年を振り返ることができる。……われわれを俘虜としている国の何千人という人たちがドイツ俘虜の作品を自分の眼で感嘆したのだし、いく十万の人たちがこのことを口づてに聞いたり、新聞を通じて耳にしている。戦争が始まってからいつも繰り返してドイツの野蛮さという虚像を見せられてきた人たちのすべてに、われわれの展覧会によって真にドイツ的なるものを眼前に見てもらうことができた。

『いずこも良きドイツの地なり！』――この印象を何百のロイター電も二度とぬぐい去ることはないだろう。だからわれわれの控え目な力を合わせることによって祖国に貢献していると言っていいだろう」。

収容所基金

『バラッケ』第二巻二一号（通巻四七号）、一九一八年八月一八日発行は、設立一年を迎えた「収容所基金」について報告している。

筆者H・Kは、収支決算の詳細はすでにバラック第二棟の中央通路に掲示してあるが、その要点を述べる、と記事の目的をまとめている。「さらに、この収容所基金の設立に至った根拠をここで想起し、基金が己れに課した使命をもう一度明らかにすることが、適当と思われる」、と付言している。

板東俘虜収容所は、丸亀、松山、徳島の四国三収容所を統合して一九一七年（大正六）四月に発足したのだが、丸亀収容所で有効な作用を果たしてきた健康保険組合を、他収容所のさまざまな互助組織と合同するか、合併させるかによって、統合して大きくなった収容所の要求に応えようという考えが出てきた。

旧三収容所の代表者会議が開かれ、移転統合後一〇日程の四月二〇日には「板東俘虜収容所健康保険組合」が設立された(27)。

その後の募金によって二四二・三九円が集められ、六月三〇日までの資金となった。この間に他の目的のための募金活動も行なわれ、全体の利益のためという名目にそぐわないものまででてきたし、予期しない募金活動が度を越えれば、多くの戦友たちにうとましく感じられるようになってきた。そこで、全体の利益になるような基金すべてを統合することがどうしても必要となってきた。援助を必要とする病気の戦友だけでなく、全員の福祉をも増進する組織にかかわることなので、資金確保の方法が論議の中心となった。「いささかの苛酷さも生ぜしめずに、可能な限り『各人はその資力に応じて負担する』という原則に従って収容所の全住民が自発的に引き受けて負担をになう」、つまり、自発的な寄金を毎月集めるかわりに、こういう方式で必要な資金を持ち寄ろうというのである。

戦友たちの提案のうち、「ビール税」については、健康保険組合の有力な働き手である予備役上等兵カルル・アルベルスの呼びかけで、一九一七年五月三一日に収容所の全住民の投票が行なわれた。ビール税

1918年６月30日に至る間の年間決算書）　（単位円）

1月	2月	3月	4月	5月	6月	合計
15.—	15.—	15.—	15.—	15.—	15.—	150.00
3.55	5.30	4.60	5.30	6.85	5.30	67.55
—.—	1.20	—.—	—.—	—.—	—.—	5.65
—.—	21.65	14.90	12.10	13.00	16.50	173.05
7.22	17.60	16.75	15.90	14.60	15.02	170.74
24.35	26.30	22.91	21.60	21.22	18.40	324.03
27.50	28.50	25.50	25.50	25.60	25.50	341.35
12.10	40.95	28.85	31.60	32.15	29.45	337.15
—.—	10.80	9.30	8.55	8.95	8.35	98.95
24.30	29.55	28.00	26.10	24.65	24.40	302.35
—.—	—.—	—.35	4.70	1.70	—.—	36.50
114.02	196.85	166.16	166.35	163.72	157.92	2007.32 Yen

1月	2月	3月	4月	5月	6月	合計
30.00	80.00	80.00	60.00	100.00	80.00	900.00
81.90	84.50	84.50	84.50	84.50	84.50	959.30
—.—	—.—	—.—	—.—	—.—	—.—	87.00
—.—	—.—	—.—	—.—	—.—	—.—	10.00
1.50	—.—	—.—	—.—	1.00	—.—	3.95
—.—	—.—	—.—	—.—	—.—	—.—	10.10
113.40	164.50	164.50	144.50	185.50	164.50	1970.35 Yen

1918年７月１日　現在残高　36.57

現金で1,024.91円受け取っているので，健康保険組合の総収入は1,924.91円だった。

O.ブルンディヒ

表3-22　収容所基金(1917年7月1日より)

収入	7月	8月	9月	10月	11月	12月
将校会計	—.—	10.—	10.—	10.—	15.—	15.—
准士官	11.00	5.50	6.50	4.80	5.60	3.25
バラック1棟	—.—	—.—	2.70	1.75	—.—	—.—
2	20.60	16.55	16.65	15.05	11.30	14.75
3	21.20	18.10	10.50	10.95	10.40	12.50
4	47.90	30.35	31.90	27.85	25.85	25.40
5	28.75	36.50	32.00	28.50	28.50	29.00
6	18.95	33.50	31.00	29.50	23.85	25.25
7	22.15	12.60	7.40	5.00	1.40	4.45
8	11.30	37.10	26.90	24.75	26.75	18.55
寄付金	—.—	5.15	—.—	24.00	—.60	—.—
合計	181.85	205.35	175.55	182.15	149.25	148.15

支出	7月	8月	9月	10月	11月	12月
健康保険組合	95.00	100.00	90.00	50.00	75.00	60.00
炊事員	56.00	88.20	65.00	81.90	81.90	81.90
製パン員	18.00	18.00	15.00	18.00	18.00	—.—
収容所薬局	—.—	—.—	—.—	—.—	10.00	—.—
筆記用具	1.45	—.—	—.—	—.—	—.—	—.—
製パン設備	10.10	—.—	—.—	—.—	—.—	—.—
合計	180.55	206.20	170.00	149.90	184.90	141.90

注
健康保険組合にまわした900.一円は健康保険組合の全消費高ではない。この年度中に他の資金源から
板東　1918年7月25日　　　　収容所基金
閲，署名　クレーマン少佐　　　　署名．イェンゼン，G.オルトハーバー，H.コッホ，

は、ビール一本につき一銭、その他のアルコール飲料は価格の四～六％を付加しようとするものだった。投票の結果は、「収容所の全員にみなぎっていた犠牲的精神」を示すもので、当時の住民九六三人のうちの七七六人がビール税導入に賛成、約五分の一の一八七人（一九・五％）が反対だった。

だが、ビール税は導入されなかった。「誰をも強制加入させない、という福祉組織にかかわることである」、という意見が結局大勢を占めたからだった。そうなると健康保険組合は、集金以外の方法で資金をまかなわなければならなかった。七月初め、ゴルトシュミット予備副曹長、デーゼブロック後備伍長、アルベルス後備上等兵というビール税導入に尽力した人たちの提唱で、もう一度全体に対する募金が行なわれ、一八一・八五円が集められた。この金額のなかから、醵出者の指定によって、収容所当局からは適切な報酬を受けることなく収容所のために働いている炊事、製パン員に相応の月手当を支給することになった。だがこれによって、健康保険組合本来の活動領域を越えはするものの、種々の互助組織の一本化を一歩前進させることになり、一九一七年七月一七日「収容所基金」が設立された。募金した上記の金額を引き受け、管理者として各隊の代表者を七名管理人とした。後備副曹長イェンゼン（六中隊、座長）、経理軍曹オルトハーバー（旧大林寺会計係）、後備伍長ハンス・コッホ（七中隊）、ブルンディヒ上等兵（工兵中隊）、ドルン上等兵（二中隊）、マインゼン上等兵（五中隊）、火夫水兵シムメル（海兵隊砲兵隊）である。

「収容所基金の任務は、全体の役に立つ目的のために必要な資金を調達することである」。配分にあたってはまず健康保険組合に配慮し、次には、調理、製パンなど全体のために仕事をしてくれる人に援助し、さらにはその他所内のいろんな仕事をしてくれる戦友たちにできるだけ助成することである。資金は収容所全体から毎月集めるが、それぞれが自己査定する自発的な直接税である。毎月初めに集金日を定め、『日刊電報サービス』紙と掲示によってこれを予告し、各内務班に一名の集金係、各棟に棟集金人を置いて、収容所基金の会計係まで届くようにした。毎月の収支は各棟に掲示をした。

第一年度の総収入は表3-22の示すように、千人に満たぬ収容所としては二〇〇七・三二円という堂々たる金額となったが、健康保険組合と炊事や製パン員の援助以上にはやれなかった。もっとも一九一七年一一月以降は、収容所当局の許可を得て、製パン員たちがパンやケーキ類の副業収入をうるようになったので、助成は打ち切っていた。

第二年度初めの七月には、「収容所勤労奉仕」制がつくられて、収容所内の水道の修理改善、排水工事と管理、便所の清掃管理にあたってきた。資金がありさえすればまだよくすべきところが多くある。

記事の筆者H・Kは、七人の管理人のうちのハンス・コッホと推定されるが、末尾にこう述べている。「あの時以来、距離を置いている戦友たちをもこの事業の仲間として獲得するであろう」。この発言は、金銭のからんだこの互助組織が、「自己査定する自発的な直接税」に落ち着くまでの深刻な討議、投票、決着の過程を思わせる。

スペイン風邪

大正七年（一九一八年）全世界を席捲したスペイン風邪は、鉄条網のなかのドイツ俘虜にも多くの死をもたらした。一九一九年二月一六日発行の『バラッケ』第三巻二〇号（通巻七三号）には板東健康保険組合の年次報告が掲載されているが、それによってこのスペイン風邪の傷跡を見ることができる。

板東収容所における流行期は一一月初めからで、下旬が頂点となり、一一月二〇日には患者は三三四名、二一日には三〇〔二二〕一名と減少に向かった。この経過を、一九一八年一二月八日付の『バラッケ』第三巻一〇号（通巻六三号）は無署名で、「収容所におけるスペイン・インフルエンザの経過」として報告している。

「スペイン風邪については、当地では二つの点がはっきりしていた。第一は、この疾病を収容所に近づかせないことは不可能であろう、第二に、一旦侵入すれば、急速に拡がるであろう、ということだった」。一〇月終わり頃には「健康保険組合」の覚悟と用意はできていた。

はじめはまず、口腔伝染ないしは風邪引きの予防に努力した。『日刊電報サービス』紙上で、給水タンク横にそなえた過マンガン酸カリウムをうがいの添加剤として使うよう要請した。日本各地からの電報によれば、「この病気は全く重大なものと受け止めざるをえない」ことがわかってくる。撫養や徳島からの情報は、信じられないほど速い伝染ぶりを伝えてきた。やがて板東に最初の患者が、その後収容所でも発病者があった。「該当者はベッドについて、自分で療養していた。それがすでにスペイン風邪だ、などとは思ってもいなかったが、このケースの経過はよかった」。

大正七年一一月二日、「健康保険組合」は、軽症と思われるようなインフルエンザ、風邪の場合でも即刻医務室に申告するよう、求めた。収容所外への出入りは最小限に制限された。一一月八日頃には医務室に軽症患者と常駐者がいたが、桃井軍医は徳島へ治療に行っていた。この時から収容所には常駐の医師がいなくなり、俘虜が前から「ドクトルの称号を与えていた(日本ではかまったことではないはず!)戦友が」、所長松江大佐の要望で後任を引き受けていた。こうなると、『健康保険組合』の設立者と促進者にどれほど感謝しなければならないか、がはっきりした形となって見えてきた」。組織ができていたこと、「適材が適所で活動していたことによって、この疫病と戦うシステムができ上がり、あたかもずっと存在していたかのように、やがてみごとな働きをすることになった」。名前は挙げないが、早朝から夜遅くまで患者のために動きまわった人々のことは全員の知るところである。各棟の救護人は、感染をものともせず、患者の熱を計り、処置を講じ、結局は自分も病に倒れたし、「健康保険組合」の呼びかけに応じて、看護人や補助者、夜警の仕事を快く果たしてくれた人たちには感謝のことばもない。一〇〇〇人を越える収容所の対策と処置に満足した気持ちでふり返ることができる。「六〇〇人ほどですでに六名の死亡者を出している名古屋収容所のことを考えれば(28)」、板東の成果はよく理解できる。特筆すべきことは、日本側当局からあらゆる点で完全な支持を与えられたことである。「なによりも先に、健康保険組合があらゆる指示、すべての救護活動の場合、まして必要な食品、薬品などの調達のときに、すべての管理当局の支援を即座に得たのは、松江大佐のおかげである」。たとえば、氷が商人の所でなくなると、この疫病期間中特別にやとった使いの者が撫養に自転車を走らせ、次々と五貫目の氷を運び込んだり、体温計を手に入れるために戦友が徳島へ走るのを許されたりした。夜遅くなってからタオルなどを板東で調達できた。「健康保険組合」が絶対に必要な権威を収容所内で持ったことは喜ばしいことである。一人二人の例外はあったが、すべての指示は快く従われた。

一一月一六日には六九人の患者に三〇人の新患が加わった。医務室は満員なので、その夜のうちに第一棟バラックに臨時病棟を設けた。集中しているので患者の処置は楽だった。使っていない野戦ベッドやソファーなどを多くの戦友が提供してくれた。

患者数は一七日には五四、一八日には八〇名が増加し、「医務室」、「第一棟バラック」に加えて通称「保健室」も病室となった。全患者を病室に収容する必要はなく、各棟で治療を受けた。熱の高い者や再発などの患者を病室で手当し、主として食餌に留意した。看護人たちの献身を忘れることはできない。

再発防止の重要措置はスポーツの禁止である。名古屋収容所での死亡のケースが病後の早過ぎるスポーツであった経験を直ちに学んだものだった。仮にやれる人がいても、運動場は閉鎖したままにしておく。

一一月一八日には、医務室下の「公会堂・講堂」内に案内所が、「この疫病の期間中の救護活動の一元化のために」設けられた。新患は棟看護者を通してこの案内所に申告され、カードに整理され、食餌、医薬、栄養剤などの手配もここを通じて行なわれた。炊事場は力の限り患者食（強壮コンソメの提供）を「ゲーバ」（収容所製菓所）は大量のビスケット、製パン所はトーストで支援してくれた。収容所の全員は必要なお金の募金に充分協力してくれた。「出費の一部を日本側が負担していることも、かなり確かなことだと見込まれている」。

一一月一九日は最大の新患一〇七名が発生した。この日まで収容所には日本側医師はいなかった。陸軍病院の軍医は徳島で活動中だし、収容所の軍医は自分が病人となって処置を受けていた。当局の伝えるところによると、他の軍医を配置することはできない、とのことだ。「一一月末までに徳島陸軍病院からドクトル・バカセの来診が五回だけあった」。ローマ字書きのバカセに精一杯の皮肉が込められているが、医師不足は決定的で、次の表現は俘虜と日本側との度重なる交渉を思わせる。「重症の場合には毎日医師の診察が望ましいと思われたので、大佐は協力的に数回開業医を板西から呼び寄せたが、あらゆる努力にもかかわらずそれ以上のことをすることも、達成することも収容所当局にはできなかった」。

一一月二〇日から二二日の発病者は高い数字のままだった。一一月二一日は患者数が最高の三二四名となった。以後一一月末まで一日平均二六名ずつ減少し、二六日以降の発病者は著しく少なくなった。一二月一日は発病者ゼロの最初の日となったが、病者ないしは回復期患者は六一名あった。

一一月三〇日、インフルエンザの結果である肺炎でヘルマン・ゼーゲルが死亡した。逃亡未遂の罪で高松刑務所で過ごした一五カ月が彼の抵抗力を弱くしたようだ。一二月四日水曜の夜には二人目のカルル・キューネも肺炎に倒れた。

スペイン風邪は他所と同じように、突如出現し、高熱、これはしばしば急速に下がり、激しい咳を伴ったが、熱のない場合には大きな脱力感、頭痛、背中の痛み、目蓋の重さが主要症状だった。胃にくることはまれだったが、再発の場合には肺がやられた。予後は慎重にし、特に肺に負荷をかけないようにしなければならない。

表3-23はスペイン風邪の統計表で、当時の新聞からと思われる徳島県と収容所のある板野郡の数字が付け加えられている。約千人のドイツ俘虜のうち三分の二強がスペイン風邪にかかったことになる。

表3-23　収容所におけるスペイン風邪の統計

日数	日付	発病者		治癒者		患者数
		新患	累計	治癒	累計	
1	11. 9	3				3
2	10	5	8			5 (8)*
3	11	10	18	1		17
4	12	10	28	2	3	25
5	13	12	40	8	11	29
6	14	9	49	8	19	30
7	15	20	69	4	23	46
8	16	30	99	3	26	73
9	17	54	153	12	38	115
10	18	80	233	30	68	165
11	19	107	340	28	96	244
12	20	82	422	29	125	297
13	21	92	514	65	190	324
14	22	50	564	73	263	301
15	23	37	601	66	329	272
16	24	23	624	51	380	244
17	25	26	650	68	448	202
18	26	10	660	24	472	188
19	27	8	668	50	522	146
20	28	5	673	31	553	120
21	29	3	676	23	576	100
22	30	1	677	27	603	74
23	12. 1	—	—	13	616	61
24	2	1	678	10	626	52

11月25日までの徳島県の状況			うち板野郡		
744,009	368,640	3,370	121,756	81.551	564
人　口	発病者	死者	人　口	発病者	死者

＊　病床にある患者数なので8となる（冨田）

『バラッケ』の同じ号にはスペイン風邪で死亡した前記のゼーゲルとキューネの追悼文がある。『バラッケ』で見られる限りでは板東のスペイン風邪による死者はこの三名である。(一三)

収容所図書館

『バラッケ』第二巻八号(通巻三四号)、一九一八年五月一九日聖霊降臨祭の日曜日発行、には「図書館一周年記念」と題する無署名の記事がある。

「一九一四年一一月、一九一五年当初の以前の収容所時代の、それも雨の日などをふり返ってみると、書籍ないしは読み物一般の価値がはっきりと再認識できる」と書き出し、「一冊の本の持ち主がどんなに多くの『良き友』を持ったことか」、と述べている。元来は膠州図書館から借り出したものをそれぞれが持ち込んだのだが、かさばるので特定の人に三〇、四〇と集まってきた。

やがて、召集兵たちが中国や日本から書籍を取り寄せ、これを全体の用に供してくれるようになった。大切に扱われたわけではないが、これが将来の基礎となり、借出、返却の時間が決められもした。

ドイツ本国では、前線へ送るために、教会や商社、大学が集書センターを設けていたが、ドイツ俘虜にもいくらか送られてきた。以前に青島で先生をしたことのあるブレスラウのゲルラハ氏の努力によって四国の三収容所宛もあった。東アジアのドイツ人クラブや日本の青年協会も数箱の書籍を送ってくれた。

一九一五年末には、日々図書館は成長しつつあり、ということができた。ドイツから定期的に送ってもらう人も多く、特に戦争物は重なることもあった。

この間に日本側も収容所図書館の価値をいくらか高く評価し、板東への移転にあたって書籍を無料にしてくれた。

板東到着後、各収容所の図書係が会合し、共同の図書館について相談した。バラック第一棟に積み上げられた箱から、立派な収容所図書館ができるだろうと予想された。

目録作りは場所がないため時間がかかった。複本はそのつど他の用にあてられ、ようやく一九一七年五月二〇日に開館の運びとなった。印刷所は目録をきれいに刷り上げて出したかったのだが、間に合わなかった。タイプ印刷ができなかったし、注文が八〇部なので、従来の方式の印刷では安くはならなかった。

図書館そのものは好評で、一〇月末には一日で最高の二八〇冊が借り出された。それまでは平均約一七〇冊だった。一九一七年末に始まった展覧会ブームは読書熱をさまし、スポーツ熱もこれに加わってきた。四月には平均一六〇冊の借り出しで、娯楽読物が七五％、古典作家一％、戦争物四％、学術書一〇％、英語文献五％、フランス語二・五％、新聞二・五％だった。

一九一八年五月二〇日、図書館は板東での一周年を迎えたが、その蔵書構成は表3-24のとおりである。

表3-24　板東収容所図書館の蔵書構成

分類	冊数
娯楽読物	3,200冊
古典作家	170
戦争物	200
学術書	
法律学	20
地理学	50
理学	125
宗教，哲学	120
歴史，政治	105
教科書	170
その他	100
外国語図書	
フランス語	210
英語	630
スペイン，イタリア，ラテン語	10
雑誌	
ドイツ語	160
外国語	150
合計	5,420冊

印刷所の一年

一九一八年四月二八日発行の『バラッケ』第二巻五号（通巻三一号）にS名で「われわれの印刷所の誕生日に」という記事がある。

『日刊電報サービス』紙とともに収容所の印刷所は前年の四月一八日、すなわち松山、丸亀、徳島を統合したバラック建ての板東収容所がスタートして一〇日ほどしてから活動を始めていたことになる。「バラック第一棟の、当時はまだ居住者のいなかった北側の曹長室に、収容所図書館の書籍のストックが一時荷ほどきされていて、その間に芝居用具の入った木箱がいくつかあって、こうしたものの上にお昼頃になると板が一枚渡され、その上に印刷道具一式がひろげられた」。松山と徳島で発行されていた新聞を一本化しようと、マルティーン中尉とラーハウス副曹長は相談を始め、徳島のヒュープナー水兵長と松山のクレーマー上等兵は前にもしていた印刷の仕事をすると申し出ていた。「だが、収容所新聞を発行するのにはまだ機は熟していなかったようで、そうした課題を果たしうるためにはまずもっと知り合わなければならなかった」。これに対して、日本の新聞からのニュースを知らせるのでは、一致して『日刊電報サービス』が発足した。通訳のできる者が動員されたが、やがて分業となり、ヴェルナー副曹長とグロースマン水兵が戦況とその他のニュースを、ティーフェンゼー水兵が中国からのニュースを翻訳し、ブレーデブッシュ水兵が整理して原紙を切った。二〇〇部が予約購読者へ、全体の用にたてるために一一部が各棟に掲示された。『日刊電報サービス』（略称『ＴＴＤ』）はだんだん「板東の官報」となり、そういう物として各棟先任者に配布された。八月以後は埋草的ニュースも入るようになってきた。九月末には『バラッケ』も印刷所の作業に付加され、『ＴＴＤ』と共に印刷所の中核の仕事となった。

印刷作業だけに四人の人手を必要とするようになり、五月に印刷所が移った図書館横の小屋を拡張しなければならなくなった。その前に天幕小屋を設けて「植字作業」、実際は原紙を切ることにあてたが、冬が来て、木造にし、その中で文字や画を書く作業と読者への引き渡しを行なった。ズボンを売りたい、鶏を買いたい、なくした本を探す、製品を誇示したい人は、『ＴＴＤ』に広告を出し、演奏会や舞台公演があれば、そのプログラムの印刷が必要で、メラー副曹長が表紙に腕をふるうことになり、人の往来が多くなったからどうしても建物が必要だった。印刷所の保管所を見ると、プログラム、入場券、講演解説、広告、薬品のレッテルなどという形で丸一年の収容所の活動が印刷所とかかわったことがわかる。印刷技術面でも最初の電報サービスから、現在の『Ｅ・ベールの三つの童話』（二四）を刊行できるまでの発展ぶりも見てとれる。この本は初版を四〇〇部印刷したが、目下第二刷を一一五〇部増刷中で、仕上がりはこちらの方がよい。なによりもカラー印刷の進歩が大きい。『バラッケ』がそれをすでに証明している。一年間の数字をあげれば、「四万七〇〇〇枚の葉書と三五万枚、すなわち約四万平方メートル、われわれのサッカー場の五倍の面積の用紙」を印刷した。ローラーは約六〇〇〇キロをまわったことになるが、これは板東から上海までの半分になる。

「だがわれわれは、収容所印刷所が今後も力強く発展し続けはしながら、あまり長期にわたって活動しないよう願いたい」。

『三つの童話』の第二版を印刷中とこの号には記載してあるが、『バラッケ』第二巻の二七号（通巻五三号）、一九一八年九月九日発行の末尾には「読者へ」として編集部が次のように書いている。

「この号で半年分の第二巻、したがって『バラッケ』の第一年を終わる。戦友たちの輪のなかでこの新聞が獲得した確固たる地歩に満足した気持で過去一年をふり返っているし、協力によってわれわれを支援してくれた人々すべてに心から感謝している。協力者のみならず購読者の数もさらに増加するであろうと期待しつつ未来を展望している。この新聞に書きたい人、取りたい人は、すぐに決心して下さい。なぜなら、いつまでここにいるのか誰も知らないからである。

今回も印刷所はクロスの製本用表紙を七〇銭で提供している。童話の本の第二版の製本を考慮すれば、この第二巻の製本はいくらか遅くなる見込みである。詳細についてはＴＴＤに続報」。

板東収容所印刷所と、『日刊電報サービス』、『バラッケ』の印刷発行、さらにそれらの編集部、出版、その他の印刷物の発行などの諸業務との組み合わせをうかがわせるのが、この編集部の「後記」である。

(1) 才神時雄『松山収容所』(中公新書)では大正四年の数字を、棟田博『桜とアザミ』(光人社)は大正七年の人員をかかげている。
(2) 各収容所の設置廃止などの経過については未確認の部分が残るが、ここでは頴田島一二郎『カール・ユーハイム物語』(新泉社)が、大阪から似島への移転を伝えている記述によって、大阪を当初のものとし、四国の三収容所の板東への集中については、棟田と才神の記述によった。
(3) 棟田、前掲書、四八―四九頁。才神は松山からの移送について記述している、一七一―一七二頁。
(4) 棟田、前掲書、四二頁。
(5) 棟田、前掲書、三一三頁、才神、前掲書、一七六頁。
(6) 名古屋市立大学の竹中昭助教授(物理学)が昭和三七年頃、名古屋市内の古書店でこの七冊と、「尋常小学読本独文解説」(二六〇頁)とを購入し、長く研究室の隅に置いたままにしていたものを、整理のときにドイツ語図書室に持参し、利用に供したものが偶然筆者の目にふれた。昭和四七年の夏、ドイツ人の青年が鳴門市ドイツ館に持参しようとしていた画文集『鉄条網のなかの四年半』と写真アルバムのコピーを取り、整理にかかっていた筆者にとっては大きな喜びだった。
(7) 「読者に」一九一九年三月二三日号、五七一―五七二頁、「終刊の辞」一九一九年九月号、一三一―一三五頁。
(8) 才神、前掲書、一七二頁。
(9) 同上、一六六頁。
(10) 棟田、前掲書、一四八頁以下。

(11) この新聞名は再々『バラッケ』に見られるが、未確認である。
(12) 棟田、前掲書、二二九頁。
(13) 松山市内の公会堂と大林寺、市外の浄福寺、不退寺、長建寺、弘願寺、来迎寺に収容していた。山越(Yamagoe)は松山市の北の町はずれ。才神時雄、松山収容所、昭和四九年、中央公論社、一三五頁。
(14) 舟橋平八郎氏(名古屋市昭和区小坂町)所蔵のもので、同じ工場に労働に来ていたドイツ人俘虜が、いらなくなったとして、同氏の父親に贈ったものとのことである。将校一名に引率されて毎日二〇人ほどが田代陶器に通っていた、と伝えられている。
(15) 棟田博『桜とアザミ』昭和一九年、光人社、四二頁。所員として大尉高木繁、国安高毅の名がある。高木は陸軍士官学校第一八期歩兵科(明治三八年一一月二五日卒業)、国安は同じく第二一期歩兵科(明治四二年五月二七日卒業)。所長松江豊寿大佐は第五期歩兵科(明治二七年七月二七日卒業)。山崎正男編『陸軍士官学校』昭和一四年、秋元書房、巻末の出身者一覧表および卒業人員表による。
(16) 才神時雄、前掲書、一五三頁以下による。
(17) 『図説蓬左風土誌』昭和三三年、中部日本新聞社、一二一〇頁年表による。大正三年、一九一四年一一月二〇日、「ドイツ軍捕虜三一九名東別院収容所入所、その後増加して四九〇名となり、古出来町収容所等へ入所」とある。
(18) ザークセル大佐は、青島ドイツ守備隊参謀長であり、一九一四年一一月七日の開城交渉および調印の全権であった。Ernst Grosse : Ostasiatische Erinnerung. Neuer Filser-Verlag Müünchen 1938. S. 176 の編成表、S. 188 のヴァルデク総督の神尾司令官に対する申入れ書、およびS. 192 の降伏文書による。
(19) 人民投票の結果は以下のとおりであった。
　北シュレスヴィヒ、一九二〇年二月一〇日と三月一四日、第一(北部)地区、七〇%がデンマーク、第二(南部)地区、八〇%がドイツ。

　東プロイセンと西プロイセン、一九二〇年一一月七日九七・八%と九二・三%でドイツ。

オイペン・マルメディ、一九二〇年七月二四日、ベルギー領となる。

上部シュレージエン、一九二一年三月二〇日、六〇％ドイツ、四〇％ポーランド。国際連盟は、領土の三分の一、人口の半ばと産業の主要部をポーランド領とした。

ザール地方、一九三五年一月一三日、九〇・七六％でドイツへ。

その他旧オーストリア領の一地区がユーゴスラヴィアへ、他の地区がハンガリー領となった。

Der Neue Brockhaus 1「民族自決地区」による。

(20) 三収容所の合流については、拙稿「„Die Baracke."板東俘虜収容所新聞――資料紹介一」、愛知県立大学十周年記念論集、八八七頁参照（本書八〇頁―一一〇頁）。
なお官制上の設置は、松山、丸亀、徳島収容所ともに大正三年一一月一一日、廃止は、徳島が大正六年四月九日、丸亀四月二一日、松山四月二三日であり、三収容所を統合した板東収容所の設置は、大正六年四月九日である。

外務省官房外交史料館蔵『日独戦争ノ際俘虜情報局設置並独国俘虜関係雑纂』のうち、「俘虜収容所開閉一覧表」による。

(21) 『バラッケ』一九一九年二月一六日二〇号の「われら板東人」による。詳細は上記の拙稿、九〇二―九〇七頁参照（本書九七頁）。

(22) 防衛研修所図書館旧陸軍省文書、「日独戦役T3-5」の附表第三号による。

(23) 『陣営の火』については、筆者の「『陣営の火』松山俘虜収容所新聞――日独戦争と在日ドイツ俘虜――資料紹介」豊橋技術科学大学人文科学系紀要『雲雀野』第二号、一九八〇年三月、を参照されたい（本書所収）。

(24) 『陣営の火』編集部は、マルティーン中尉、ゾルゲル予備少尉、ゴルトシュミット予備副曹長であり、『バラッケ』第一号に見られる編集部は、上記三名にラーハウス予備火工副曹長とマーンフェルト後備伍長を加えた五名からなっている。

(25) ブッターザック中尉の前書きによれば、シュテッヒャー大尉が日本語文献の翻訳にあたり、ミュラー予備少尉らの助力と動植物部門についてはクラウトケ水兵によってまとめられたもので、その構成は以下のとおりである。

第Ⅰ部　(1)地理　(2)気候　(3)市街と周辺
第Ⅱ部　松山の動植物
第Ⅲ部　歴史　民族
第Ⅳ部　宗教　(1)儒教　(2)神道　(3)仏教　(4)キリスト教
第Ⅴ部　商工業　(交通)

(26) 一九一八年八月に板東収容所印刷所編集の『板東収容所案内書』が発行されている。久留米から転属してくる九〇名の戦友に収容所案内をするのが目的の五六頁のパンフレットであるが、地図によって詳細に所内を解説し、文化、スポーツ活動、俘虜の組織、「営業」活動をよく示している。原本は鳴門市ドイツ館に収蔵されている。邦訳は筆者の「日独戦争と在日ドイツ俘虜――資料紹介」豊橋技術科学大学人文科学系紀要『雲雀野』第一号、一九七九年三月、一一一頁以下を参照されたい（本書巻末に所収）。

(27) この「保険組合」(Krankenkasse)の理念と活動状況は「年次報告」の形で『バラッケ』に発表されている。筆者の「„Die Baracke“板東俘虜収容所新聞――資料紹介二」『愛知県立大学外国語学部紀要』(地域研究・関連諸科学編)第一〇号、一九七七年、二二一―二二六頁（本書一一〇頁―一四五頁）、および「同――資料紹介四」豊橋技術科学大学人文・社会工学系紀要『雲雀野』第四号、一九八二年、九八―一〇二頁（本書一七七頁―一九八頁）、にそれぞれ一九一八年、一九一七年の年次報告が要約されている。

(28) 現在は名古屋市東部の平和公園に統合されている旧陸軍墓地にあるドイツ俘虜一二名の墓碑には生年月日と没年月日が各人毎に刻されているが、一一月一四日、一七日、二三日、二五日に各一名、二六日に二名の六名が、『バラッケ』のこの記事に対応している。ただし、一二月一日にさらに一名死亡している。

四　『陣営の火』——松山俘虜収容所新聞

『陣営の火』

青島要塞の陥落によるドイツ俘虜は大正三年（一九一四）一一月から一二月にかけて開設された日本各地の俘虜収容所に送られた。四国では松山、丸亀、徳島の三カ所に収容され、大正六年（一九一七）四月徳島県の板東（現在の鳴門市板東町桧）の「バラック」の本格的収容所に統合されるまで、寺院、公会堂などの既設施設で約一年六カ月を過ごした。

松山の俘虜は松山港へ一一月一八日に到着し、大林寺、公会堂、山越の寺院（弘願寺、長建寺、浄福寺、不退寺、来迎寺）の三グループに分かれて収容された。一年余を経た大正五年（一九一六）一月に「松山ドイツ俘虜のための週刊紙」という副題を付した『陣営の火』（Lagerfeuer）が発刊され、第一巻五〇号、翌年板東に移る直前までの第二巻第一三号に至るまで、週刊で六一回（二回は二週合併号）を数えたが、第一巻の六号以降は日本側の関知しない地下出版であった。

二冊の合本として現存する『陣営の火』は鳴門市板東町桧の鳴門市立ドイツ館に保存されていて、大正八年（一九一九）に板東収容所の収容所印刷所で印刷製本したものである。Ａ４判大のこの新聞の構成は

表4-1　『陣営の火』の構成

a　1916年第Ⅰ巻

号	通し頁	頁数	発行月日
1	1～ 10	10	1.27
2	11～ 32	22	2. 6
3	33～ 46	14	2.13
4	47～ 60	14	2.20
5	61～ 84	24	2.27
別紙	85～ 86	2	2.26
6	87～106	20	3. 5
7	107～124	18	3.12
8	125～152	28	3.19
9	153～178	26	3.26
10	179～202	24	4. 2
11	203～230	28	4. 9
12	231～250	20	4.16
13	251～272	22	4.23
14	273～288	16	4.30
15	289～308	20	5. 7
16	309～332	24	5.14
17	333～358	26	5.21
18	359～378	20	5.28
19	379～396	18	6. 4
20	397～422	26	6.11
21	423～444	22	6.18
22	445～464	20	6.25
23	465～482	18	7. 2
24	482～500	18	7. 9
25	501～523	23	7.16
1-25	524～528	5	索引
26	1～ 24	24	7.23
27	25～ 42	18	7.30
28	43～ 60	18	8. 6
29	61～ 76	16	8.13
30	77～ 98	22	8.20
31	99～124	26	8.27
32	125～144	20	9. 3
33	145～162	18	9.10
34	163～184	22	9.17
35	185～200	16	9.24
36	201～216	16	10. 1
37	217～232	16	10. 8
38	233～250	18	10.15
39	251～278	28	10.22
40	279～312	34	10.29
41	313～338	26	11. 5
42	339～358	20	11.12
43	359～376	16	11.19
44	377～388	14	11.26
45	389～404	16	12. 3
46	405～422	18	12.10
47	423～440	18	12.17
48	441～460	20	12.24
49/50	461～488	28	12.31
26-50	489～492	4	索引

b　1917年第Ⅱ巻

号	通し頁	頁数	発行月日
1	1～ 18	18	1. 7
2	19～ 32	14	1.14
3	33～ 52	20	1.21
4	53～ 72	20	1.28
5	73～ 94	22	2. 4
6	95～120	26	2.11
7	121～144	24	2.18
8	145～164	20	2.25
9	165～184	20	3. 1
10	185～202	18	3.11
11	203～222	20	3.18
12/13	223～242	20	3.25
別紙	243～245	3	
1-13	246～248	3	索引

c　まとめ

巻	号	本文	索引	頁数	製本
Ⅰ	1-25	523	5	528	Ⅰ
Ⅰ	26-50	488	4	492	Ⅱ
Ⅱ	1-13	245	3	248	
合計	63	1,256	12	1,268	

表4-1のとおりである。

板東での復刊にあたり、松山時代の編集部であったマルティーン中尉、ゾルゲル予備少尉、ゴルトシュミット副曹長の三名は、連名で以下のような前書きを付している。

「このような再刊によって『陣営の火』の編集部は読者に対して負うていた義務を果たすことになる。一九一六年一月の『松山ドイツ俘虜のための週刊紙』を『陣営の火』という紙名で発行しようという考えは、松山の三つの『俘虜ハイム』(山越、大林寺、公会堂)の精神的な結合を目的としていた。発刊後しばらくして『陣営の火』に下された発禁命令がこうした希望を打ち砕いた。読者グループという形で松山の俘虜が板東へ移転する(一九一七年四月)までひそやかではあるが幸運な存在であった『陣営の火』代替物では本来の計画を部分的にしか果たしえなかった。この欠陥をいくらかでも埋めるために、俘虜生活が終了したらすぐにこの『陣営の火』を印刷刊行すると編集部は約束した。板東収容所の方が自由度が大きいので、現時点でもう印刷刊行を実施に移すことができた。この復刊は四四号の記事一つを除く外は内容の上では以前の『陣営の火』をそっくりそのまま再現したし、形式上も印刷方法の違いはあるものの可能な限り従前のとおりを踏襲した。

私たちはこの復刊を古くからの読者サークルにお渡しし、良き友良き戦友の記念と、すでに想い出という黄金のたそがれのなかに見えかくれし始めているあの年月の記念となりうるようにと望むものである。

板東、一九一九年一月

編集部

マルティーン中尉、ゾルゲル予備少尉、ゴルトシュミット予備副曹長」

発刊から最終号まで

松山の三地区に収容されたドイツ俘虜は、一四カ月を経て新聞を発行するに至ったが、その間の事情は第一号一九一六年一月二七日付の「はじめに」のなかで述べられている。

俘虜という無目的な、生活と自由を奪われた状況のなかで、編集者は、なによりも不安定な精神状況を耐え、積極的な意欲を持って未来に立ち向かうようにすることに、発刊の目的を置いた。

「暗い時節に首うなだれて、悲しい境涯とつらい暮しを仲間うちで語り合うことの方が、新たな勇気という火が燃え出るような光点を命の深部に見出すことよりも容易である。敵の支配下にあって、はるかな祖国の運命が決定されてゆく様子をなすところなく見ていなければならないとは、兵士にとってつらいことである。……今日兵士たちの命が必要であるのと同じように、平和となってからも祖国はその息子たちの力を必要としているという意識が、無為に過ごしている感じを吹き払わなければならない。……私たちがお互いから、また共に学習できること、つまり外国語や、歴史ないしはその他の知識を強制された無為な時間に学習するために、お互いの間の小さなグループが協力しあってきたのは、このような意識にます ます強く導かれてのことである」。『陣営の火』もこうした活動の交流をはかることによってわずかなりとも力を貸したい、とし、他の収容所の例にならうのだが、松山は有利な条件に恵まれている。その理由は、「東アジアの各地から来た種々の職業の人が他の収容所よりも多くここに集まっている」からであり、「あまりにも短かった戦争体験は、ドイツの発展の多様な活動舞台の平時の記憶によってここでは埋め合わされている」。

松山の新聞の目的は、「数多くの新聞が私たちにすでに与えてくれるような読み物の数を増加させようというのではない。私たちの〈収容所〉でくすぶっている火のすべてが、相互にふれ合って新たに燃え上がり、炎々たる炎をあげるように、その道具たらんとするのである。……この『陣営の火』のほとりへ私たちと共に座り、その輝きでほてりを得ようとする人は、歓迎するし、自分の薪を火中に投じ、ますます燃え上がらせようとする人は、さらに歓迎する。……戦局に関する問題、青島の共通体験や東アジアにおける平時の生活の想い出など、なんにでも紙面を提供します。所内の情報も不可欠であるし、みんなが関心を持つ問題に対する読者からの問い合わせも、状況の許す限り、詳細に答えることにしよう」と、参加を呼びかけた上で、この『陣営の火』を、「われわれドイツ人は戦場にあっても、『消耗』によっても制圧されないということ、働く意欲と溌剌たる精神を、戦いへの覚悟と肉体的鍛錬と同じように、われわれが祖国に負うている防衛義務と見なしていることとの生きたしるし」たらしめようと述べ、同時に後年の記念ともなるとしている。

一九一六年二月二七日付の第五号までの通算八四頁が発行された後、日付は二月二六日として裏面を白紙とした別紙一頁がはさみ込まれている。タイトルには、「日本、松山のドイツ俘虜の以前の新聞」と副題が置かれた上に、大きく薪を文字の形とした『陣営の火』と書いてあり、四行三節の詩の末尾に三名の編集者がそれぞれ自筆と思われる署名を付している。

別　れ

陣営の火からこれを最後に
燃えさかる薪の炎がたち昇る。
さらば、栄光ある購読者の数よ、
今われら最後の頁を書きつづる。

昨日からわれらは所内追放。
何故かくも速くと問うならん。
然り、発禁理由を問う者は、
明らかに俘虜経験なき人たり。

われらが定めを酷なりと思わん、
さはさりながら、われ心より申さん、
かくも燃え易きときにあたり
あまりにも火を引きやすかりき、と。

二月二六日に「昨日」と記しているので、第五号の発行停止処分は二五日以前と推定できるが、復刊合本はその次の頁に第六号以下を続けている。『陣営の火』は日本側当局にとっては第五号を最後に出版されていないことになっていたはずであるが、ドイツ人側は以下の第六号に述べるような形式で続刊したのだった。三月五日付の第六号は「戦友たちよ！」というタイトルで、はじめにこう呼びかけている。

「『陣営の火』の続刊は前川中佐殿によって停止されたが、その理由は、学術的な記事をのせた雑誌を許可したのであって、謎々などをのせた娯楽誌ではない、とのことだった。

そんな制限は許可条件になにもなかった、と言ってみてもうまくゆかなかった。だが、編集部が『陣営の火』によって実現しようとした考えが正しかったなら、日本側がなにをしようと、この考えを貫く妨げとはなりえない。この考えの核心は、収容所全体の精神的連帯を創出しようということだったが、これこそ日本人でさえ徹底的に禁止はできないような目的だった。私たちは、なにか言わねばならないことのある人に、それをわれわれみんなに話す機会を提供し、そうすることによって同時に、後になってここでの暗い月日の仲間を想い起こすよすがともなるような記事を集めたものにしようとした」。この意図は、購読者数が増加することによって、正当性を認められたわけであるが、禁止された以上は、「同じ目標に別な途を通ってたどりつこう」ということになった。

「これまでどおりに論考や記事を集め、これを数部のタイプ複写につくることにする。これを、これまで私たちと共に『陣営の火』のほとりに座を占めてきた人たちの間で、手から手へと渡してもらいたい。わずかばかり遅くなったからというのでその価値を失うようなものは、こうした全体の思想からすれば、この文集には必要のないものである。この文集を個人で所有したい者は、われわれに連絡してもらいたい。参加者が相応に多ければ、誰にももう禁止はできなくなる戦後に、この文集を印刷に回すつもりである」。松山の収容所を構成する三地区の連絡者として、山越のゴルトシュミット予備副曹長、大林寺のキュンツェル後備副曹長、公会堂のボーネル水兵の名をかかげ、「もう一度強調しておきたいことだが、一案としてわれわれの提案を出しただけである。われわれの計画に利益をもたらすような他の提案はありがたいと思うので、三月一一日土曜日までに寄せていただきたい」、と結んでいる。

『陣営の火』の第六号以降はタイプ複写の数部を回覧する形となり、日本側収容所当局の眼にはふれなかったことになる。一九一六年三月五日の第六号から翌一七年三月二五日の第II巻第一二・一三合併号に至る約一年、頁数にして約一二〇〇弱となる。

第I巻の最終号として一二月三一日付の第四九・五〇合併号があるが、通算の四七六頁から四八四頁の間の九頁にわたって「『陣営の火』の一年」という回顧記事がある。発刊から発禁、回覧による非合法の歩みの詳細が明らかとなる。

収容所新聞を発刊しようという意図は、かなり前からあったが、必要部数をどのように印刷するかという技術上の問題で実行に移せなかった。そうした時期の一九一五年一二月に、東京のジーメンス・シュッケルト社のドレンクハーン氏が収容所を訪れ、収容所新聞を出すならば助力しよう、とのことだった。技術的な問題と並んで、収容所新聞に対する要求が本当にあるかどうか、戦友たちが協力してくれるかどうかが問題だった。

一九一五年一二月二〇日に、「まだ名前のない未来の新聞の未来の編集部」の三名が初めて会合したとき、収容所内の要求と戦友の協力の問題は見通しありと判断され、一月初めには大林寺担当の世話人後備副曹長キュンツェル教授と公会堂担当世話人水兵ボーネル博士との相談も成果があった。

こんにゃく版複写機が到着し実験を重ねる一方、日本側当局の許可を取りつけた。「政治的内容の記事を掲載してはいけない」、という制限はあった。一九一六年一月二七日、皇帝ヴィルヘルムII世の誕生日に第一号約五〇部を発行した。巻頭にはヘンツェ伍長の『陣営の火』にふさわしい絵がかざられた。シラーがカール学校の森の中で焚火をかこんで『群盗』を朗読しているのと似て、『陣営の火』をかこむ六人の兵士の群像である。

予想を越えて、二月初めには予約者数は一五〇名にもなり、さらに毎日増加した。こんにゃく版ではせいぜい三〇部しかよい仕上がりはできなかったので、アーベライン水兵とクレーマー上等兵が必死に努力をしてもこれだけの部数は一週間ではできなかった。

ルムプッ予備少尉の小屋を編集室とし、寒さに堪えきれなくなると暖かい製パン所へ避難しながら、モール予備少尉のアードラータイプライターは終日動いていた。印刷しても小文字が読めない程度になると、またもう一度原稿をタイプした。

編集部はこんな悲鳴をあげていた。一九世紀ドイツのユーモア作家ブッシュを引用して「父親になることはむつかしくはない、だが父親であることは大変なことだ」。

たった一台のタイプライターと三〇枚しか複写できないこんにゃく版で週刊の収容所新聞を発行することは、「フランスの田舎町の地方新聞の混乱した印刷所を物の用にたつようにすること」よりも困難だった。三号になると一七〇部の購読者となったが、印刷がうまくゆかなかった。紙を買っていた松山の商店に、数年前に銀行が試してみたが不適当だったという輪転謄写機があった。早速手に入れたが原紙を待たねばならず、さしあたりは一〇倍の読者がいてもこれなら大丈夫だろうと期待を持つだけだった。器械を見ているだけで四号はでき上がらないので、手書きの原稿をこんにゃく版にかけ一六一部を仕上げた。築城曹長カーリウスがこの号から「芸術顧問」となってくれた。

「新しい奇跡の器械」は速いけれども、べたついて手ばかり洗わねばならなかった。やがて使い方もうまくなり、第五号がはっきりした黒い字で一枚また一枚と印刷され、明るい未来が見えてきた。「その時悲運の使いがわれわれを訪れ、日本の俘虜収容所に居ることを想い起こさせた。収容所当局の禁止令だった。未来の夢は終わり、立派な器械は以前の所有者に返却しなければならなかったし、こんにゃく版は封印された。万事休す、と思われた。

いや違う。形式は変わらざるをえないにしても、当初の思想はそのまま、いや、『陣営の火』の購読者数がこんなに速く増加したということは、とりもなおさずこれが本当に要求されていたことを完全に証明したことになっていたのだから、この考えはそのままでなければならなかった。このようにして現在もなお続いているような形式の読者グループが生まれたのだ」。

回覧形式には二つの問題があった。読者の誰もが自分のものにできるわけでなく、やがて印刷されるということで満足しなければならないことと、多くの人が回覧する結果、時間がかかって関心がうすれ、協力しようという気持ちに水をさすことだった。こうした危険性に対して編集部は、日刊紙が報道するような記事は掲載せず、松山での生活にとってもっとも大切な、精神的な刺戟を与えるような真面目な論稿ならば、少々の遅れに耐えられる、と考えた。「取捨をよりいっそうきびしくし、将来の印刷刊行を考慮して、持続的な関心をひかないようなものはすべて排除せざるをえなかったが、きびしい運命がこのようにしてわれわれをより高度な段階へと高めてくれた、と言ってもいいだろう」。

「俘虜生活を越えて持続するものを創造しよう」という意図は生き続け、現在でも読者グループは増加し、多数の戦友が「もうすでに将来の印刷出版の予約注文」をしている。多くの人たちの支援あってのことだが、特にキュンツェル副曹長、ボーネル水兵、多くの立派な地図や表を作った「芸術顧問」カーリウス築城曹長には感謝しているし、さらにいろいろ考案工夫してくれたフォン・ハルシュタイン水兵と公会堂の面倒な雑事を引き受けてくれたファン・デァ・ラーン水兵その他の方々も同じである。

『陣営の火』は鉄条網にかこまれたこの俘虜収容所だけで歓迎されているのではなく、祖国ドイツでも時とともに知られてきて、今や有名になっている。そのきっかけを与えたのは、一九一六年四月八日のフランクフルト新聞の第二朝刊の簡単な記事で、これは『ドイツ書籍出版者雑誌』から取ったものだったが、それがドイツ中に広まった。『陣営の火』を送ってくれという葉書や封書がドイツ中から届いているし、ベルリン・シェーネベルクで発行されているユーモア週刊紙『ナーゲルの愉快な世界』は小話や笑話を自由に使っていいと言ってきた。

第II巻へ明るい気持ちで進んでゆく、平和になればより大きな任務があるが、それまでも過去に満足することなく、「出発点となった考え方をいよいよ完全にこの冊子に反映させるよう」、たえず努力を続けよう。これからはユーモアにも場所を与え、展覧会でがんばった芸術家たちも将来の印刷発行を考えてこの冊子を今から飾るようにしてもらいたい。

『陣営の火』の一年を回顧したこの記事は第一号の「はじめに」の末尾の方のことばで結んでいる。第II巻の一九一七年三月二五日の『陣営の火』は一二・一三号の合併であるが、記事の最終頁に編集部名で「編集部よりのお知らせ」を掲載している。

「収容所が板東へ移転するためこの冊子の発行を当分の間中断せざるをえない。新しい収容所での続刊と将来の印刷刊行の細部条件については従来の世話人を通じて読者の皆さんにお伝えします。この冊子の継続発行が今度の収容所において可能となるように期待しています」。

板東へ移転後、丸亀、徳島と合流しての収容所新聞『バラッケ』[1]は半年後の一九一七年一〇月に発行され、一九一九年九月までの約二年間に、総頁数二七〇〇が謄写印刷で発行された。編集部四名のうちマルティーン中尉とゾルゲル少尉は『陣営の火』の編集者三名のうちの二名で、板東の『バラッケ』は『陣営の火』の継承発展ということができる。ただし、徳島収容所では『徳島新報』が発行されていたし、これについては『陣営の火』第I巻一三号、一九一六年四月二三日付の記事が言及しているが、同じ四国の収容所ではありながら、『徳島新報』を直接手にしての記述ではなく、ロッテルダムの新聞からニューヨークの新聞が引用している記事をもとにしたもので、「少なくとも徳島では比較的自由を享受しているようだ」と推測している。

この「編集部よりのお知らせ」の後におそらくは別紙として、さらに二頁の韻文が挿入されている。楽しからざりし松山ではあっても、未知の板東への不安と『陣営の火』を消すくやしさ、継続の意志を示すものなので以下に示しておく。

陣営の火

さらば、寺々、さらば町よ
長く留まる所と思われたのに
人われらを陣営の火のほとりから
より正しくは――火鉢から去らしむ

運命が荒々しい力によって
またしても赤熱の火を引き裂き
われらの新聞には、停止！　と
またわれらには、起立、前進を命ずる

釘打つハンマーのひびき
収容所のここかしこにとどろく
それぞれの落ち着いていた物が
大きな荷物に押し込められる

蜜蜂の群、波高き海さながらに

友は友を見出すに難渋の有様
各人箱を求めてへめぐり
三〇回、六〇回、九〇回

一方では地理の助けによって
板東の地の秘密をさぐり
順次に質問、誰、何、どこ?
だが焦眉の急は、いかに、いつ?

このさなか静かな一点として
編集部は常と変わらず
ペンをさらにひたしていた
だが今やペンを洗わねばならぬ

タイプライターは梱包される
もう一度だけ音静かに
胸痛む最後の作業にかかり
読者グループに別れをつげる

さらば、人われらを——四月にかつぎ
定かならざる遠地に送る
先の定めのいかなるや知る人なし
ロシアもできたら知りたいのに

だがまずもっての必要事は
しばらく様子を見守ること
かの地も人の生くる土地
同じカードで遊ぶはず

まずもって荷造をなし
あとはお天気風まかせ
かの地に最初の日が昇るとき
われらの紙の葉芽をふかん

昔の人の輪の見捨てざる限り
読む人書く人去らざる限り
新たなすみかにおいても
われら従前に変わることなし

いざ今日のところは薪をたばねん！
かの地にてふたたび積み上げよう！
最初の機会がありさえすれば
陣営の火を燃えたたせんために

『陣営の火』が回覧になってから、第九号一九一六年三月二六日付で編集部はこう提案している。回覧グループへは入会金一円を支払うこと、有効期間は一九一六年末まで、もしくはなんらかの事情による年内の発行停止まで。将来印刷刊行の場合に一部希望する者は、月額四〇銭を支払い、送付先の宛名を提出のこと。「予約購読料に余剰金がでた場合は、戦友たちのために福祉資金とする」。

松山収容所の若干の数字

板東収容所の『バラッケ』は一九一九年二月一六日付の二〇号で「われら板東人」というタイトルによって、俘虜一〇一九名の出身部隊別一覧表、生年別人数表、職業別の分類を掲げているし、同年三月一日の二三号では「板東における郵便と金銭」という記述によって収容所内の金銭の移動を示している。(2)

『陣営の火』の第I巻二三号、一九一六年九月一〇日付はメラーの署名で、「松山の俘虜の年齢、職業、出身地、最終滞在地一覧」という記事を掲載している。

一九一六年一〇月一日の平均年齢は二八年三カ月、平均年齢の者三名、平均以上の者一七二名、以下の者二四〇名、合計四一五名である。一九七九年一〇月一日の年齢と一九一六年一〇月一日の年齢を五年毎に集計し、その割合を付加したのが表4-2であるが、一九一六年一〇月一日の二〇歳から二九歳までの

表4-4　現役兵122名と召集者238名の職種一覧表

現役兵	召集者	職種
21		錠前工
10		指物師
7		鉱夫
6		農民
5	126	商人
4		書記
4		旋盤工
3		鍛冶屋
3		蹄鉄工
3		配管工
3		機械工
3		大工
3		左官
3		塗装工
3		馭者
	5	給仕人
	3	船員
	9	警官
	7	教員
	6	電気技手
	6	青島官吏
	5	技手
	4	郵便局員
	4	銀行員
	3	大学卒技師
	3	技師
	3	兵舎雇員
	3	技師長
	3	宣教師
	3	法律家
	3	商船士官
	3	コック
41	39	その他
122	238	計

表4-2
松山収容所ドイツ俘虜415名の年齢構成一覧表

生年	人数	1916.10.1 年齢	人数	1979.10.1 年齢	5年毎の人数	%
1868	1	48	1	111		
1869	1	47	1	110		
1870	2	46	2	109		
1871	1	45	1	108	5	1.20
1872	0	—	—	107		
1873	1	43	1	106		
1874	2	42	1	105		
1875	7	41	7	104		
1876	5	40	6	103	15	3.61
1877	2	39	1	102		
1878	4	38	4	101		
1879	6	37	6	100		
1880	12	36	9	99		
1881	13	35	15	98	35	8.43
1882	15	34	15	97		
1883	16	33	15	96		
1884	22	32	18	95		
1885	13	31	20	94		
1886	22	30	22	93	90	21.68
1887	21	29	17	92		
1888	25	28	27	91		
1889	24	27	19	90		
1890	29	26	32	89		
1891	39	25	34	88	129	31.08
1892	58	24	57	87		
1893	43	23	45	86		
1894	18	22	19	85		
1895	9	21	16	84		
1896	4	20	4	83	141	33.97

表4-3　現役，召集別構成一覧表

	人員	%
現役	177	42.65
将校	(7)	(1.68)
海軍主計	(2)	(0.48)
兵器係	(4)	(0.96)
下士官	(42)	(10.12)
兵	(122)	(29.39)
召集	238	57.35
合計	415	100

表4-5　出身地別一覧表

	出身地			人員	%
	ドイツ国内			407	98.07
王国	プロイセン		250		60.24
	東プロイセン	15			
	西プロイセン	8			
	ポーゼン	3			
	ポメルン	10			
	シュレージエン	18			
	ブランデンブルク	27			
	シュレスヴィヒ・ホルシュタイン	31			
	ハノーヴァー	33			
	ヴェストファーレン	23			
	ライン県	48			
	ヘッセン・ナッサウ	21			
	ザクセン	18			
	バイエルン		15		3.61
	ザクセン		27		6.50
	ヴュルテンベルク		10		2.40
大公国	バーデン		14		3.37
	ヘッセン		5		1.20
	ザクセン・ヴァイマル		3		0.72
	オルデンブルク		4		0.96
	メクレンブルク・シュヴェーリン		4		0.96
	メクレンブルク・シュトレーリッツ		3		0.72
公国	ザクセン・コーブルク・ゴータ		3		0.72
	ザクセン・マイニンゲン		2		0.48
	ザクセン・アルテンブルク		1		0.24
	アンハルト		2		0.48
	ブラウンシュヴァイク		4		0.48
侯国	ロイス		1		0.24
	シュヴァルツブルク・R.		2		0.48
	シュヴァルツブルク・S.		1		0.24
	リッペ・デトモルト		2		0.48
	シャウムブルク・リッペ		1		0.24
帝国自由都市	ハンブルク		29		6.98
	ブレーメン		10		2.40
	リューベック		2		0.48
ラインラント	エルザス・ロートリンゲン		12		2.89
	ドイツ国外			8	1.92
	オーストリア・ハンガリー(ベーメン)			1	
	スイス			1	
	ロシア			2	
	中国			2	
	スマトラ			1	
	アフリカ			1	
	合計			415	100

＊プロイセンの内訳にミスがあると思われるが，原資料にもとづく

者が六五・〇五%と約三分の二を占めている。

現役、召集別の構成にそれぞれのパーセントを付したのが表4-3である。

職業別の構成表のうち二名以下のものをその他として整理したのが表4-4であるが、そのうちの最大部門は全体の三六%、召集者の五三%を占める、実体は貿易商と考えられる商人である。

出身地別と最終滞在地別の表にパーセントをそれぞれ付加して整理したのが表4-5と4-6である。

板東収容所への一九一八年の入送金は約三九万円で、一人平均三八三円余りあり、板東で支出された金額を約三五万とし、一月平均三万弱、一日当たり九六〇円という数字となっている。松山収容所の数字は、『陣営の火』第I巻一三号、一九一六年四月二三日付の「若干の数字」という記事から拾うことができる。筆者Zは、四六〇〇名のドイツ俘虜が日本を富ませているとし、以下のように記述している。

小切手、郵便為替、現金書留によって、最初の一年間に一三万一〇〇円が松山収容所へ入ってきた。俘虜が松山に収容された一九一四年一一月にすでに一万円強が送られ、翌年二月が最高の一万九八四〇・八一円、その年の一一月は最低の七八〇〇円となり、通常は月に一万円前後の入金があって、一九一六年二月二九日までの一六カ月間に合計約一八万円となった。件数から見ると、収容当初の一一月が郵便為替と書留が三二件、本国からの郵便がはじめて到着した翌年三月には一八五件と増加し、一九一六年春には約

表4-6　青島集結前の最終滞在地一覧表

滞在地		人員	%
中国		324	78.07
青島	218		
北京	7		
天津	16		
上海	32		
漢口	18		
香港	16		
広東	7		
その他	10		
インドシナ		1	
フィリピン		1	
シャム		1	
ロシア		15	3.61
日本		42	10.12
東京	6		
神戸	18		
横浜	10		
門司	2		
姫路	1		
川崎(?)	1		
小樽	1		
朝鮮	3		
船上		27	6.50
軍艦	6		5.06
商船	21		
東南アジア旅行中		4	0.96
合計		415	100

二〇〇件、これまでの最高は一五年六月の二一七件の送金があった。これらの送金以外に所持金が四〇〇〇—五〇〇〇円あったし、ハーグ協定一七条に基づき、日本軍の相当階級の将校の俸給をドイツ将校は受けていたので、この金額と、さらにこの時までの恤兵金一万一二〇〇円とを合計すると約二〇万円となる。ただし、このうち三万三〇〇〇円は所外へ送金され、銀行と郵便局に一万五〇〇〇円が預金されている。松山で消費されるのは毎月平均して九〇〇〇円となるが、所外送金の大部分は横浜、神戸の口座宛で、日本国内での消費となる。したがって、松山のドイツ俘虜はこの時までの一六カ月間に平均一万一〇〇〇円、概算で一人当たり二五円程度の支出となる。この数字は三年後の板東の一人一カ月の消費金額と大差ない。

筆者Zはさらにこう付言している。俘虜の食費、光熱水費、住居等日本側の負担している分がまだあると。

講習会と講演会

一九一六年五月一七日付の『陣営の火』一五号は、松山の三地区収容所に対するアンケートのまとめとして、各地区における学習活動を報告している。もっとも早い時期の学習活動は、松山に収容された翌月の一九一四年一二月から開始された山越の寺院グループにおける英語の講習だった。「収容所でなにが学ばれているか」というタイトルの記事を整理したのが表4-7である。なお山越地区は弘願寺、長建寺、浄福寺にそれぞれ約三〇名の下士官、兵、来迎寺に将校、准士官が収容された寺院群をさしている。

一九一六年五月二八日付第一八号には、一九一五年の公会堂収容所における「公会堂における音楽の夕べと講演会」の一覧表が、また一九一六年一二月三一日付四九・五〇合併号には「一九一六年山越収容所における日曜講演会」と「一九一六年公会堂における講演会」のリストが掲載されている。公会堂におけ

表4-7　松山収容所講習会一覧表

課目	場所	番号	時間数	参加者	教授者	期間	備考
英語							
	山越	1	6	12	ティム	14.12-	
		2	2	2	〃	15.10-	
		3	6	6	イェーンス	15.12-	
		4	3-4	3	ヘープティング	16. 3-	
	大林寺	1	3	4	リプカン	15. 4-	
		2	5	8	エクハルト副曹長	15.復活祭-クリスマス	
		3	6		ブルーメ機工長	15. 5-11, 16.春-	
		4	5	6	ヴンダーリヒ副曹長	15. 5-16.1	
	公会堂	1	6	4	ハーケ副曹長	15. 5-	
		2	2	5	ズーゼミール	15.10-	
		3	3	5	フォック	15. 6-	
		4	3	2	〃		
		5	2	5	〃	16. 1-	
		6	1	20	〃	16. 3-	
		7	3	5	フィンドルフ	16. 1-	
フランス語							
	山越	1	3-4	2	シュトリーダー伍長	15.1-	
		2	6	3	ヘンツェ伍長	15.10-	
		3	3-4	3	ヘープティング	16. 2-	
		4	6	5	アーベライン	16. 4-	
	大林寺	1	4-5	4	リプカン	15. 4-	
		2	2-3	8	キュンツェル副曹長	15.7-12.再開	郵便局員のため
	公会堂	1	2	10	シュテフェンス副曹長	15.11-	
		2	2	12	〃	15.11-	
		3		4-5	〃	15.10-中止	会話
		4	3	3	ドライフース	15. 8-	
		5	3	3	〃	15. 6-10	会話
		6	6	4	ゼーゲバルト	16. 2-	
中国語							
	山越	1	6	2	マイヤー中尉	15. 3-	
		2		2	(自習)		
	大林寺	1	1.5	6	ヤコービ	15.4-12.再開	
		2	6	5	〃	15. 3-	
	公会堂	1		12	ティーフェンゼー	15. 4-7	
		2	3	12	〃	16. 1-	文語
		3	3	12	アルプス	15.10-	
		4	3	8	フィッセリング	15.10-	
		5	3	ca.7	ハーバーザング		南方中国語
日本語							
	山越	1		4	(自習)		
	大林寺	1	6	3	アンドレーアス	15.10-	

課目	場所	番号	時間数	参加者	教授者	期間	備考
	公会堂	1	2	6	マイスナー	15.10-	雑誌等
		2	3	4	ランゲ，マイスナー	15.10-	文法
		3	2	11	マイスナー	16. 3-	初心者用
		4	3	8	シュタインフェルト	15.10-	
		5	3	3	〃	15.10-	
スペイン語							
	山越	1	2	2	ティム	15. 8-	
	大林寺	—					
	公会堂	1	3	3	シュヴェルケ	15. 9-12	
		2	3	6	ハイマン	15.11-16. 3	
ロシア語							
	山越	1	1	1	フィーダーリング伍長		
		2	6	4	ランゲンシャイト	15. 7-	
トルコ語							
	山越	1	6	2	——	16. 3	
	大林寺	1	毎日	2	——		
ドイツ語							
	山越	1		9	(自習)		
ドイツ語小論文							
	山越	1	月2回		ティーフェンゼー	15. 9-	筆答
	大林寺	1	3	20	クノル副曹長	15. 3-7	国家学と論文
ドイツ文学							
	公会堂	1	2	35	ボーネル	15.11-	
民法							
	山越	1	2	5	ゴルトシュミット副曹長	15. 3-	後に手形法
		2	2	6	ルムプッ少尉	15.10-	
公民							
	山越	1	2	6	ゴルトシュミット副曹長	16. 2-	
	大林寺	1	2	7-8	クノル副曹長	15. 9-12	帝国憲法と政策
軍事学							
	山越	1	4	12-16	マウラー大尉	15.12-	
物理学							
	公会堂	1	2	2	クラウトケ	15. 7-	
力学							
	山越	1	3	3	ゲプフェルト少尉	15. 6-9	
数学							
	公会堂	1	4	4	ティーフェンゼー	16. 2-	
代数							
	山越	1	3	7	ゲプフェルト	16. 1-	
	大林寺	1	2	6	キュンツェル副曹長	15. 7-12	再開される
	公会堂	1	2	2	ティーフェンゼー	15. 3-16.2	

課目	場所	番号	時間数	参加者	教授者	期間	備考
算数							
	山越	1	6	3	フィンク	16. 3-	現在さらに1時間
	大林寺	1	3	5	キュンツェル副曹長	15. 1-12	曹長対象
		2	3	6	〃	15. 1-12	伍長対象
		3	3	5	カッペル	15.10-	
	公会堂	1	2	5	オトムス	16. 2-	
簿記等							
	山越	1	2	5	シェーファウアー伍長	15. 7-10	
		2	2	4	〃	16. 1-	
		3	2	6	〃	16. 4-	
	公会堂	1	2	6	ドゥンケル		8週間コース4
		2	2	12	〃	15.11-16.1	証券コース
		3	2	5	〃	16. 2-	商業算術
		4	2	3-4	フォイエルバハ		2コース
		5	3	6	フィンドルフ	15.11-	
速記(シュトルツェ-シュライ方式)							
	山越	1	6	4	ヒルシ伍長	15.12-	
	大林寺	1	6	9	ノルトマン	15. 2-3	曹長対象
		2	6	6	〃	15. 8-10	討議筆記
		3	6	8	〃	15. 9-11	伍長対象
	公会堂		3	6	フィッシャー副曹長		
飾り文字							
	大林寺	1	3, 1½	14	ヤコービ	15. 8-12	
	公会堂	1	6	7	――	15.10-	
製図							
	公会堂	1		6	フライゼヴィンケル	15. 6-	
電気工学							
	公会堂	1	2	9	エーデラー	16. 3-	
地理							
	山越	1		15	(自習)		
		2		2		16. 3-	天体地理学
装蹄							
	山越	1	3	4	ファーベル工長	15.12-	大林寺にて開催

表4-8　1915年公会堂の日曜講演会

月日	講演者	題目
7.18	ティーフェンゼー	蒙古旅行
25	クラウトケ	細胞とその発展 I
8. 1	マイスナー	日本人の家庭生活
8	フォン・フライ	ウラディヴォストックからハルビンへの徒歩旅行
8	クラウトケ	細胞とその発展 II
15	ピーツカー	造船について
29	ハイマン	フィリピン（『陣営の火』参照）
9. 5	フライゼヴィンケル	ルソン島の狩猟
12	レオンハルト	お茶の色について
19	コル	新旧神学の違い
26	フィセリング	中国革命前史 I （『陣営の火』参照）
10. 3	ローデ	キニーネとコカイン
10	ピーツカー	魚雷と潜水艦
17	ボーネル	古代の土地問題 I　オルゲトリクス
21	フィセリング	中国革命前史 II
11.14	ボーネル	古代の土地問題 II　シーザーとアリオヴィスト
28	ダーニエルス	犯罪補助科学

表4-9　1916年公会堂の日曜講演会

月日	講演者	題目
4.23	シュミッツ水兵	定義：鉄とはなにか，鉄工業の歴史・発展
5.14	〃	原料と銑鉄の製出（高炉）
28	〃	可鍛鉄の製出 a　平炉，プッデル，ベッセマー，トーマス法
6.18	〃	b　ジーメンス，マルティン式セメント製出 （精製鋼とティンゲル鋼，電気製鋼，装甲板）
7. 2	〃	整形作業　a　鉄と鋼の鋳造
23	フィセリング水兵	秦・漢代の西方民族との関係
30	シュミッツ水兵	整形作業　b　可鍛鉄加工工場 （鋳造，加圧，圧延，榴弾）
8. 6	クラウトケ水兵	眼　1.光と色　2.見るということの過程
20	アルプス I 予備伍長	ピン・シアン
9. 5	〃	〃

表4-10　1916年山越の日曜講演会

月日	講演者	題目
5.21	マウラー大尉	ヴェルダン
28	ゾルゲル予備少尉	コーカサスの旅の想い出
6. 4	マウラー大尉	コンスタンティノープルからスエズ運河へ
11	ティム水兵	海上軍隊輸送
18	シュテッヒェル大尉	日本
25	マウラー大尉	戦況
7. 2	シュトリーデル予備伍長	モロッコ
9	ゾルゲル予備少尉	石炭および金属鉱床
16	ゲップフェルト予備少尉	鉄の製造
23	ゾルゲル予備少尉	人間の起源 I
30	〃	〃　II
8. 6	マウラー大尉	戦況
13	ゲップフェルト予備少尉	鉄の整形作業
20	マルティン中尉	近代砲兵
27	マウラー大尉	戦況
9. 3	〃	動員
10	ルムプフ予備少尉	スカーゲラークの海戦
17	クレーヴェルト巡査部長	刑事警察の鑑識
24	マウラー大尉	戦況
10. 1	ゾルゲル予備少尉	バルカン諸国
8	ヤスペルゼン予備少尉	満州旅行
15	シュトリーデル予備伍長	鉄道準備作業
29	マウラー大尉	戦況
11. 5	シュトリーデル予備伍長	鉄道建設
12	ゴルトシュミット予備副曹長	法学
19	ゾルゲル予備少尉	原人
26	マウラー大尉	戦況
12.10	〃	「エムデン」で南海へ　I
17	ホーマン水兵	マーガリン製造
31	マウラー大尉	戦況

る講演会の最初が一九一五年七月一八日となっているので、それ以前にはまだ開催されていなかったと推定できる。前年の一一月に青島で俘虜となり、松山収容所へ着いてから八カ月で講演会を持ったことになる。表4-8は一九一五年の公会堂講演会、表4-9は一九一六年の公会堂、表4-10は同年山越の講演会の一覧表である。山越には将校が収容されていたので、提唱者としてマウラー大尉の名があげてあるし、軍事情勢をテーマにするものが多いのに対し、公会堂の講演会は一般教養的である。

「松山の俺たちのとこは」

一九一七年一月一四日付『陣営の火』第II巻二号は楽譜と歌詞、線画を付した歌を四頁にわたって掲載している。回覧冊子となって約一年をへているせいか、日本側の目にはふれないことを承知し、かつ聞かれてもすぐに理解されないようにという配慮からであろうか、三一節にもなる歌詞は低地ドイツ語を混用している。さらに日本側当局者をも歌い込み、所長の前川中佐を音の類似から「マイケーファー」、コフキコガネ虫のことであるが同時にわけもなくニヤニヤするたとえにも使うことばで表現し、白石大尉はそのままに、また渡辺というような名前の日本兵でもいたのであろうか「ヴァッサーナーベル」と引用符つきではめ込んだりしている。以下に楽譜とテクストをかかげる。

松山の俺たちのとこは
まことに夏の避暑地だぜ
松山の俺たちのとこは（二度繰返し）
食物、住いに暖房みんな只

これでは腹がでてくるぞ
ヤーヤーヤー松山の俺たちのとこは

本当なんだよ！　こんな暮しだ
松山の俺たちのとこは
食って、飲んでボーリング遊び
その後日向で横になる！
ヤーヤーヤー松山の俺たちのとこは

おいかくれろー使役が来るぞ
松山の……
ブラシに磨きに便所の掃除
こいつは面倒なことだぞよ！
ヤーヤーヤー松山の……

骨折ることはまっぴらだ
松山の……
終日ぶらぶらねそべって
もう一ねむりするとしよう！

ヤー……

施設はやわできゃしゃなもの
松山の……
壁にうっかりもたれてみれば
バリッとこわれて倒れ込み！
ヤー……

庭までついていやあがる
松山の……
こいつはまことに立派なもので
たった二歩でも散歩はしまい！
ヤー……

庭には池の水音パチャリ
松山の……
金魚の池と名高いが
鯉がたくさんいるだけよ！
ヤー……

便所もちゃんとありますよ
松山の……
八時に最近行ったけど
順番来てみりゃもう一〇時
ヤー……

隣にあるのはお風呂屋さん
松山の……
絵かきを引っぱり行きたいな
美の女神の勉強できるので！
ヤー……

井戸まであるわさ
松山の……
柄がまわるその前に
とっくにこわれて役立たず
ヤー……

日語通までかかえてる
松山の……
誰にも好かれるこの連中
なんでも証明できるので
ヤー……

すごい一部屋ここにある
松山の……
どこかで騒ぎがあったなら
そいつはどこだ——もちろん八号室！
ヤー……

口争いもあったのだ
松山の……
なぜかといえばそのときに
日語通が居なかっただけ！
ヤー……

武士道談義をきかされた

Bei uns in Kiefernberg
Gesang
Guitarre
Det war die reen-ste Som-mer-kur bei uns in Kiefern-
-berg. Det berg mit Es-sen, Woh-nung,
Hei-zung frei, man muß ja dicke werd'n da-bei.
Refrain: Ja! ja! ja! bei uns in Kie-fern-berg.
BEI UNS IN
松山

松山の……
だけど武士道なんの役
なんにも目にはつかぬのに
ヤー……

所長は前川コガネ虫
松山の……
メモしてにやり、にやりと書き込み
軍規風紀のためだとさ！
ヤー……

白石までも居たわけで
松山の……
運よくつらさもなくなって
イケナイなどともう言わず！
ヤー……

一難去ってまた一難
松山の……

心配なのはビールの洪水
大して楽しみくれぬのに！
ヤー……

さても来るのはアラ探し屋
松山の……
こいつは全く変な奴
ズボンときたらねじねじダブダブ！
ヤー……

検査もあったさきびしくも
松山の……
うわべは極上さっぱりだが
ゆかを上げたらどうなった！
ヤー……

誕生祝は盛大に
松山の……
なんたる奴だ——一年四回とは

おっと黙って！　ビールのためさ！
ヤー……

ピアノさえもあるんだよ
松山の……
聞いてごらんよ――妙なる音色が
骨身と財布にしみわたる！
ヤー……

音楽そいつはたっぷりと
松山の……
ヴァイオリンきいきい、ポチワンワン
金を払ったからには物にする！
ヤー……

さても今度は楽団だ
松山の……
ところでこいつのけたたましさ
皆さんすでに耳経験！

ヤー……

すべては立派な芸術さ
松山の……
弓をこすって筆ぬたくり
こちとら全く腹の立つ！
ヤー……

今度はいよいよ詩人だよ
松山の……
皆さんいいかね、ゲーテ様も
うちの詩人にゃひけを取る！
ヤー……

編集部も大活躍
松山の……
見た人みんな承知だよ
テキパキ仕事の腕前を！
ヤー……

戦略家までおいでだよ
松山の……
てんでに勝手を言いはって
信じ込んだら——背負い投げ!
ヤー……

出入りの商人言うことは「アリマセン」
松山の……
ほら見ろ、そいつが今度はかけまわる
買うよと言ってみたならば!
ヤー……

ポチ公本当にかわいいぞ
松山の……
ジャップと見れば吠えたてる!
なんとよい犬いることか!
ヤー……

まだまだ居るわさ「ワタナベ」さん

松山の……
どこかで見たことあるような?
そうだ、たしかだ——ベルリン動物園!
ヤー……

忘れちゃいけない、鳩の小屋
松山の……
かわいい声で甘ったれ
あー! 俺たちなりたや鳩の身に!
そうだ、そうだよ、松山以外でな!

(1) 板東俘虜収容所新聞については、筆者の「„Die Baracke“ 板東俘虜収容所新聞——資料紹介一」『愛知県立大学十周年記念論集』一九七五年、八八七—九一七頁(本書八〇頁—一一〇頁)、および「同——資料紹介二」『愛知県立大学外国語学部紀要』(地域研究・関連諸科学編)第一〇号、一九七七年、二〇九—二四〇頁(本書一一〇頁—一四五頁)、「同——資料紹介三」『愛知県立大学外国語学部紀要』(言語・文学編)第一一号、一九七八年、一三九—一六三頁(本書一四五頁—一七六頁)参照。また日独戦争と在日ドイツ俘虜の概要と板東収容所については、「日独戦争と在日ドイツ俘虜——資料紹介」豊橋技術科学大学人文科学紀要『雲雀野』第一号、一九七九年、七九—一三八頁(本書所収)、を参照されたい。

(2) 上記「『バラッケ』資料紹介一」(本書八〇頁—一一〇頁)の九〇二頁以下、および二の二一七頁以降参照。

五　青島のドイツ軍と海兵大隊

1　日本側から見た青島ドイツ軍

一九一五年（大正四）一一月一五日の午後、久留米俘虜収容所長真崎甚三郎は俘虜将校二名を所長室内において「飛ヒ懸リ之ヲ手ヲ以テ打伏セ」た。国際問題になりかかったこの「虐待」事件に関する顚末は、真崎所長から陸軍次官大島健一に宛てた大正四年一一月二七日付の、「俘虜米国大使館ト連絡ノ件ニ関シ報告」(1)に詳細述べられているが、この「報告」のなかに、下士卒以下に対するよりも将校に対しては取り締りを厳しくしなかった事情がこう書いてある。「参謀本部第四部ヨリ日独戦史編纂ノ為俘虜ニ就テ諸種ノ事情ヲ調査スヘク照会アリタル為小官ニ於テハ俘虜将校ノ感情ヲ著シク害スルコトハ当分成ル可ク之ヲ避ケント欲シタルナリ……」。戦史編纂に必要な情報を取る期間のみ「感情ヲ害スルコト」を避けたかのように読み取れることはさておき、(2)当時の参謀本部第四部は、内国戦史課、外国戦史課、演習課の三課より成っていて、前年の一一月七日青島要塞の降伏によって第一次大戦における日本陸軍の陸戦は終結したと考え、ただちにその戦史の編纂に取りかかったことを示している。この戦史は参謀本部編纂『大正三年日独戦史』として上下二巻と附図を付し、東京偕行社から大正五年一二月二〇日発行として刊行された。大戦そのものはその後二年続いている。

「要塞戦ノ経過ヲ顕彰スルヲ」主眼としたこの戦史は一二章にわたって「戦争ノ原因」から「日本軍ノ作戦計画及作戦経過ノ概要」、各段階での攻撃、など詳細を極めているが、陥落後の調査による青島要塞の兵備として、守備兵総員四九二〇名、うち現役兵三七一〇、在郷一四二四、国民軍一〇五、軍艦より上陸したもの六八一名とし、守城砲九五門、九センチ以上の重砲五三、八・八センチ以下の軽砲四七門、機関砲三〇、機関銃四七をあげている。(3)

一八九八年の条約によって租借地とした膠州湾総督府にドイツ帝国は総督を置いた。「総督ハ海軍武官ヲ以テ之ニ任シ海軍大臣ニ隷属シ租借地ニ於ケル行政司法及軍事ヲ総轄シ文武百官ヲ統督シ自ラ駐屯軍司令官ニシテ又青島要塞司令官タリ(4)」。総督府軍務部の事務は軍務局兼幕僚が管掌し、海軍大佐の参謀長、同中佐の参謀、海軍歩兵大尉の副官、通信将校の信号所及無線電信所長とから成り、要塞に関しては、要塞砲兵長（海軍中佐）、同工兵長（海軍工兵少佐）が処理して総督府に属しているとし、その他の軍務官衙として、築城部、砲兵廠、水雷廠、信号所及無線電信所、気象台、海兵事務局がある。(5)

青島駐屯の独軍軍隊は、第三海軍歩兵大隊および第五海軍砲兵大隊で、北支那駐屯の軍隊は海軍東亜派遣隊と称し、北京、天津及びその附近にいた。第三海軍歩兵大隊をさらに説明して『日独戦史』はこう書いている。大隊長は海軍歩兵中佐で本部と歩兵四中隊（各中隊将校以下約二五〇名）。乗馬歩兵一中隊（将校以下約一四〇名）、繋駕機関銃一隊（将校以下約四〇名、機関銃六）「ヨリ成リ其総員約一一八〇ナリ而シテ別ニ」海軍野砲兵一中隊（将校以下約一〇〇名、クルップ速射砲六門）と海軍工兵一中隊（将校以下約一二〇名）を付属させている。第五海軍砲兵大隊は、海軍少佐を長とし、本部と四中隊（各中隊将校以下約一〇〇名）から成り、総員約七五〇名である。海軍東亜派遣隊は、海軍少佐を長とし、本部と歩兵三中隊（各将校以下約一〇〇名）から成り、別に野砲兵一中隊（将校以下約一〇〇名、七・七センチ野砲三、一五センチ野戦榴弾砲三門）と機関銃一隊（将校以下約六〇名、七・九二ミリ機関銃一四）を付し総員約四六〇名としている。(6)

海軍歩兵大隊などという当時の日本の軍隊編成にとって未知の用語を使用しているので、この『戦史』は説明を加え、「海軍歩兵隊及海軍東亜分遣隊ハ海軍ノ名ヲ冠スルモ本来純然タル歩兵ニシテ其将校ハ該隊服務中海軍ノ管轄ニ属シ歩兵下士卒ハ海軍歩兵監部ニ於テ補充ヲ行フ……独国海軍ハ同帝国ノ海軍ナルニ反シ其陸軍ハ各聯邦各自ニ之ヲ有シ同帝国政府之ヲ直轄セサルカ故ニ軍港特ニ植民地ノ守備ノ如キハ之ヲ陸軍ニ委セントスレハ指揮系統紛糾錯雑ニ陥ルノ虞アルノミナラス海軍派遣兵ノ予算ニ関シテハ帝国議会ノ協賛ヲ経ルノ必要アリシニ因ル

海軍砲兵大隊ハ凡テ海軍ノ人員ヲ以テ組織シ砲台ノ守備防材水雷敷設等ニ任スルモノニシテ要スレハ歩兵ノ勤務ニモ服セシメントスルノ意図ナルガ如シ……墺国軍隊ハ海兵団所属ノ海兵ニシテ……」(7)としている。

『俘虜名簿』の将校並同相当者の項、およびドイツ側の『青島の戦い』(8)の所属部隊、階級から見ると、『日独戦史』のいう「海軍歩兵隊」と「海軍東亜分遣隊」の将校は陸軍の階級名であり、「海軍砲兵大隊」は予備役を除けば海軍の階級名をかかげている。

海軍と陸軍の二軍のみを有した日本帝国の軍隊にとって、海軍の将兵が陸戦兵器を装備して上陸する陸戦隊は既知のものであったとしても、海軍歩兵隊という部隊は未知のものだった。後述の俘虜将校ブッタ

ーザックの記述からすると、第一に日本の海軍が帆船時代を経験せずいきなり蒸気機関の近代に参入したこと、第二に砲艦外交による植民地獲得競争に参加せず、最後の段階の全面的武力介入による植民地獲得時代になっていた上に、アジア地域に限定されていたこと、によって同種の軍隊所有の必然性を持たなかったといいうる。以下の記述では、原義に近い「海兵隊」を使うこととする。

2　ドイツ海兵隊史

四国の松山の大林寺、公会堂、山越地区の数カ寺の三グループの分散収容所に収容されたドイツ俘虜は、一四カ月後の一九一六年一月になると「松山ドイツ俘虜のための週刊紙」という副題を付した『陣営の火』(Lagerfeuer) を発刊したが、第五号で所長前川中佐によって発行停止処分を受けた。しかし俘虜新聞の編集者たちはタイプ印書の回覧形式で非合法に発行を続け、平和回復後の印刷を約束したが、板東収容所に一九一七年四月に統合された後、一九一九年一月に収容所印刷所の謄写印刷によって復刊し、早期にこの約束を果たした(9)。

『陣営の火』は非合法回覧時代に、三号にわたって断続的にドイツ海兵隊、特に青島にあった第三海兵大隊の歴史と活動を掲載している。筆者は第六中隊長ブッターザック中尉（後大尉）である。一九一六年四月三〇日付の第一四号に「五月一日に寄せて」と題して一〇頁、五月二一日付の第一七号に「一八五二年五月一日から第三海兵大隊設立に至るまでのわが海兵隊史概観」と題して一五頁、六月一一日付第二〇号に「青島占取から今次戦争に至るまでの活動概観」と題して二五頁、合計五〇頁の長文の海兵隊史となっている。第一回の記述の末尾には「海兵隊員」と匿名筆者になっているが、後の二回には「ブッターザック」と筆者名が入っていることから、第一回の筆者もブッターザックと推測できる。

海兵大隊創立まで

『陣営の火』第一四号の記事はこう書き出している。「今から六四年前に——一八五二年五月一日——スヴィーネミュンデで最初の常設海軍歩兵部隊が設置された。『海兵大隊』という名称は数日後になって王の勅令により与えられたものの、この日を今日のわれわれの部隊の誕生の日と見なすことができる。この組織は当時はまだプロイセン海軍であった海軍の他の組織との合併により、一八四八年のデンマークとの戦争の苦い経験の後に創設された。〔一五〕デンマークはわずかな船でプロイセンの諸港を封鎖してしまったのだった……」。歴史をたどってプロイセン王国の前身であるブランデンブルク選帝侯時代以来のスウェーデン、デンマークとの海外貿易競争にふれ、やがて海軍力を欠いていた選帝侯がオランダ人船主ラウレの手を借りて、オランダから借用した船によってブランデンブルク艦隊を作らせるに至った。「この時代に初めてブランデンブルク陸軍の小銃兵が選帝侯艦隊へ乗艦を命ぜられた。彼らの任務は主として小火器の操作にあり、一九世紀半ば頃までは小火器が重要な戦闘要素をなしていた。これに加えて彼らは艦内のすべての歩哨勤務にあたったし、火砲操作の補助員となり、また大変な仕事である清掃勤務にも水兵と共同したのだが、水兵の方はまずもって帆と砲の操作の訓練を受けていた」。ブランデンブルク艦隊は一六八一年には三〇隻から成っていたが、自前の船はスペインから取った「ブランデンブルク辺境伯」号一隻だけだった。やがてフランスと同盟して艦隊は強化され、オランダ人ラウレはブランデンブルクの海外貿易を発展させ、アフリカの黄金海岸まで勢力を伸ばした。選帝侯は一六八二年には資本金五万ターラーの「アフリカ商会」を設立し、同時に軍艦二隻と上陸軍を、現在のガーナの三点峰へ派遣し、「フリードリヒ大王ブルク」という砦を造らせた。「アフリカ商会」は定期便を持ち、さらに選帝侯の旗をかかげて地中海、アメリカ海岸へも進出した。一六八三年ケーニヒスベルクのピラウからエムデンに商会は移転し、翌八四年「海軍中隊」が創設、八五年には「海兵大隊」(Marine-Bataillon) に拡張された。これがわが海兵隊歩兵隊の親部隊である。

任務も拡大し、乗組兵員としてのみならず、アフリカの砦の守備にもあたった。一六八五年今日のセネガル、ガンビア沖のアルグィン島の占取によって砦の数は増加した。「アフリカ商会」の主要産品は「ゴム、駝鳥の羽根、金と象牙と並んで黒人奴隷もあった」。この頃がブランデンブルクの企業活動の最盛期で、一六八八年選帝侯の死亡後は力を失い、九七年にはラウレが引退し会社は衰退した。後継者のフリードリヒ・ヴィルヘルム一世はプロイセン王国の建国と国内政治に精一杯で、一七二一年にはアフリカの権益すべてをオランダに売却、船団は解散、一七五七年には海兵大隊も解散した。以後一〇〇年以上にわたってドイツは国内貿易と内国経済対策へ戻った。

一九世紀の四〇年代に蒸気機関と鉄道に触発されたドイツ商人の企業活動が活発となり、ふたたび「外へ向いた」。「だがドイツ船団なしの国民的貿易政策はできないことだった」。一八四八年デンマークとの第一次シュレスヴィヒ・ホルシュタイン戦争のときにデンマークがドイツの港を封鎖したことによって、「ドイツ海軍力」強化へのきっかけが生まれた。停戦後プロイセンは艦隊設立にかかり、四八年九月五日の勅令によって沿岸小艦隊の件が国防省に委託された。歩兵の特殊部隊が海兵隊員に充当され、船員が帆の操作に使われ、士官は商船士官から配置された。プロイセンの部隊の他にドイツの中央権力もブロメに「ドイツ艦隊」の創設を任せた。一八四九年対デンマーク第二次戦争ではこのいずれも有効ではなかった。(10) 四九年一二月二三日の国防省の指令で海兵団を分けて「水兵兵団と海兵兵団」とした。「名称が示すように、最初のはもっぱら乗組員を採用したのに対して、海兵兵団は陸軍と同じように兵員補充を地上補充員によって満たすこととされた。三年の勤務年限の後水兵と同じように海兵予備兵役となるか、さらに四年の後海軍後備となった」。

一八五〇年にはこの海兵兵団は、佐官を長とし、その下に二個中隊を有し、シュテティーンの海軍司令に隷属していた。プロイセンの大型艦には小部隊が分遣された。

選帝侯時代のようにこの分遣隊は、砲列の補助要員、広範な哨兵勤務、戦闘に際しては「小火器銃火」を担当する。

海兵隊の制服は美しいとはとてもいえず、紺の上衣に同色の襟と折り返し、帽子も紺色で、その前面に黄色の布を打ち抜いた王国海軍を示すKMが付してあった。陸上にあるときは球形頭飾りのついたヘルメットをかぶった。

ドイツ中央権力の艦隊は解散となり、一八五二年四月に競売されて大部分はプロイセンが引き受けた。プロイセン海軍の黒鷲旗は数を増し、「その旗と共に一八五二年五月一日以来スヴィーネミュンデにある海兵大隊に属する海兵隊員は航海した」。

第三海兵大隊設立まで

一九世紀の九〇年代まで海兵隊の任務は水兵のそれと密接な関係を持ち続け、「民衆の間では『イルカ』というあだ名で呼ばれたのは、まさにイルカのように常に船のお供をしていたからだった」。

一八五三年プロイセン王はオルデンブルクとの条約によってヤーデ湾の海岸地域を得て、北海の軍港ヴィルヘルムスハーヴェンを六七年までかかって建設した。海軍の建設も年々進展し、一八五五年には海兵大隊はダンツィヒに移駐し、三個中隊に増強された。

一八五九年アジアへの遠征隊がスクリューコルヴェット「アルコーナ」、帆船フリゲート艦「テーティス」、スクーナー船「フラウエンロープ」、輸送船「エレー」によって組織され、プロイセンと関税同盟のために条約を結ぼうと、ダンツィヒを出港して中国、日本、タイへ向かった。一八六一年（文久三）一月二四日、日本との修好通商航海条約によってドイツ商人が「横浜、神奈川、長崎、新潟、神戸」へ入ることができるようになり、同年一一月には天津で中国との条約が成立し、阿片戦争による開港場以外に広東、福州、寧波、上海の港にドイツ商船が入った。(11)

遠征隊の外交代表はフリードリヒ・ツゥー・オイレンブルク伯爵で、その日本日記のなかで五〇名の武装した海兵隊員と一〇〇名の水兵を供にした江戸への旅を書いている。「アルコーナ」艦上には後に中国の地理研究で有名となったフォン・リヒトホーフェン男爵がいた。

プロイセン婦人の献金によって建造された「フラウエンロープ」は、一八六〇年九月二日、日本沿岸で台風のため沈没した。

一八六四年プロイセン・オーストリア対デンマークのシュレスヴィヒの帰属をめぐる戦争では、まだプロイセン海軍力は弱体だった。争点を残した講和は六六年に、プロイセン、北ドイツ諸邦、イタリア対オーストリア、バイエルン、ヴュルテンベルク、ザクセン、ハノーヴァー、バーデン、両ヘッセン連合との戦争を惹起し、戦後の「北ドイツ連邦」設立、六七年七月一日の「北ドイツ連邦海軍」の設立となった。本来はトルコ用にイギリスで建造された「ヴィルヘルム王」、「皇太子」、「フリードリヒ・カール」が北海艦隊の主力となり、それぞれに約一〇〇名の海兵隊員が乗り組むことになる。キールと建設中のヴィルヘルムスハーヴェンが連邦の軍港となった。

七一年のドイツ帝国の成立によって同じ軍港に「ドイツ帝国海軍」が誕生した。プロイセン国防省から離れてフォン・シュトッシュ中将の下に海軍本部が設立され、この間に六個中隊となっていた海兵大隊は分かれて、キールに三中隊、ヴィルヘルムスハーヴェンに二中隊、ゲーステミュンデに一個中隊駐屯することとされた。この一個中隊は八六年にヴィルヘルムスハーヴェンへ移った。八九年度の勅令により各三個中隊からなる半大隊がそれぞれ四個中隊を持つ第一、第二大隊となった。

帆船から蒸気機関へ変化するなかで各艦への海兵隊の分遣は引き上げられ、七〇年代末から九〇年代末までの間は装甲艦にのみ乗艦した。

植民地獲得競争に参加し始めたドイツはやがて先進諸国と利害が一致しなくなる。すでに一八四九年以来、ハンブルクなどのハンザ都市の商人がアフリカ主要地に定住し、遠征隊を送ったり、貿易協定を結んだりしてきた。七五年以降にはドイツ軍艦が常に南の海に配置され、トンガ、サモア諸島と友好条約を結んだり、石炭基地設置の許可などを得た。植民地の獲得においてはイギリスの妨害を受けていた。商人の活躍と海外移住の増加は権益保護措置を必要とし、資源確保の要素も加わっていた。八二年にはフランクフルト・アム・マインに植民協会が設立され、講演会や文書活動を始めた。

一八八三年ブレーメンの商人リューデリッツは、ホッテントット人との条約によって南西アフリカのアングラ・ペクエナの小湾を五万平方キロの土地と共に獲得し、帝国の保護を求めてきたとき、ビスマルクは承諾し、これが植民地拡大のシグナルとなった。トーゴとカメルーンではハンブルクの大会社が南西アフリカと同じようなことをした。ビスマルクの反応は素早く、八四年六月にトーゴで「メーヴェ」艦が、八月にはコルヴェット艦「ライプチヒ」と「エリーザベト」が南西アフリカの海岸に旗を立てた。八月一九日にはニューギニアとビスマルク諸島で、二八日にはカメルーンにドイツの旗が掲げられた。東アフリカも半年後にそうなった。

一八七八年以来ヤルート島に石炭基地を持っていたマーシャル諸島を八五年に獲得し、さらにカロリン諸島をも占領した。スペインとの交渉によって九九年に米領グアム以外のマリアナ諸島、カロリン、パラオ諸島をスペインから一七〇〇万マルクで買収した。同年一二月英米との協定によってサモア諸島のいくつかを領有するに至った。英独交渉の結果一八九〇年に英領だったヘルゴラント島とザンジバル、ウガンダとを交換したが、イギリスのスタンレイは、「ズボンのボタンのかわりにスーツを一着貰った」と言った。だが今では、ヘルゴラント島はドイツ海軍の水雷艇と潜水艦の基地となっている。

九三年から九四年にかけてサモアとカメルーンで暴動が起き、カメルーンへ両大隊混成の分遣隊が送られたが、到着前に平静となった。

一八九五年バルト海と北海を結ぶ運河が完成して、艦隊の行動力が増加した。商船の数は八六年からの一〇年間に六倍、トン数は一〇倍となった。九〇年のトルコとの貿易協定や九六年のブール人への肩入れによって英独の対立は深くなり、ドイツは一八九八年艦隊法を成立させ、戦艦八隻の二艦隊と予備二隻と旗艦で一九隻、大型巡洋艦一二隻、小型三〇隻、沿岸装甲艦八隻の建造計画を推進し、一九一二年の追加最終条項では、それぞれ四一隻、二〇隻、四〇隻と英独の建艦競争は激化した(12)。

一方、アジアにおいては日本の戦勝によって「東アジアに関心を持った列強は、その影響力を確保する方策を講ぜざるをえなかった」。ドイツは山東での宣教師殺害事件を「望んでいたきっかけ」として、一八九七年一一月一四日当時は小さな漁村だった青島港を無血占領した。皇帝は「領地割譲を中国側に譲歩しやすくさせるため一二月一六日弟殿下に装甲巡洋艦「ドイッチュラント」「ゲーフィオン」を率いて東アジアへ行くことを命じた」。光緒帝と九八年一月五日結んだ条約によって、五五〇平方キロの面積と一〇万の人口を持つこの地域を「さしあたり九九カ年間」租借する権利を得た。

この占領地を確保するために、海兵第一、第二大隊と陸軍から抽出して新大隊を編成、フォン・ロッソウ少佐を長とする将校一五、下士卒六三四の部隊が、一二月一八日ヴィルヘルムスハーヴェンを出発した。同時に編成された海軍砲兵分遣隊もこれに加わって九八年一月二六日青島に着いた。九八年六月一三日の勅令によって第Ⅲ海兵大隊と名づけられたが、設立記念日は一八九七年一二月三日である。

青島と海兵大隊

一九一六年聖霊降臨祭の日曜日、六月一一日付の『陣営の火』二〇号では、第二回と同じくブッターザックが海兵大隊の中国、アフリカその他での活動をまとめている。

「すべてのドイツ植民地と対照的に青島はその陥落に至るまでわが海軍の真の申し子だった。ドイツ商人と一緒になって、ドイツ的規律、ドイツ的義務感、秩序を守る精神、組織力、勤労意欲、理解力を協同させ、短時間のうちにこの場所を生活の場とさせただけでなく、東方の『模範植民地』とするすべを心得ていた」。

ドイツに続いてロシアが九八年三月に旅順を、フランスが九八年四月に広州湾、イギリスが威海衛を九八年七月に占領した。中国民衆の反発は激しくなり、すでに九八年一一、一二月にはドイツ公使の要請により北京と天津に分遣隊を派遣しなければならなかった。済南府への鉄道建設と鉱山開発が九九年春に始まると、山東の民衆は「敵対的態度を取り」、六月には武力衝突となり、二つの町をしばらくの間各一個中隊（第五と第二）で占領せざるをえなかった。一九〇〇年になると「拳匪の乱」が起こり、五月二八日には北京のドイツ公使が警備のため将校一、下士卒五〇人の派遣を求め、第Ⅲ海兵大隊の伯爵フォン・ゾーデン中尉がその翌日には「『アウグスタ皇后』に乗艦して大沽に向かった。参加者の誰一人として、どんなにきびしい日々に向かって行くことになるか、予想もしていなかった」。数日後には天津へ海兵隊員二五名が、すぐそこに居た軍艦「イレーネ」の陸戦隊、将校五下士卒一一〇に増員された。英、露、米、仏、伊、日、墺の八九〇人が天津の外人居留地保護に赴いた。北京の外国人は籠城し、六月一〇日に天津から連合軍二〇〇〇が出発したが、そのうちの五〇〇人はドイツの水兵だった。北京の四五キロ手前の廊房で中国人の激しい抵抗に会い退却した。六月一七日連合軍は大沽要塞を落としたが、北京では二〇日にドイツ公使フォン・ケッテラー男爵が、日本公使館の書記官はすでに六月一一日に殺された。大沽泊地の連合軍二〇〇〇に六月一九日第Ⅲ海兵大隊の二個中隊が参加し、後に旅順要塞の司令官となったステッセル将軍の指揮下に入った。二二日に前進し、翌日には天津を救援したが、右翼を担当した海兵隊の二個中隊は、戦死将校一、兵員六、負傷下士卒二五という損害を受けた。

山東の状況が悪いのでこの二個中隊は呼び戻された。本国では海兵第Ⅰ、第Ⅱ大隊が動員され、海軍野砲兵隊と工兵隊を増強して、七月三日ヴィルヘルムスハーヴェンを出発させた。続いて七月九日には四隻からなる艦隊を派遣した。列強は八月初めまでに六万三〇〇〇の兵員を増派し、うち二万四〇〇〇はドイツ軍だった。さしあたり行動可能だったのは日、露、英、米、仏の一万五〇〇〇人で、八月初め北京へ進撃し、一四日に北京を占領した。

この日まで公使館の警備兵約五〇〇は、義勇兵七五を加えて六四日間よく持ちこたえた。指揮官のゾーデン伯爵には皇帝から勲章が贈られ、海兵隊員は全員伍長に昇進した。八月一九日には本国からの二個大隊も到着し、以後の連合軍の作戦に参加した。謝罪使節派遣と賠償金支払によってこの事件の解決後も、ドイツは一九〇三年初めまで上海に約八〇〇人、天津近郊に一九〇六年まで一守備旅団を置いた。

中国での行動に対して南西アフリカでの戦闘はよりきびしいものだった。一九〇三年から四年の冬に約六万のヘレロ族が反乱を起こした。

筆者ブッターザックは、この反乱鎮圧のために現地保安隊と海兵隊が広大な地域で行なった作戦を七頁にわたって詳述しているが、結局、陸軍の「砲兵と機関銃隊を従えた乗馬野戦二個連隊――合計約一万人――が数カ月間に南西アフリカへ」派遣され、一九〇五年二月海兵隊の「著しく人員を失った部隊は」帰国した。

一九〇五年七月の東アフリカでも反乱が起き、現地保安隊と海兵分遣隊の協力によって抑えることができた。一九一〇年には東カロリン諸島のポナペの反乱があった。

青島とドイツの関係についてブッターザックはこう位置づけしている。「青島はカメルーンやトーゴのような農業植民地でもなければ、南西アフリカや東アフリカのような移住植民地でもなく、もっぱら東アジアにおけるドイツ権益の起点だった」。

一八六一年以降中国と条約上の関係を生じ、普仏戦争以降ドイツの貿易が発展し、部分的にはイギリスと競合することになった。「イギリス、ロシア、フランス、それどころか日本さえ――一八八〇年には琉球列島、九五年に台湾を領有した――中国を犠牲にして領地の拡大をしたのと比べれば、わずかな青島獲得などはまことにささやかなものと思われる」。

一九一四年までの短期間に青島の貿易は中国の港のうちの六位になり、造船所を初め最新の設備を持つに至っている。一九〇四年六月一日から青島から済南府までの三九五キロを結ぶ山東鉄道が貿易を拡大してきたし、欧米人街と中国人街に分れた青島の町にはドイツや外国の商館、中国人の商社が多く、「全く新しく建設された都市は六万の住民」がいて、そのうち軍人以外に二〇〇〇人以上が欧米人だった。山東鉱山会社が炭坑開発に着手した。一九〇〇年には一八二隻だった船舶交通は一三年には九〇二隻となり、取引高は同年に約二億マルクとなった。総督府の収入は一九一三年には一八九九年の二〇〇倍の七二〇万マルクとなった。一九一二年には軍隊の費用を差し引いて収支が合うようになってきた。積出し品目は、綿製品、うすべり、南京豆、石炭、絹、大豆、大豆油、ナツメ、ガラス製品、毛皮、脂、家畜で、輸入は、綿製品、石油で、ドイツからは、アニリン染料、金属、針、武器、鉄材、橋梁材料、建築材料である。

総督府ドイツ学校には約二五〇名の生徒が、独支大学では四五〇名が通学し、教員養成所、男子学校、女子学校、商業の夜学、幼稚園を持ったミッションスクールが中国人の教育にあたった。

土地投機のないように土地を国が買い、次に地租と価値上昇税を導入し、自由港の地域を創設すると共に、関税の五分の一を総督府の取り分とする中国側の関税地域ともつながっていた。海水浴場は年々有名となり、植林は「全アジアのお手本」だった。

筆者はさらに一種の精神訓話めいたことを二頁書き続けた後、ゲーテのファウスト第二部を引用して三回に及ぶ「海兵隊史」の結びとしている。「行為がすべてであり、栄誉は無である！」

（1）防衛研修所図書館蔵、旧陸軍省文書『日独戦役、大正三年乃至九年戦役、俘虜ニ関スル書類』T３－５の文書。
（2）日本近代史料研究会編『日本陸海軍の制度・組織・人事』東京大学出版会、一九七九年、一五二頁参照。
（3）参謀本部編纂『大正三年日独戦史』東京偕行社、大正五年、上巻四五頁参照。
（4）同上、上巻二七頁参照。
（5）同上、上巻二八頁参照。

（6） 同上、上巻二八頁参照。
（7） 同上、上巻二九頁参照。
（8） Waldemar Vollerthun. Der Kampf um Tsingtau. 1920, Verlag von S. Hinzel in Leipzig. 一七六頁以下の付録「配置表」参照。
（9） 松山俘虜収容所新聞『陣営の火』については、豊橋技術科学大学人文科学紀要『雲雀野』第二号、一九八〇年、二三頁以降を参照されたい（本書所収）。
（10） Heinz Helment u. Hansjürgen Usczeck, Bewaffnete Volkskämpfe in Europa 1848-49, 1973, Militärverlag, Berlin. 巻末の小辞典によると、「Bromme, Karl Rudolf, 通称 Brommy (1804 – 1860) 一八四九年から一八五三年までフランクフルト国民議会の創設したドイツ艦隊の司令官」。
（11） 当時の開港場は「日本国米利堅合衆国修好通商条約」（安政五年、一八五八年七月）の第三条によれば、「下田箱館の港の外次にいふ所の場所を左の期限より開くへし」として、神奈川・長崎・新潟・兵庫をあげ、「若し新潟港を開き難き事あらは其代りとして同所前後に於て一港を別に撰ふへし」、さらに「神奈川港を開く後六箇月にして下田港は鎖すへし……」としている。外務省編纂『日本外交年表並主要文書』昭和五一年、原書房、上一七頁による。
（12） Sachwörterbuch der Geschichte Deutschlands und der deutschen Arbeiterbewegung. Dietz Verlag, Berlin 1969, Band 1 五八八頁の艦隊法（Flottengesetz）の項では、一八九八年第一艦隊法以降一九〇〇年の第二、一九〇六の第三、一九〇八の第四、一九一二年第五までの五回にわたる建艦計画を解説し、第三次以降は「艦隊追加修正条項」と呼んでいるが、内容はブッターザックと一致している。

六　俘虜の逃走と懲罰

旧陸軍省文書『大正三年乃至九年戦役　俘虜取扱顛末』[1]は「附表第九号」として一つの表を掲げている。これを横書きとし、固有名詞中人名表記を書き直したものが表6-1である。

大正三（一九一四）年一一月七日、独墺軍の降伏によって第一次大戦の日本陸軍の戦闘行動は終了し、ドイツ軍四四八四名、オーストリア・ハンガリー軍三〇七名、合計四七九一名を「捕獲し」、英国引渡し七六名、南洋解放九名、青島での死亡七名、表6-1が示すように青島からの逃亡一名、青島残留一名を差し引いた合計四六九七名（ドイツ軍四三九二、オーストリア・ハンガリー軍三〇五）を内地へ後送し各地の俘虜収容所に収容した。[2]当初の収容家屋およびその後の閉鎖、移転、開設の状況を整理すると表6-2、6-3のごとくである。[3]

戦闘場所であった現地青島からの逃亡者以外は、日本国内の収容所から五名が海を越えて逃走に成功したことを示し、しかもこれらの逃亡が収容後一年半以内に集中し、四名は福岡収容所からの将校であった。本国から数千キロ離れた収容所から脱走し、後述のように朝鮮半島を経て中国大陸、さらに太平洋を越え、アメリカ大陸を横断し、大西洋を渡って故国ドイツへたどり着くという例などもある。

表6-1 俘虜逃亡者一覧表

収容所	逃亡年月日	国籍	階級	氏名
青島	大正4年5月22日	独逸（ドイツ）	海軍歩兵卒	カール・ブーザム Karl Busam
福岡	大正4年11月（日未詳）	〃	陸軍中尉	フリッツ・ザクセ Fritz Sachse
〃	同	〃	海軍中尉	パウル・ケムペ Paul Kempe
〃	同	〃	海軍中尉	ヘルベルト・シュトレーラー Herbert Straehler
〃	同	〃	海軍少尉	ゲルハルト・フォン・ヴェンクシュテルン Gerhard von Wenckstern
静岡	大正5年3月18日	〃	海軍歩兵卒	ハインリッヒ・ウンケル Heinrich Unkel

備考 一 本表中ニハ逃亡遂行者ノミヲ掲ク
　　 一 本表外逃走未遂，逃走企図及逃走幇助者等四十一名アリ

表6-2 当初収容家屋

東京	浅草本願寺　附属舎新築補修
静岡	日本赤十字社支部内元看護婦養成所並ニ恤兵団ノ建物
名古屋	大谷派本願寺別院
大阪	府警察部衛生課管理隔離廠舎
姫路	市内ノ寺院三箇ノ無償借上ケニ依ル
徳島	県会議事堂及構内ニ新築シタル仮廠舎別ニ事務所ヲ徳島商業会議所内ニ設ク
丸亀	市内本願寺別院及看護婦養成所跡，別ニ民家ヲ事務ニ充用ス
松山	市公会堂及寺院六箇
大分	日本赤十字社支部及大分市第一小学校，別ニ大分県皇典講究所ヲ事務所に充用ス
福岡	日本赤十字社支部，物産陳列場及柳町（旧遊廓跡）
久留米	大谷派本願寺教務所，某料理店跡（香霞園）寺院一箇及高良台陸軍演習廠舎
熊本	県物産館，市集議所及附属建物ノ外寺院八箇，其後県会議事堂ノ一部ニ移転

表6-3　閉鎖，移転及び開設

収容所	閉鎖年月日	備考	
熊本	大正4年6月9日		
静岡	〃 7年8月25日	各地収容所に分散収容(冨田)	
福岡	〃 7年4月12日		
大分	〃 7年4月12日		
	移転年月日	開設収容所	利用施設
東京	大正4年6月9日	習志野	陸軍演習場ニ新築シタル廠舎
名古屋			陸軍工兵作業場ニ新築シタル廠舎
大阪	〃 6年2月19日	似島	陸軍第二消毒所附属廠舎
姫路	〃 4年9月20日	青野原	陸軍演習場ニ新築シタル廠舎
徳島	〃 6年4月9日	板東	陸軍演習場ニ新築シタル廠舎
丸亀	〃 6年4月21日	板東	
松山	〃 6年4月23日	板東	
久留米			旧衛戍病院新病院跡

こうしたドイツ軍俘虜の行動と日本側の対応とを、主として俘虜情報局資料と外務省史料とから解明しようとするのが本稿の意図するところである。

逃亡成功者の行動とその後の各収容所の取り締り状況、続出する逃走、当時の用語によれば脱柵とその対策、日本側の用意した刑罰と懲罰、俘虜とした外国軍人に対する日本軍の姿勢、国際条約に対する態度等々について触れることとなる。

「俘虜ニ関スル法規」

第一次大戦にわが国が参加した時点で効力を有していた国際条約は、後に改正されジュネーヴにおいてわが国も一九二九年に調印はしたものの批准しなかった「ジュネーヴ条約」の前身である「ハーグ条約」であった。「交戦国ニ於テ戦争中俘虜情報局ヲ設置スヘキ責務ハ千八百九十九年海牙条約ニ於テ始メテ設定セラレタルモノニシテ陸戦ノ法規慣例ニ関スル条約附属規則第十四条ニ於テ」、と「顛末」は記述しているように、一九〇七年(明治四〇)一〇月一八日海牙(ハーグ)において調印、一九一一年（明治四四）一一月六日批准、同年一一月一三日批准書寄託、一九一二年（明治四五）一月一三日公布の「陸戦ノ法規慣例ニ関スル規則」第十四条には次のように規定している。[4]

第十四条　各交戦国ハ戦争開始ノ時ヨリ又中立国ハ交戦者ヲ其ノ領土ノ《ママ》収容シタル時ヨリ俘虜情報局ヲ設置ス情報局ハ俘虜ニ関スル一切ノ問合ニ答フルノ任務ヲ有シ俘虜ノ留置、移動、宣誓解放、交換、逃走、入院、死亡ニ関スル事項其ノ他各俘虜ニ関シ銘銘票ヲ作成補修スル為ニ必要ナル通報ヲ各当該官憲ヨリ受クルモノトス——

ハーグ条約を根拠として俘虜情報局は大正三年九月一九日勅令第一九二号をもって東京に設置され、その官制が公布された。当初は陸海軍に所属させるか赤十字社に所属させるかの論議があったが、軍事との関連から結局は、俘虜情報局長官を陸軍大臣の指揮下に置き、九月二二日陸軍省人事局長であった河合少将をその長官に補し、事務官以下を任命し、「陸軍省構内元臨時建築部跡階上事務室ニ開設シ同月二十五日以後其ノ事務ヲ開始」した。[5]

「俘虜ニ関スル諸件ハ国際諸条規並帝国政府ニ於テ公布セル関係諸法規ニ依リ固ヨリ之ヲ知ルヲ得ヘシト雖此等個々ノ分立セル法規ヲ一括纂輯シテ一見明瞭ナラシムルハ俘虜関係ノ業務ニ任スル当事者ニ便益ヲ与フルコト尠ナカラサルノミナラス俘虜ト関係ヲ有スル中外官公署団隊又ハ個人等ニ対シ所要ニ応シ之ヲ頒布スルヲ得ハ事毎ニ彼此照復交渉スルノ煩ヲ避ケ処務ノ円満ヲ期シ得ヘキヲ以テ情報局ハ創設ノ初ヨリ此等関係法規ノ編纂ニ着手シ」「其後諸法規ノ改廃、発布ヲ見ル毎ニ之ヲ訂正交付」[6]し、陸海軍官憲、外務官憲、大蔵官憲（関税、専売局、税関）、内務官憲、逓信官憲、鉄道官憲、司法官憲、日本赤十字社、日本郵船、大阪商船、東洋汽船会社およびその支店出張所、東京ジーメンス会社、独逸人会、日独協会などに配布している。[7]

大正七年九月一〇日訂正三版とある「俘虜ニ関スル法規」には八七頁にわたって次のような「法規」を集めている。

条　約

陸戦ノ法規慣例ニ関スル規則抜粋

戦地軍隊ニ於ケル傷者及病者ノ状態改善ニ関スル条約抜粋

法令及例規

俘虜情報局官制

俘虜情報局事務取扱規程

俘虜収容所条例

俘虜取扱規則

俘虜取扱細則

俘虜取扱規則（海軍）

俘虜自由散歩及民家居住規則

俘虜労役規則

俘虜ノ処罰ニ関スル件

俘虜文官給与ノ件

俘虜郵便規則

俘虜郵便為替規則

輸入税免除ノ件

俘虜宛寄贈煙草ニ関スル件
鉄道運賃免除ノ件
船舶運賃免除ノ件
俘虜通報ニ関スル件
政府保管物品指定ノ件
俘虜傷病者ニ証明書下附ノ件
戦場掃除及戦死者埋葬規則抜粋
俘虜遺言法ニ関スル件

国際条約「陸戦ノ法規慣例ニ関スル規則抜粋」は俘虜の基本的な立場を規定しているが、例えば「労役」について六条は、「国家ハ将校ヲ除クノ外俘虜ヲ其ノ階級技能ニ応シ労務者トシテ使役スルコトヲ得其ノ労務ハ過度ナルヘカラス又一切作戦動作ニ関係ヲ有スヘカラス――俘虜ノ労銀ハ其ノ境遇ノ艱苦ヲ軽減スルノ用ニ供シ剰余ハ解放ノ時給養ノ費用ヲ控除シテ之ヲ俘虜ニ交付スヘシ」としている。「逃走」に関しては第八条において、「俘虜ハ之ヲ其ノ権内ニ属セシメタル国ノ陸軍現行法律、規則及命令ニ服従スヘキモノトス総テ不従順ノ行為アルトキハ俘虜ニ対シ必要ナル厳重手段ヲ施スコトヲ得。逃走シタル俘虜ニシテ其ノ軍ニ達スル前又ハ之ヲ捕ヘタル軍ノ占領シタル地域ヲ離ルルニ先チ再ヒ捕ヘラレタル者ハ懲罰ニ付セラルヘシ。俘虜逃走ヲ遂ケタル後再ヒ俘虜ト為リタル者ハ前ノ逃走ニ対シテハ何等ノ罰ヲ受クルコトナシ」としている。ここでいう「懲罰」は軍法会議による刑罰を意味せず、謹慎、営倉、戒告などのことである。

条文によれば、「逃走シタル俘虜ニシテ――再ヒ捕ヘラレタル者ハ懲罰」を受けはするが、軍法会議にかけられ、処刑されることはないことになる。しかし日本側の「法規集」は「俘虜ノ処罰ニ関スル件」という「明治三十八年二月二十八日法律第三八号」を掲げ、その第七条において「軍法会議ニ於テ俘虜ノ犯罪ヲ審判スルトキハ其ノ階級ニ応シ帝国軍人ニ関スル規定ヲ準用ス」として、日本側が「犯罪」と見なす行為とそれに対する「懲罰」を越える処罰を規定している。全文七条と附則の短いものなので、上記の第七条以外を以下に引用する。

第一条　俘虜監督者監視者又ハ護送者ニ対シ反抗若ハ暴行ノ所為アル者ハ重禁獄ニ処シ其ノ情軽キ者ハ六月以上五年以下ノ軽禁錮ニ処ス

第二条　俘虜共謀シテ多衆前条ノ所為アルトキハ首魁ハ死刑ニ処ス其ノ他ノ者ハ有期流刑ニ処シ其ノ情軽キ者ハ重禁獄ニ処ス

第三条　俘虜共謀シテ多衆逃走ノ所為アルトキハ首魁ハ有期流刑ニ処シ其ノ情重キ者ハ死刑ニ処ス其ノ他ノ者ハ重禁獄ニ処シ其ノ情軽キ者ハ六月以上五年以下ノ軽禁錮ニ処ス

第四条　宣誓解放ヲ受ケタル俘虜宣誓ニ背ク者ハ重禁獄ニ処シ其ノ宣誓ニ背キ兵器ヲ操リ抗敵スル者ハ死刑ニ処ス

第五条　俘虜逃走セサル宣誓ヲ為シ之ニ背ク者ハ重禁獄ニ処シ其ノ宣誓ニ背ク者ハ軽禁錮ニ処ス

第六条　第一条乃至第三条ノ規定ハ再ヒ俘虜ト為リタル者ノ前ニ俘虜タリシトキニ犯シタル罪ニ之ヲ適用セス

附則

本法ハ発布ノ日ヨリ之ヲ施行ス

明治三十七年勅令第二百二十五号ハ之ヲ廃止ス(8)

国際法では「懲罰」とのみ規定している事項を軍法会議によって審判する「犯罪」とする国内法を制定した事情を「顚末」はこう説明している。逃走者に「必要ナル懲戒的処分ヲ施シ得ルコトトシ」、その「方法ハ陸軍俘虜取扱規則第八条ニ規定ノ如ク帝国軍隊ニ於ケルト同シク陸軍懲罰令ニ依ルコトト為シタルト同時ニ俘虜カ軍属タル時ハ帝国軍人軍属ノ犯罪ト同シク陸軍軍法会議ニ於テ審判スルコトト為セリ」[9]とし、「俘虜ノ処罰ニ関スル件」制定の事情として、「過去日露戦役ニ在リテハ時ニ共謀逃走ヲ企テ或ハ俘虜収容所職員ニ反抗暴行ヲナス者等アリシ為メ宣誓違反ノ行為ニ対スル制裁等俘虜ノ地位ニ特別ナル刑罰ヲ設定スルノ必要上帝国政府ハ明治三十八年緊急勅令第二百二十五号ヲ以テ俘虜ノ処罰ノ法令ヲ発布シ更ニ帝国議会ノ協賛ヲ経テ明治三十八年二月廿八日法律第三十八号ヲ以テ法律ノ形式ヲ採リ」、今回の戦役にも「襲用」し「俘虜ニ対スル処罰法ノ標準法」とした。しかし、「此等俘虜タルノ資格ニ特別ナル犯罪ハ交戦国ニ於テ一般俘虜ノ取締ニ必要ナル手段トシテ処刑スルニ外ナラスシテ普通犯罪ノ如ク人類社会一般ニ危害ヲ来スノ故ヲ以テ憎悪スヘキ性質ノモノニ非サルニヨリ此法律ニ規定シタル刑罰ハ尚国事犯ニ対スルト同シク決シテ俘虜犯罪者ニ課役スルコトナク、有期流刑ハ島地ノ監獄ニ留置シ禁獄ハ内地ノ監獄ニ抑留シ禁錮ハ内地拘留所ニ留置スルニ止」めた。俘虜引渡しまでの約六年間に「収シタル俘虜総計四千七百余人ニ対シ反則ノ為メ懲罰ニ処セラレタルハ」「二千六百六十五件ニ上リ実ニ俘虜総数ノ約半数」となっている。

懲罰と処刑の表から逃走関係を抜き出してみると表6-4、6-5のごとくである[10]。

「逃走遂行者」は現地青島からの一名を含んで六名全員（表6-1）と、収容所長権限である懲罰を受けた者一二名の全員、及び「俘虜ノ処罰ニ関スル件」によって「処刑」された共謀逃走未遂者二六名中の大部分の二〇名、さらに逃走幇助のゆえに処刑された全員五名はドイツ軍に属していた。これに対して三〇

表6-4　俘虜懲罰員数表の一部（再犯には再犯以上を含む，以下同じ）

罰目 罪科	国別	階級	重謹慎 初犯	 再犯	軽謹慎 初犯	 再犯	重営倉 初犯	 再犯	軽営倉 初犯	 再犯	譴責 初犯	計 初犯	 再犯	合計
逃走	独　逸（ドイツ）	将校	2									2		2
		准士官					1					1		1
		下士卒					7	2				7	2	9
合		計	2				8	2				10	2	12

表6-5　俘虜処刑員数の一部

刑名 罪名	国別	階級	懲役 初犯	 再犯	禁錮 初犯	拘留 初犯	計 初犯	 再犯	合計
共謀逃走	独　逸（ドイツ）	将校			4		4		4
		准士官			4		4		4
		下士卒			12		12		12
		小計			*20*		*20*		*20*
	墺　洪（オーストリア・ハンガリー）	将校			1		1		1
		下士卒			5		5		5
		小計			*6*		*6*		*6*
	計				26		26		26
逃走帮助	独　逸（ドイツ）	将校	1				1		1
		下士卒	4				4		4
	計		5		0		5		5
合計			5		26		31		31
		処刑の総計は	52	1	36	1	89	1	90

五名が内地後送されたオーストリア・ハンガリー軍将兵のうちで逃走関連で処罰ないしは処刑された者は「共謀逃走」未遂者五名にすぎない。「逃走ヲ企図スルハ俘虜ノ通常ナルヲ以テ之カ衛ニ当ル収容所職員及衛兵ハ拮据励精其ノ警戒ヲ厳ニスルヲ要ス」(11)という陸軍大臣の訓示はドイツ将兵を対象とすることになる。

俘虜の逃走

外務省文書の中に「大正五年七月三日接受」、「秘受七二九二号」、「官房機秘第八九四号」の印を押された海軍用紙の一枚がある。

大正五年七月三日

海軍次官　鈴木貫太郎（印）

外務次官　幣原喜重郎殿

俘虜ニ関スル件

英国海軍官憲ハ本年六月六日 Kirkwall ニ着シタル蘭国発動機船「カリフォルニヤ」乗員中ニ蘭国人ト自称セルニ拘ラス蘭語ヲ解セサル点ヨリ端緒ヲ得元独国軍艦「チンタウ」乗組 Oberleutnant Gerhardt von Wenckstern ナル者同船機関手トシテ乗組ミ居リタルコトヲ発見シ取調ノ結果同人ハ福岡俘虜収容所収容中昨年十一月十日同所ヲ逃亡シ釜山ニ渡リ汽車ニテ朝鮮奉天ヲ経由シ本年二月三日米国船 Hugh Hogan ニテ上海ヲ発シ六十五日ヲ費シテ桑港ニ着シ夫レヨリ紐育ニ到リ同町ニテ一猶太人ヨリ古海員手帳ヲ二百弗ニテ購ヒ之ヲ利用シテ「カリフォルニヤ」ニ乗組タルモノナルコト判明シタル旨在英大使館附武官ヨリ報告有之候条参考迄ニ右通知ス

追テ本件ハ俘虜名簿四頁一六三八該当ノ者ト思料セラレ候ニ付申添候也

福岡収容所から逃亡したのは将校五名であったが、その一人フリードリヒ・モッデ（Friedrich Modde）少尉は以下の文書が示す経過によって京城憲兵隊に逮捕されている。

終⑿

高秘第三七六九号
大正四年十一月二十三日

山口県知事　黒金泰義（印）

外務大臣　男爵　石井菊次郎殿

逃走俘虜ニ関スル件

自称米国人　フランク、ダブルューミラー事
福岡俘虜収容所逃走俘虜
独逸人　モッデー　四十二年

本月二十二日本号ヲ以テ要注意外国人ニ関シ及申（通）報置候処同人ニ対シテハ福岡（貴）県ヨリ国籍氏名不詳ナルモ注意ヲ要スル旨通報アリタルニ依リ当時本県ニ於テハ取調ノ結果独逸人ノ疑アリシヲ以テ其氏名ヲ自書セシメ尚発船時刻切迫セシヲ以テ関釜連絡乗組本県巡査ニ対シテハ船中ニ於テ釜山警察署詰同連絡船乗組巡査ト共ニ其動静視察方指示シ置キタリシニ乗組巡査ハ船中ニ於テ同外人ノ動静不審ノ点アルヲ以テ承諾ヲ得テ携帯品ヲ点検セシニ僅カニ一着ノ着換服ト奉天迄ノ乗車切符トヲ携帯セルヲ発見シ其旨釜山警察署詰巡査ニ通報シ置タル旨復命アリ然ルニ同外人出発後本月二十日午後十一時過ニ至リ福岡（貴）県ヨリ福岡俘虜収容所ノ俘虜将校五名逃走ノ旨ヲ以テ電報手配アリ又下関憲兵分隊ヨリ同地警察署ニ同様通報アリタルヲ以テ或ハ曩ニ渡朝セシ自称米国人ミラーハ該逃走俘

虜ノ一人ニアラサルヤノ疑アリシヲ以テ其旨下関憲兵分隊ニ通報セシニ同分隊ニ於テハ不取敢其旨釜山憲兵隊ニ電報セリ其翌二十一日小倉憲兵隊副官少尉千々輪種助ガ下関警察署細江巡査部長派出所（朝鮮人外国人視察本部）ニ出頭シ提出セル逃走俘虜五名ノ写真及筆蹟ニ徴スルニ前記ミラーハ五名中ノ一人ナル少尉モツデーニ似寄リタルト又少尉モツデーノ筆蹟ハ曩ニ下関ニ於テ自称ミラーガ自書セシ名刺ノ筆蹟ニ符合スルヲ以テ愈自称ミラーハ逃走俘虜モツデーニ該当スルモノト認メラレタルヲ以テ同副官ヨリ京城憲兵隊ヘ其旨電報致置候処本月二一日京城憲兵隊ニ於テ同人ヲ取押ヘタルニ取調ノ結果逃走俘虜モツデーナルコトヲ自白シタル旨昨夜下関憲兵分隊ニ通報アリタル趣ニ有之候此段及申
（通）報候也
申通報先　内外相　福岡県知事　警務総長[13]

福岡からの逃走俘虜将校については中国芝罘の日本領事館の草事務代理の伝える英国領事よりの情報と日本との往復文書があり、大正五年二月一〇日付で陸軍省から外務省宛に「逃亡俘虜写真人相書」が送付され、二月一七日付で石井外務大臣から岡本領事へ転送されている。個人別人相書を整理し、メートル法換算を加筆して一覧表にしてみると表6-6のごとくである。[14]

モッデは一一月二一日京城憲兵隊に逮捕されたが、この四名は関釜連絡船により朝鮮経由で中国に到っている。[15] 通過後の認定を同月二六日、二九日、三〇日の外務大臣宛の山口県知事からの三通の文書が示している。

(1)　陸軍中尉ケンペ

自称スウェーデン人ニールセンが一五日下関を通過したが、逃走俘虜の写真によって調査してみると「ニールセンハ今回逃走俘虜中ノ一人ナル中尉ケンベ（ママ）ーニ似寄リ且ツ同人が下関市山陽ホテルニ

表6-6　逃走俘虜人相書一覧表

氏名	ヘルベルト・シュトレーラー Herbert Straehler	フリッツ・ザクセ Fritz Sachse	パウル・ケンペ Paul Kempe	ゲルハルト・ヴェンクシュテルン Gerhardt v. Wenckstern
年齢	28	40	40	26
身長	5尺6寸　168cm	5尺5寸　165cm	6尺　180cm	5尺5寸　165cm
肉付き	並	並	痩せている	並
眼	並大にして凹む	やや大	並大にして凹む	小
口	並	やや大	並	小
色	赤味を帯びる	やや黒い	赤い	白い
耳	側方に向く	並	並	並
顔	並	やや大，四角	並	丸くて小
歯	整列	並ぶ	整列	整う
髪	薄い	やや黒い	薄い	やや黒い
音声	明瞭，早口	低く弱い	低く温かい	強い
眉	薄い	並	薄い	薄い
痘痕	なし	なし	なし	なし
傷	なし	なし	なし	なし
鼻	やや大，高い	大	高い	並
髭	なし	なし	なし	なし
特徴	挙動軽快	頬骨隆起	痩身長軀	なし

休憩中ホテル、ボーイニ交付シタル名刺ニストックホルム、ニールセン、ト記載シアル筆蹟ハ独逸人ノ筆蹟ノ如ク認メラルルヲ以テ右ニールセンハ逃走俘虜中尉ケンベ《（ママ）》ーニ該当スルモノナラント認メラレ候」。

(2)

海軍少佐ザクセ

「本月一七日付高第三六五三号ヲ以テ自称仏国人ロイスガランド通過ニ関シ及申（通）報候今回逃走俘虜ノ写真ニ徴スルニ其一人ナル海軍少佐フリッツ、サクセ《（ママ）》ーニ似寄リタル点有之候条御参考迄此段及申（通）報候也

追テ自称仏国人ロイスガランドガ船客名簿ニ自書セシ筆蹟ハ逃走俘虜少佐フリッツ、サクセ《（ママ）》ーノ筆蹟ナルベク俘虜収容所付鈴木少尉カ逃走俘虜受取ノ為釜山出張ノ途次発見シ釜山着后奉天警察署ニ手配方

電報セシ趣ニ付申添へ候」

(3)

海軍中尉シュトレーラー

「本月十八日本号ヲ以テ要注意仏国人ブッチウス通過ノ件（通）報置候処今回福岡俘虜収容所俘虜将校逃走ニ関シ管下通過外国人ノ人相並ニ渡鮮者ニ対スル船客名簿ノ筆蹟ヲ遡テ調査セシニ同人ハ船客名簿ニハ仏国人ドクトル、モウシウアヘンリーボウター、ト自署シアリテ下関ニ於テ取調ノ際ノ申立ト齟齬スルノミナラズ其書体独逸人ノ筆蹟ト認メラル、点アリ当時ノ視察ニ従事シタル巡査ノ記憶ニ存スル相ハ逃走俘虜海軍中尉ベルベルト、シュトレーラー《ママ》ニ該当スルモノト認ラル、ヲ以テ其旨偶来関中ノ小倉憲兵隊副官千々輪少尉ニ通知セシニ小倉憲兵隊長ヨリ奉天領事ニ捜査方電報照会シタル趣ニ有之候条此段及申（通）報候也」

(4)

海軍少尉ヴェンクシュテルン

「本月二十日本号ヲ以テ要注意外国人通過ノ件及申（通）報置候処今回福岡収容所俘虜将校逃走ニ関シ管下通過ノ外国人ヲ遡テ調査セシニ同人ハ関釜連絡船船客名簿ニ瑞西人スパリンガート自書シアルモ其書体独逸人ノ筆蹟ト認ラル、ヲ以テ同名簿ヲ借リ受ケ本月二十七日福岡俘虜収容所ニ送附シ置タル所同収容所ニ於テ鑑定ノ結果逃走俘虜海軍少尉ゲハルト、エウンクシュテルン《ママ》ノ筆蹟ニ該当スル旨同所ヨリ通報有之候条此段及申（通）報候也」

京城憲兵隊に一一月二一日「取押へ」られたモッデはアメリカ人、ザクセとシュトレーラーはフランス人、ケンペはスウェーデン人、翌年六月英国海軍によってスコットランドの島の港で捕獲されたヴェンクシュテルンはスイス人と自称して連絡船の船客となり朝鮮半島へ渡航している。

翌大正五年三月一八日静岡収容所から逃亡した海兵大隊兵卒ウンケルについては、次のような文書が残されている。福岡県知事名のこの文書は、下関駐在英国領事の門司警察と門司水上警察署への通牒を最近のことと理解し、大正七年の通過外国人の調査結果を報告しているが、その末尾に英国領事の文書写しを付している。

左記（別紙写）

Heinrich《ハインリッヒ》 Unkel《ウンケル》

年四十年　身丈　六尺　毛髪及口髭砂色、鼻尖リタル方

眼鏡ヲ用ユ　英語巧妙

右ハ青島ニテ俘虜トナリタル者ニ候処英国旅行券ヲ偽造シ加奈陀ライフル隊アンダーウット大尉ト偽名シ日本ヨリ逃走シ近頃迄上海ニ滞在中ノ処本年二月十八日支那官憲ノ許可ヲ得スシテ上海ヨリ行衛不明ト相成候

千九百十八年二月廿八日

下関英国領事館

領事　ハミルトン、ホームス(16)

ウンケルはカナダ人と自称したことになる。

福岡収容所から俘虜将校五名が逃走し、全員が海峡を越え、四名が中国に到達した。収容所側はその事情を、「福岡俘虜収容所ハ元柳町及須崎ノ二箇所ニ分離シアルノミナラス柳町収容所ハ街道ニ跨リ地方民家ニ接近シアリタルヲ以テ往々脱柵及逃亡者ヲ出スノ不幸ヲ現出シタリ(17)」と釈明している。

(1)　ケンペ中尉

福岡収容所からの脱走の状況をドイツ側資料に基づき整理してみると、

一九一五（大正五）年一一月一二～一三日の夜、青島総督兼総司令官海軍大佐（俘虜中に少将）ワルデックの副官中尉ケンペ（Hempe とあるのは誤植——富田）が福岡の将校収容所からの逃亡に成功した。上海、シベリア、ノルウェーを経て本国に辿り着き、青島の俘虜のうち一人だけ西部戦線にも参加した。

仲間の中尉（後の海軍中将）シュトレーラーが点呼の時にベッドに入り、ケンペの身代わりをしたので成功した。

(2) ザクセ少佐

翌日一三～一四日の夜、砲艦「イルティス」艦長海軍少佐ザクセが逃亡した。

(3) シュトレーラー中尉

一四～一五日の夜にはケンペ中尉の身代りをしたシュトレーラー中尉本人が逃亡した。ザクセ少佐とシュトレーラー中尉は後に偶然上海で出会い、以後共同行動をとった。彼らの従卒が点呼の身代わりをしたので脱出できたのだった。北京駐在のドイツ公使の助力で、北京にあったドイツ大学の教員という旅券を持ち、中国研究のため徒歩旅行をする名目を立て、「アフガニスタン、ペルシャ、トルキスタンを経てドイツへ辿り着く計画」だった。しかしイギリスとロシアはこの「奇妙な中国旅行者に注目し」、どこか適切な場所で捕えようと、機会を狙っていた。中国人からこの情報を伝えられ、忠告に従って上海へ引き返した。シュトレーラーは上海からノルウェーのタンカーの船員となってサン・フランシスコへ、ザクセはアメリカの輸送船に乗り、二人はニューヨークで再び出会った。ドイツ領事からアメリカの参戦が近いと聞き、港湾労働者に変装し、ノルウェーの客船「ベルゲンスフィヨルド」に密航者として潜り込んだ。スコットランドの北方オークニー諸島の港スキャーパフローで英国巡洋艦の臨検を受け、はじめは見つからなかったが、ノルウェー人が食事をこっそり運ぶ現場を密偵に見られ、マン島の英軍俘虜収容所へ収容された。シュトレーラーは「ウンゲラー」、ザクセは「エーデラー」という偽名で釈放までマン島にいた(18)。

福岡収容所から逃亡した五名のうちモッデは京城憲兵隊に朝鮮半島で逮捕され、ザクセ、シュトレーラー、ヴェンクシュテルンの三名は、半年以上の艱難辛苦の末、英軍の俘虜収容所へ移動し、ケンペだけが本国まで帰り着いたことになる。

「顚末」附表第二十四号の「特赦俘虜人名表」には「俘虜所罰《ママ》規則」により「共謀逃走」のゆえに「禁錮三年」の刑を大正七年八月二四日に宣告された海軍大主計マックス・アルテルトの名がある。この特赦は「大正九年一月十一日日独媾和条約ノ批准ト同時ニ俘虜処罰法又ハ普通刑法ノ犯罪者ニシテ当時刑罰執行中ニアリタル附表第二十四号ノ将校三人、准士官一人、下士卒二人ニ対シ其主刑及加刑ノ特赦ヲ行ハレタル」もので、「監獄又ハ拘留所ヨリ釈放セラレテ各収容所ニ入リ他ノ一般俘虜ト共ニ独逸国俘虜受領委員ノ手（内将校一名ハチェック、スロバック人トシテ在東京同国公使ニ引渡セリ）ニ引渡サレ帰国ノ途ニ上ルコトヲ得タ(19)」。

ドイツ側資料は「脱走王アルテルト」と独立項目を設けている。その記述を整理要約してみると(20)、

(1)　青島からの俘虜輸送船「大通丸」には俘虜約六〇〇名が乗り、日本軍は将校一名兵員一〇名なのでこれを制圧して中立国中国へ上陸しようと計画したが、日本の巡洋艦が姿を見せたので実行できなかった。アルテルトは収容所での逃走の準備として日本語を熱心に学習した。

(2)　大正四年秋和服を入手し、高さ二・五メートルの柵を乗り越えたが、警備警察が警報を出したので発見されないように収容所に戻った。

(3) 大正四年一〇月資材庫からの柵の下へトンネルを掘り、和服を纏って警官や憲兵の側を通り、人力車で大阪駅へ、電車で神戸まで行き日本旅館で一泊、汽車で下関に着いた。靴のドイツの会社名によって露顕し、釜山への連絡船に乗船する時逮捕され、禁錮四月の処罰を受けた。

(4) しばらくしてオーストリアの大尉フォン・モラヴェック（『俘虜名簿』によればルードルフ・エードラー・フォン・モラヴェック Rudolf Edler von Morawek）が大阪収容所に収容された。この将校はシベリアの収容所からUSAと中国を経由して本国に逃走し、ロシアの重要な補給路である「松花江」の鉄橋を爆破する任務を受けて派遣された。資金の一〇万円は上海のオーストリア領事館に寄託されていた。横浜に修理のため船が入ったので彼は逮捕され、大阪収容所へ送られた。一方アルテルトはこの間に青島残留の妻の手配で外洋小型船を中国から収容所の近くへ送らせ、書籍の表紙に隠した一〇〇〇円を入手していた。モラヴェック、技師のエステラー、オットー・シャウムブルクと共謀して収容所付近の川まで横坑を掘り、手配の船に至ろうとした。

シャウムブルクは準備作業の遅れにいらだち、絵葉書を剝がして中国の協力者に促進を求め再び貼り合わせて投函した。湿った天候に絵葉書がはがれ、秘密通信が発見された。アルテルトの名は書いてなかったので、三名だけが一カ月の罰を受けた。

大正六年二月一九日収容所は瀬戸内海の小島である似島へ移転した。この四名は又逃亡を計画した。

(5) 竹製の筏を園亭に偽装し、収容所前の畑に立て、空気枕とサッカーボールを浮力増強とし、救命胴衣にはワインのコルクを応用し、食料と地図類は筏の下に埋めて置いた。約一二キロ離れた本州まで筏で渡り、どこか港に出て漁船に乗り、朝鮮を経て天津までの計画だった。

脱出するとすぐに警報が鳴った。別の脱走計画で二人の俘虜が発見されたためである。海では投光器、陸では提灯の助けをかりた衛兵や漁夫に四人も捕えられた。アルテルトとエステラーは三年、モラヴェックとシャウムブルクは二年半の刑を宣告され、一九二〇年一月一五日特赦によって釈放されるまで広島の吉島刑務所で獄衣を着ていた。

上記(3)の逃走については、大正四年九月四日に脱走、六日夜門司市において逮捕した旨の日本側の文書がある。

高秘第一三四一七号
大正四年九月七日
福岡県知事　谷口留五郎（印）
外務大臣　伯爵　大隈重信殿
申報（通）（ママ）先　内務大臣外務大臣陸軍大臣
大阪府知事兵庫県知事
大阪俘虜収容所長
逃走独逸俘虜ニ関スル件
大阪俘虜収容所独逸海軍大主計
アルテルト　当　四十四年
本月五日午后十一時頃管下門司市入船町一丁目料理屋宮永ヨシ方ニ外人登楼シタルニ其挙動怪シキ点アリシヲ以テ内偵スルニ本人カ同家女将ニ語リタル処ニ依レハ自身ハ露国人ニシテ目下在仁川ノ実弟病気ノ旨急報ニ接シ同地ヘ急行スヘキモノナルカ何故カ日本警察官ハ絶ヘス自己ノ身辺ニ尾行シテ注視シ居ルモノ、如ク如斯ニ日本官憲ニ嫌疑セラル、ニ於テハ到底予定ノ期日迄到着シ能ハサルノミナラス舎弟生前ノ面影ニ接スルコト又不可能ナランカト憂惧セラル、ニ付テハ是等官憲ノ疑ヲ避クル為メ仁川迄同行シ呉ルニ於テハ一切ノ旅費ハ自身ニ於テ支弁スヘキ旨ヲ語リ頻リニ哀願シタル趣ヲ以テ同家女将ニ於テモ之ヲ応諾シ昨夜午后九時出帆ノ関釜連絡船ニテ出発スルヤニ聞知シ益々怪シムヘキ点多カルヘキヲ以テ一面同家ニ言含メ昨夜ノ暴風雨ニ事寄セテ其出発ヲ見合ハサシメ即時本人ニ付厳重取調ヘ結果遂ニ包ミ切レスシテ本人ハ従来大阪俘虜収容所ニ収容中ナリシ俘虜ニシテ海軍大主計「アルテルト」四十四年ニシテ本月四日同収容所ヲ逃走シタル旨自白スルニ至レリ依テ其逃走ノ経過ヲ取調ヘタルニ本月四日午前十時過大阪俘虜収容所ヲ逃走后同市町名不詳ノ某呉服商店ニ於テ十字絣単衣及薄鼠色形付角帯ヲ求メテ内地人ニ変装シ人力車ヲ駆テ大阪駅ニ到リ同所ヨリ電車ニテ神戸ニ直行シ同夜神戸駅前茶水旅館ニ一泊翌五日午前七時三十分神戸駅発列車ニテ下関経由同夜午后九時門司到着直チニ同市□（一字判読不能）町山田旅館ニ投宿シ午后十一時頃ニ至リ市内散歩ト称シ外出シタル儘前記料理屋ニ登楼シ居タルコト判明シ即時憲兵隊ニ引渡スト共ニ外務大臣兵庫県知事ヲ除クノ外何レモ電報シ置キタリ

右及申（通）報候也[21]

戦後帰国してからの本人の情報よりは、逮捕引き渡しの時の上の報告書の方が正確であろう。

(5)については、「逃亡予防」の項で状況を次のように報告している。「大正七年八月俘虜将校『アルテルト』以下四名ノ将校見習士官共謀シテ消灯時限前多数俘虜ノ舎外ニ在リテ散歩遊戯セルノ混雑ニ乗シ鉄線柵下ヲ匍匐シ潜行シテ所外ニ出テ兼テ所外耕作地ノ一小舎ニ秘匿シ準備セル四個ノ筏ヲ組合セ之ヲ携テ将ニ村落海岸方面ニ奔ラントスル刹那所外巡視中ノ警官ノ怪シム所トナリ其警告ニ依リ派遣シタル衛兵ノ為似島部落ニ於テ逮捕セラレ幸ニ其目的ヲ達スルコトハ能ハサラシメシ事アリタリ[22]」。また処罰に関連して

こう記述している。「――大正七年八月俘虜将校三名、見習士官一名ノ共謀逃走ヲ企ツルヤ一般所外耕作ヲ禁止シ且ツ所外玉突遊戯場ハ俘虜ノ逃走脱柵ニ利用セラレタルヲ以テ之ヲ閉鎖シタルモ俘虜ハ玉突遊戯ヲ禁セラレタルノ苦痛ニ痛《ママ》ヘス大正八年一月ニ至リ収容所内外ヲ問ハス将来逃走ヲ企図セサルコトヲ誓ヒタルヲ以テ之ヲ解禁シタリ(23)」。ただしこの「宣誓」は、「俘虜ノ処罰ニ関スル件」の第五条「俘虜逃走セサル宣誓ヲ為シ之ニ背ク者ハ重禁獄ニ処ス其ノ他ノ宣誓ニ背ク者ハ軽禁獄ニ処ス」という条文に対応するものであるが、すでに大正四年一一月俘虜情報局の通達によって「逃走セサル宣誓」には適用できなくなっている。「顚末」から引用すれば、「大正四年十一月十日軍令陸第十五号ヲ以テ」

大正四年九月大阪収容所ニ於テハ再三逃亡ノ虞アル俘虜ニ対シ之ヲ予防スル為宣誓セシメ果シテ法律上ノ効果アルヤ否ヤニ関シ照会アリシヲ以テ俘虜情報局ハ左ノ回答ヲ為セリ

一　単独逃亡ノ俘虜ニ対シテハ刑法上ノ制裁ヲ加フルヲ得ス故ニ再三逃亡ヲ企ツル虞アル俘虜ニ対シテハ厳重ナル取締即要スルハ密室監禁ニ等シキ方法ヲ採ルヨリ外ナシ但シ此際拘禁等ノ文字ヲ避クルヲ要ス

二　逃亡セサル宣誓ハ現行ノ法文ニ於テハ民家居住及自由散歩ノ場合ノ外之ヲ認メ居ラサルヲ以テ収容所内ニ在ル俘虜ヲシテ此種ノ宣誓ヲ為サシムルモ之ニ対シ俘虜ノ所罰ニ関シ明治三十八年法律第三八号第五条ヲ適用スルヲ得ス(24)

収容所を脱柵し、国外へ逃亡した者を「逃亡成功者」とすれば、脱柵はしたものの「其ノ軍ニ達スル前又ハ之ヲ捕ヘタル軍ノ占領シタル地域ヲ離ルルニ先チ再ヒ捕ヘラレタル者」は「逃亡未遂者」であり、「懲罰ニ付セラレ」たり、共謀の場合は法律によって「処刑」されたりした。その数は「逃走幇助者」を含んで表6-1によれば四一名とあるが、「懲罰員数表」での逃走一二名、「処刑員数表」での共謀逃走二六名、逃走幇助六名の合計は四四名となる。数字の上では三名が懲罰と処刑の両方の処分を受けたことになる。

俘虜の逃走の目的は、再び戦線に参加すること、もしくは柵外での散歩遊興であった。後者の一例を挙げれば、「大正七年二月九日夜少尉キウルボルン（ママ、『俘虜名簿』によればゲオルク・キュールボルン Georg Kühlborn）（二九）は従卒ナーゲール（二六）ダウデルト（三〇）と共に脱出してカンタン遊廓春日楼に登楼した。みごとな手跡で高松市本町長野正（二三）高山留一（二〇）中山信一（三〇）と記帳し小福、美代吉、秀勇を相娼に一人五円二十銭宛を支払つて愉快の最中憲兵に捕へられた事件はおよそ傑作であつた。少尉は謹慎従卒二人は営倉三十日は高い春宵一刻の夢代であつた――」[25]。

「外務省文書」には数件の逃走俘虜逮捕に関する報告書がある。姫路市景福寺収容中のオーストリア海軍の三名が大正四年二月二三日午後九時頃「監視官ノ隙ヲ窺ヒ逃走シ徒歩神戸市ニ来リ折柄碇泊中ナル汽船モンゴリア丸ニ便乗帰国セント企テ居ルモ巡邏中ノ神戸水上警察所ノ□□（判読不能）ニ於テ発見シタルヲ以テ直ニ収容所ニ通報シ二十四日午後九時姫路憲兵分隊ノ巡遣官ニ引渡ヲ了シタリ」、また姫路市本徳寺収容所のオーストリア人二人は同じ二四日午後八時頃「逃走シ所在不明トナリタルコト翌二十五日午前七時ニ至リ発見セシ旨同収容所ヨリ姫路警察署へ申出候ニ付直ニ手当シタル処同日午前十一時四十分頃明石警察署ニ於テ取押ヘ当該官憲ヘ引渡ヲ了シタリ」[26]。

静岡俘虜収容所から逃走したドイツ俘虜ウィルヘルム・シューベルトは大正四年四月一五日「午後十一時頃収容所員ノ就寝後ニ於テ厨場内ヨリ若干ノ麵麭ト日本貨幣約五円ヲ懐中シ同夜裏門附近ノ塀ヲ踏越ヘ逃走シ横浜ヲ目的トシテ昼間ハ山野ニ潜伏シ夜間ハ鉄道線路ニ沿フテ歩行シ所持ノ麵麭二三日ニシテ尽クルヤ山野ノ果実ヲ採食シテ僅カニ饑ヲ凌キ漸ニシテ取押ヘラレタル当日ノ午後五時横浜ニ入リシモ土地不

案内ナルト且知人ナキ為進退ニ窮シ行人ニ問フテ漸ク宿所ヲ市内山下町イムピリアルホテルニ求メ投宿スルヤ直ニ取押ヘラル、ニ至リタル旨ヲ申越セリ尚同人取押後静岡（貴）県ニ引受配慮方電話并書簡ヲ以テ照会置候処其ノ回答ニ接セサル前当該収容所ヨリ人少ノ折柄本県ヨリ護送相成度旨嘱託有之候ニ付巡査部長一名通弁巡査一名ヲシテ当月二十五日午前七時六分平塚発汽車ニテ護送セシメ同日午後二時同収容所ニ引渡ヲ了セリ(27)」。

久留米のシュトレンペルとヴィラーバッハは、大正五年四月一〇日午後八時から九時の間に板塀を越えてコンパスを頼りに西南の久留米川もしくは筑後川附近の森林中に潜伏し、昼間は隠れ夜間に出発し、一二日から一三日まで夜間のみ歩行、一四日朝佐賀附近の森林に至り、夜八時頃出発一五日午前二時頃佐賀附近の村落の橋を渡り、なお昼間は藪内に潜伏、夜八時頃出発、一六日佐賀県北方《きたがた》附近の森林に潜み、夜八時頃出て武雄《たけお》の藪内に潜伏、夜出発一七日午前三時過ぎ管下東彼杵《ひがしそのぎ》郡三河内附近に到着、「同日午後二時十五分三河内発列車ニテ管下早岐ニ到着シ同地ニ於テ他ノ列車ニ乗換ヘタルニ際シ早岐警察分署巡査ニ於テ前示二名ハ予テ手配中ノ逃走俘虜ニアラザルカト容疑シ取調中同列車ハ長崎ニ向ケ出発セシヲ以テ同署ヨリ取調方警察部ニ通報スルト共ニ長崎警察署ヘ電話通知アリタルヲ以テ厳重警戒中十七日午後五時十分長崎着列車ニテ来着セシヲ逮捕シタルモノニ有之候其ノ逃走ノ目的ニ付テハ単ニ長崎ニ来リタキ希望アリテ窃カニ逃走シタルモノニシテ自分等以外ニハ共謀者ナシト陳述セリ右取調十七日夜終了セシヲ以テ十八日午前五時長崎憲兵隊ニ引渡シ同分隊ニ於テ同日ノ午前六時長崎発列車ニテ久留米俘虜収容所ニ向ケ護送セリ(28)」。

「個々逃走」については「陸戦ノ法規慣例ニ関スル規則」第八条に従って「懲罰」に付し、将校は重謹慎もしくは軽謹慎、准士官以下には重営倉もしくは軽営倉の処罰はしたわけだが、表6-4の示すようにその数は一二名であるのに、「刑罰」を受けた数は表6-5に示したように共謀逃走二六名、逃走幇助五名、合計三一名に及んでいる。国際法の「懲罰」と国内法の「刑罰」の齟齬は下記のような在北京独逸公使からの異議申し立てを呼び起こした。逃亡未遂の俘虜に対して軍法会議が開かれたとの新聞報道について確認を求めて、大正四年三月一日フォン・ヒンツェは俘虜情報局長官に照会してきた。「――国際条規（千八百九十九年七月廿九日海牙ニ於テ協定セラレタル陸戦ノ法規慣例ニ関スル附属規則第八条）ニ依レハ俘虜ノ逃亡ハ単ニ罰則ニ付セラルヘキノミ従テ小生ハ寧ロ該新聞記事ヲ以テ直ニ確実ナルモノト信スヘカラスト為ス者ニ候――（別紙貼付セル新聞記事）二月六日熊本俘虜収容所ニ於テハ今回逃亡ヲ企テタル四名ノ独逸俘虜ニ対シ軍法会議ヲ開キタル由而シテ尚ホ長崎新聞ニヨレハ其内三名ノ下士ハ十二ヶ月他ノ一名ノ兵卒ハ十ヶ月ノ禁錮ニ処スル旨宣告ヲ受ケタリト(29)」。

これに対する「顚末」の反論は当時の戦争観と俘虜取扱いの基本的姿勢を示すものとなっているので、煩を厭わず引用しておく。

「凡ソ戦争ハ無上ノ善ヲ為サンカ為メ生起スルモノニシテ交戦国ハ其目的ヲ達スルニ順要ナル一切ノ手段ヲ採リ得ルハ戦時国際法ノ根本原則ニシテ唯此目的ヲ達スル必要ノ範囲外ニ於テハ力メテ人道ヲ尊重シ俠勇ノ精神ニ副フヘキナリ是ヲ以テ敵ノ戦闘力減殺ヲ目的トシテ捕虜ヲナスニ当リ之ヲ収容セル国家ハ当然之ヲシテ戦争ニ参与セシメサル為メ必要ノ手段ヲ採ルノ権利ヲ有シ唯其権利ノ遂行ニ妨ケナキ範囲ニ於テ人道俠勇ノ精神ヲ尊重スルヲ本然トス国際法規ニ於テ逃走ノ目的ヲ達スルニ先チ再ヒ捕ヘラレタル者ヲ懲罰ニ付スルニ止メ敢テ刑罰ヲ加フルコトナカラシメシ所以ノモノハ即チ前述俠勇ノ精神ニ基ク慈恵的発作タルコト明ニシテ此規定ノ存スルカ故ニ俘虜ヲ安全確実ニ抑留スル為必要ナル諸手段ヲ採ルノ根本的権利ヲ拘束セラルヘキニアラス即チ其逃走ノ情状ニシテ以上ノ権利ヲ侵害スルカ如キモノ（共謀シテ逃走ヲ

企ツルカ如キ即チ然リ）ナランニハ之ヲ所罰スル必スシモ軽易ノ懲罰処分ノミヲ以テセス更ニ一層厳重ナル懲戒ヲ施シ以テ爾他ノ俘虜ノ逃走行為ヲ未萌ニ防遏安全確実ニ之ヲ抑留スルノ途ヲ講シ得ルコト固ヨリナリトス是ヲシモ為シ得ヘカラストセハ是レ俘虜ヲ安全ニ抑留シ以テ交戦目的ノ達成ヲ容易ナラシメントスル交戦国当然ノ権利ノ行使ヲ禁遏スルニ外ナラスシテ戦時国際法上ノ根本原則ト相扞格ス蓋シ共謀シテ逃走ノ所為ヲナス者ノ如キ之ヲ処スルニ尚俠勇的精神ノ発作タル軽易ノ懲戒ヲ以テスルニ止メ一層厳重ナル処分ヲ為スコトナカランカ続々此種行為ノ発生ヲ見ルナキヲ保セサルナリ是レ文明諸国ニ於テ均シク此種ノ者ニ刑罰ヲ課スル方針ヲ採レル所以ニシテ国際法上何人カ之ニ対シ異論ヲ挿ムモノアラン夫ノ国際法明文ノ形体ニ囚ハレ字句ノ末ニ拘泥シ其根本ノ精神ヲ失フカ如キ者アリトセンカ斯ノ如キハ根底ナキ僻論者流ニシテ一顧ノ値ナキモノトス」[30]として、異議を退けている。戦争は無上の善をなすために起きる、という戦争観、「人道俠勇ノ精神」とその限界、国際法と国内法の関係など、この反論はジュネーヴ条約を調印しながら批准しなかったわが国の俘虜問題に対する姿勢を暗示している。

日本人ないしは日本軍と俘虜の問題を示唆する考察は、板東収容所の「俘虜ノ起居及勤務」についての報告に見ることができる。「――実ニ俘虜生活ハ心身ヲ制縛セラレ為ニ神経衰弱者ヲ出精神病患者ノ生スルハ当然ノコトニシテ我帝国国民性ハ到底永キ俘虜生活ニ堪ヘ得キモノニアラサルハ火ヲ睹ルヨリ明カニシテ若シ不幸ニシテ敵国ニ俘虜タラン乎縮命者尠少ニアラサルヘキモ彼等ハ忍耐力強ク研究心頗ル旺盛ニシテ常ニ体力ヲ練リ学習ニ努メ音楽ヲ奏シテ自ラ慰藉シ能ク五年ノ歳月ヲ経過シ千有余名中僅ニ二、三ノ精神病者ヲ出セシノミナリシハ其ノ成績極テ良好ナリト云ハサルヘカラス」[31]。立場を逆転させ、日本軍将兵が俘虜になった場合を想定したこの予測は、「生きて虜囚の辱を受けず」という戦陣訓の縛りの有無と無関係に、日本人のエートスにまで触れようとする見解であり、それとの比較の上で「其ノ成績極テ良好

表6-7　将校同相当官俸給（月額）支給表　（単位：円）

	大佐	中佐	少佐	大尉	中尉	少尉
陸軍		183.000	129.000	75.000	46.000	42.000
海軍	262.190	199.530	137.480	82.120	54.750	45.650

一階級中給額ニ等級アルモノハ最下額ニ依ル

ナリ」と評価しているのは、こうした報告書の筆者（おそらく収容所長松江大佐）がその個人的見解を吐露することは珍しいのに、五年間の観察の結論が出てしまったに違いない。彼我比較の観点なしに個人的見解が出ている例は、大分の報告に見られる。「――日課ヲ定ムト雖何等教育陶冶ノ目的ヲ有セサルノミナラス極端ニ論スレハ寧ロ彼等ヲシテ精神ヲ退歩セシムル方有利トスル」(32)という見方である。

俘虜問題に対する日本軍の将来の対応を条件付けたと予測させるもう一つは経済的観点である。「陸戦ノ法規慣例ニ関スル規則」の第一七条には、「俘虜将校ハ其ノ抑留セラルル国ノ同一階級ノ将校カ受クルト同額ノ俸給ヲ受クヘシ右俸給ハ其ノ本国政府ヨリ償還セラルヘシ」とあり、俘虜将校に対する俸給支給を義務づけている。国情に応じて差異があるので「日本国ニ在リテハ休職給」と「見解スルヲ至当トス」として表6-7に従って支給した(33)。

准士官以下への扶養は、「規則」第七条「政府ハ其ノ権内ニ在ル俘虜ヲ給養スヘキ義務ヲ有ス交戦者間ニ特別ノ協定ナキ場合ニ於テハ俘虜ハ糧食、寝具及被服ニ関シ之ヲ捕ヘタル政府ノ軍隊ト対等ノ取扱ヲ受クヘシ」に従い実施されたので、将校に対する俸給およびその他の経費と合計すれば、「俘虜収容以来解放ニ至ル間俘虜ノ為メニ要セシ経費ハ総額五百九十七万余円ニ上リ而モ之等費額ハ媾和条約ノ結果全ク其償還ヲ得ルコトヲ得サリキ」(34)という慨嘆が生じてくる。

俘虜の懲罰は前述の「規則」および「俘虜取扱規則」（最終は大正三年九月二一日陸達第三一号）に準拠して行なわれたが、「共謀逃走」は国内法の「俘虜ノ処罰ニ関スル件」に依って刑罰を加えられた。懲罰に関する条項を「取扱規則」から取り出すと、

第六条　俘虜不柔順ノ行為アルトキハ監禁制縛其ノ他懲戒上必要ナル処分ヲ之ニ加フルコトヲ得

俘虜逃走ヲ図リタル場合ニテハ兵力ヲ以テ防止シ必要ノ場合ニハ之ヲ殺傷スルコトヲ得

第七条　宣誓セサル俘虜逃走ヲ遂ケスシテ再ヒ捕ヘラレタルトキハ懲戒処分ニ附スヘシ

前項ノ俘虜逃走ヲ遂ケタル後再ヒ俘虜ト為リタルトキハ前ノ逃走ニ対シテハ何等ノ罰ヲ加フルコトナシ

第八条　俘虜懲戒ノ方法ハ前諸条ニ規定スルモノノ外陸軍懲罰令ニ準シ其ノ犯罪ハ陸軍軍法会議ニ於テ審判ス[35]

国内法の定める共謀逃走に対する刑罰はこの「取扱規則」とも矛盾することになる。第六条の「犯罪」は一般的犯罪を意味するはずである。「共謀逃走」と「逃走幇助」を刑罰に組み入れている「俘虜処刑員数表」を簡略にし、国別と階級別を合計欄のみに掲げて整理したのが表6-8であり[36]、「犯罪」の種別はこれによって見ることができる。

ドイツ側資料は帰国後の俘虜からの情報をまとめたものであるが、いくつかの処罰の例を挙げている。「逃走」には懲罰を、「犯罪」には比較的重い刑罰を日本側は加えたことが窺われる。「徳島と板東で逃走が厳罰に処せられたのは、ことのついでに日本の刑法に触れた場合だけだった。収容所の柵を損壊するだけでもう罰は重くなった。立木から果実をもぐようなことであれ、逃走中の食糧調達や、川とか入江を渡るために小船を寸借しても窃盗の罪とされた。ある時徳島から兵站部書記のハインリヒ・エールトニスが

表6-8　俘虜処刑一覧表

刑名 罪名	国別	階級	懲役 初犯	 再犯	禁錮 初犯	拘留 初犯	計 初犯	 再犯	合計
共謀逃走					26		26		26
逃走幇助			5				5		5
監視者ニ対シ暴行			1		1		2		2
監視者ニ対シ反抗					2		2		2
哨兵ニ暴行			1		2		3		3
官憲侮辱					2	1	3		3
哨兵侮辱					1		1		1
哨兵ノ制止ニ背ク					2		2		2
軍用物毀棄			3				3		3
建造物破壊			1				1		1
器物毀棄			10				10		10
横領			1				1		1
傷害			10				10		10
強盗			1				1		1
窃盗			19	1			19	1	20
計	独逸（ドイツ）	将校	1		4		5		5
		准士官			4		4		4
		下士卒	50	1	19	1	70	1	71
		小計	51	1	27	1	79	1	80
	墺洪（オーストリア・ハンガリー）	将校			3		3		3
		下士卒	1		6		7		7
		小計	1		9		10		10
合　　計			52	1	36	1	89	1	90

逃走した。着物を着て収容所から六〇〇メートル離れた桟橋から出る神戸行きの汽船に乗った。背が高いのと大きな鼻のために正体がばれたが、処罰は一四日の謹慎だけだった。同じ収容所から予備兵曹ルードルフ・エーベルツが逃走して海岸まで行き、鳴門海峡の激しい流れを泳ぎ、島で休息し、衣服を脱いで干した。白い肌で気づかれ、四日ばかり後に収容所へ連れ戻された。処罰は約二〜三週間の営倉だけだった。水兵オットー・ケルナーは――収容所外の地域に隠れ、夜八〇〇メートル離れた農家の戸をポケットナイフで開けて入りこんだ。そこで住民に発見された。審理では――住居侵入と脅迫を伴う逃走とされ三年の懲役刑に処せられた(37)」。単なる逃走は処罰、一般犯罪を伴う場合は刑罰を加え一種の「みせしめ」とした状況をこの記事は示している。

懲罰ははるかに数が多く、「俘虜懲罰員数表」を簡略化し合計欄のみに国別と階級別を掲げて整理したのが表6-9(38)である。

初犯者二〇七二名は俘虜総員の約四五パーセントの多数である。「俘虜ノ懲罰ハ本邦軍隊ノモノト全ク其精神ヲ異ニシ全然教育的意味ヲ含マス殆ント全ク膺懲的高圧手段トシテ之ヲ自然ナリトス(39)」、ということばがよく事情を説明している。正規の懲罰とならない形として「酒保ノ閉鎖、室内蟄居、通信ノ発授停止等ノ方法ヲ採用セシカ此方法ハ場合ニ依リ懲罰処分以上ノ効果ヲ生セリ(40)」。

似島移転前の大阪収容所には営倉がなかったので「歩兵第八聯隊営倉ヲ使用シタルモ之ガ為入倉俘虜ハ大阪市内ヲ護送セラレ市内ノ景況ヲ看ルニ便ヲ得却テ営倉処分ヲ悦フカ如キ傾向アリシヲ以テ所内ニ営倉ヲ設備シ大正四年五月以降之ヲ使用セリ(41)」という状況もあった。

板東収容所長は次のような賢明な処置を取っていた。「俘虜犯罪構成ノ主因トスヘキモノハ飲酒及言語不通並習慣ノ相違ニ基ク衛兵ノ出来事トス当初所長ハ所員ニ対シ最モ機宜ニ適スル処置ヲ取ラシメ且ツ寛

表6-9　俘虜懲罰一覧表

罰目 罪科	国別	階級	重謹慎 初犯	重謹慎 再犯	軽謹慎 初犯	軽謹慎 再犯	重営倉 初犯	重営倉 再犯	軽営倉 初犯	軽営倉 再犯	譴責 初犯	計 初犯	計 再犯	合計
逃走			2				8	2				10	2	12
窃盗							1					1		1
犯則			79	21	13	3	1883	566	44	1	6	2025	591	2616
暴行及反抗			1				34				1	36		36
	独　逸（ドイツ）	将校	40	11	9	3					1	50	14	64
		准士官	37	7	3		6	1			3	49	8	57
		下士卒					1843	544	44	1	3	1890	545	2435
		小計	77	18	12	3	1849	545	44	1	7	1989	567	2556
	墺　洪（オーストリア・ハンガリー）	将校	3	2	1							4	2	6
		准士官	2	1								2	1	3
		下士卒					77	23				77	23	100
		小計	5	3	1		77	23				83	26	109
合		計	82	21	13	3	1926	558	44	1	7	2072	593	2665

厳其宜シキヲ得尚取扱ヲ容易ナラシムル為メ所員ニ二日以内ノ営倉処分ノ権限ヲ附与シタリ其他運動耕作等ノ許可人員数百名ニ上リタルモノノ中一名ノ規則違反者ヲ出スニ於テハ其全員ノ運動ヲ禁止シ或ハ数日間耕作ヲ禁止シテ之ヲ懲戒シ又ハ俘虜全員ノ処罰ヲ実行セリ是等一団若クハ全員ノ処罰ハ効果著シク其犯則者ハ他衆ヨリ訓戒ヲ以テ殴打セラレ全ク歯（ママ）ヒセラレサルニ至レリ」[42]。

久留米収容所の報告書は懲罰の「規定」を掲げている。

(一)将校准士官ノ処罰者ハ犯行ノ情状ニ依リ監視兵ヲ附シ居室ニ監禁ス
但シ二名以上同居スル場合ハ別ニ一室ニ錮ス
(二)下士以下ノ入倉者ハ同一営倉ニ錮スルヲ以テ重営倉ヨリ軽営倉ヘ移スノ時期ハ可成繰合セ同時トナス
(三)重営倉ノ者ニハ麺麭、バタ(代用)及湯ヲ給ス右ニ付開設以来准士官待遇者モ重営倉ニ処シ来リタルモ大正七年十月以来居室ニ謹慎セシメ食餌ヲ重営倉同様トナシタリ是准士官ハ現品給養ナルヲ以テ俸給ノ減俸ヲナス能ハス故ニ縦令謹慎処分ヲナスモ俘虜トシテ名誉ノ顧慮セサル関係上何等ノ苦痛ヲ感セサルヲ以テナリ(43)

久留米収容所における俘虜将校殴打事件

大正四年一一月一五日久留米収容所長は俘虜将校二名を自ら「飛ヒ懸リ之ヲ手ヲ以テ打伏セ」た。俘虜将校一同はこれに抗議し、所長に抗議書、陸軍省に訴願書、利益代表である米国大使館へ連絡しようとした。所長は単なる処罰以上の刑罰を加えようとしたが、陸軍省の法務局は「犯罪ノ価値ナキモノ」と判断した。「事件」(44)そのものと、その後の対応とをよく示す資料としてそのまま掲げるが、可能な限り原文のままとした。

(1)　陸軍省法務局の文書

法務局

本件ヲ約述スレハ収容所長カ我カ大典ノ余恵ヲ俘虜ニ及ホスノ主旨ヲ以テ酒及菓物ヲ俘虜将校等ニ増給セントシタルニ其ノ二三ノ者等カ本国政府ノ許可アルニ非レハ何品タリトモ外国ノ寄贈ヲ受ケストテ之ヲ受ケサル故収容所長ハ左スレハ若シ罪囚ト為リテ恩赦アリタルトキハ如何ト問フヤ之ヲモ受ケスト抗言シタルヨリ所長ハ憤怒ニ堪ヘス即座ニ此将校等ヲ打擲シタルカ為彼等ハ之ニ激昂シ之ヲ以テ大ナル侮辱ナリトシ且抵抗力ヲ有セサル俘虜ニ対シ斯ル侮辱ヲ加フルコトハ海牙条約違反ナリトシ遂ニ俘虜将校多数連署シテ抗議書ヲ作リ以テ此事ニ付陸軍大臣ニ陳情シ或ハ米国公使ニ訴ヘントシタル

モノナリ先ツ所長ノ行為ヲ按スルニ大典ノ余恵ヲ俘虜ニ及ホスノ主旨ヲ以テ之ニ酒菓ヲ増給シタルハ必定彼等亦欣受スルナラント考ヘタルニ出テタルモノニシテ失当ト云フヲ得ス然ルニ意外ニモ彼等ハ之ヲ受ケサルノミナラス恩赦ヲモ受ケスト抗言スルニ至リ所長ハ之ヲ以テ非常ノ無礼ナリト認メ憤怒ノ余リ之ヲ威圧セント欲シ遂ニ此挙動ニ及ヒタルモノニシテ稍失態タルハ免レサルモ大ニ酌ムヘキ事由アルモノトセサルヘカラス惜シムラクハ所長ハ自己ノ挙動ノ少ク常経ヲ逸シタルコトニ付テ悔ヒタルモノアルカ為カ専緩和的ニ事ヲ了セント欲シタルノ観アルノミナラス或ハ某俘虜少佐等ヲシテ切ニ中介ノ労ヲ執ラシメントシ或ハ大臣、公使等ヘノ陳情等ヲ遮ラント努メタルノ迹アルコトヲ彼等若シ強テ陳情訴告セント欲セハ任放シテモ可ナリ万一公使ノ抗議等アリタルトキハ夫々陳弁センノミ仮リニ陳情訴告ヲ遮ラント欲スルモ外来人トノ交通ヲ遮断スル等ノコトヲ為サヽル限リハ到底其ノ目的ヲ達シ得サレハ也

次ニ俘虜将校等ノ行為ヲ按スルニ軍衙ノ要求スル規律秩序ニ服従スルノ義務アル身分ニシテ敢テ此種ノ言動ニ及フ之ヲ規律違反ナリトシテ之ニ相当ノ制裁ヲ加フルハ妨ケナシ然レトモ之ヲ以テ直ニ　天皇ニ対スル不敬罪ナリトスルハ当ラス而シテ其ノ所長ノ威圧打擲ノ行為ヲ侮辱ナリトシテ之ニ激昂シタルノミナラス数名連署ノ抗議書ヲ作リ以テ其ノ筋ニ陳情訴告セントシタルカ如キハ強テ之ヲ有罪タラシメント欲セハ明治三十八年法律第三十八号第一条ニ所謂犯行ノ行為ト論スルコトヲ得サルニ非サルカ如キモ帝国軍人カ服従ノ本分ヲ忘レ結党等ノ行為ヲ敢テシ陸軍ニ触ル場合ト自ラ性質ヲ異ニスルモノアルカ故ニ寧犯罪ノ価値ナキモノト論スルカ相当ナラント思考ス

俘虜米国大使館ト連絡ノ件ニ関シ報告

大正四年十一月二十七日

久留米俘虜収容所長　真崎甚三郎

陸軍次官　大島健一殿

本年七月十四日久俘庶第一八四号ヲ以テ俘虜将校ヨリ米国大使宛ノ書信及十月二十八日久俘庶第四五〇号ヲ以テ「ヘルトレー」一件ニ関スル書信ハ既ニ進達ニ及ヒ置候処其後左記ノ事情ニ依リ俘虜ハ一層米国大使館ト連絡ヲ通スルノ企図ヲ有シ当所ニ於テ有ユル手段ヲ尽シテ之カ警戒ニ怠リナカリシモ何時ノ間ニヤラ俘虜ノ妻ニ其意通シタルカ如ク昨日中尉「ホーフェンヱルス」ノ妻面会ノ際妻カ病気治療ノ為（同妻ハ実際病気ニテ長崎ノ某病院ニモ入院セシコト有之候）上京スルヲ機トシテ夫中尉ハ同妻カ米国大使館ニ出頭シテ当所ノ取扱カ「ハーグ」条約ノ規定ニ反スルアルヲ訴フルヘク申付タル由ニ有之候勿論事実ハ何タルコトモ無之凡テ非ハ俘虜側ニ有之候得共彼等ニ先制ノ利ヲ占メラレルハ不得策ト存セラレ取急キ及報告候条何分ノ御処置相成度候

追而右夫人ノ上京ハ警察署ト交渉差当旅行許可証ヲ与ヘス其出発ヲ遅延セシメ置候

大正四年十一月二十七日　久留米衛戍司令官　柴勝三郎

(3)

真崎甚三郎報告書の附属文書

左記

本年七月頃迄ニ俘虜等カ米国大使館ニ訴ヘントト欲セシ事項ハ七月十四日久俘庶第一八四号ノ進達書中「アンデルス」少佐ノ書信ニ明ナルヲ以テ茲ニ再説セス要スルニ其後「ヘルトレー」一件ノ生スル迄

ハ大ナル事件ナク大体ニ良好ノ景況ニ於テ経過シ来レリ然ルニ彼ノ「ヘルトレー」事件発生後俘虜ハ日本官憲カ「ヘルトレー」ヲ庇護シ俘虜ノ取締ヲ厳ナラシメタル如ク速断シ相互ノ感情ハ良好ナラザリシ小官ハ「ヘルトレー」以下三名ノ生命丈ケヲ保護スルハ当然ノ責任ナリト信シ現ニ実行シツヽアルモ此等三人ノ特別ノ価値ナキ者ノ為全般ノ取締方針ヲ変スル等ノコトハ勿論之ナク小官カ取締ヲ励行セシハ全ク他将校ニ対シテハ下士以下ト同時ニ同様ノ取締ヲナスノ不得策ナル事情アリタリ即参謀本部第四部長ヨリ日独戦史編纂資料ノ為俘虜ニ就テ諸種ノ事情ヲ調査スヘク照会アリタル為小官ニ於テハ俘虜将校ノ感情ヲ著シク害スルコトハ当分成ル可ク之ヲ避ケント欲シタルナリ此ノ間ニ於ケル将校ノ動作中時ニ不可ナルモノナカリシモ消灯正確ナラス又消灯後往々裸蠟燭ヲ点シタルモノアリシモ前記ノ事情アルヲ以テ成ル可ク訓戒ニ止メタル然レトモ同事件ノ屢々発生スルヲ以テ小官ハ此ノ消灯ノ不確実ナル点ノミニ於テモ将ニ堪ヘ兼ネントスルノ状態ニアリタリ然ルニ十二月三十一日ノ夜少尉「オーダーマン」ナルモノ消灯後裸蠟燭ヲ点シアリシカ衛兵ノ巡会之ヲ発見シ直チニ消灯セシメシカ其ノ立チ去ルヤ再ヒ点火セリ依テ衛兵ハ之ヲ宿直将校ニ報告シ同将校ハ直チニ現□（場か—冨田）ニ赴キシニ既ニ消灯シアリタリ同将校ハ「オーダーマン」ニ向ヒ只今衛兵ヨリ消灯セシメラレタル将校ノ氏名ヲ問ヒタルニ同人ハ知ラスト答ヘタリ小官ハ翌日右ノ報告ヲ得我宿直将校ヲ愚弄スルノ甚シキヲ思ヒ之ヲ処分セントシ小官ノ室ニ呼ヒ罰ノ言渡シヲナスタメ不動ノ姿勢ヲ執ルヘク命セシカ一、二度テ直チニ服従セス傲慢ノ態度ヲ取リシヲ以テ之ヲ引キ摺リ出シテ不動ノ姿勢ヲ執ラシメ即座ニ重謹慎十日ヲ三十日ニ変更シ彼レカ居室前ニ歩哨ヲ立テ我懲罰令規定通リノ謹慎ヲ実行セシメタリ斯ノ如キコトモ亦俘虜将校全般ノ感情ヲ若干害シタルモノト認メラル

今回　御大礼ニ際シ昨年耶蘇降誕祭ノ例ニ依リ本月十四日昼将校以下一人ニ「ビール」一本林檎二個

ヲ加給セリ同日夜「ベーゼー」「アッロリヤーン」ノ両中尉ハ目下俘虜タル境遇上本国政府ノ許可ナク外国政府ヨリノ贈物ヲ受領スル能ハサル旨ヲ述ヘ加給品ヲ返戻シ来レリ小官ハ此ノ一事ヲ以テ其辞礼ト形式ノ如何ニ関セス事実ニ於テハ我カ官憲ヲ大ニ侮辱シタルモノト信シ如何ニシテ此侮辱ヲ雪クヘキカヲ考究セリ然レトモ軽挙ニ事ヲナス事ナク一方ニ於テハ高級所員ヲシテ「アンデルス」少佐ニ就テ斯ル命令ノ有無ヲ糺サシメ一方ニ於テハ小官先ツ本人等二名ヲ呼ヒ彼等ニ懇ニ之ヲ論セリ即チ此加給品ハ普通ノ贈物ト同視スヘキモノニアラス目下我日本国ハ古今未曽有ノ大慶事ノタメ　天皇陛下ハ此ノ慶福ヲ日本臣民ハ無論外国人ニ至ル迄分タント思召サレ特赦減刑ノ勅令ヲ下シ給ヒ国民ハ津々浦々ニ至ル迄熱狂シテ之ヲ祝賀シツヽアリ斯ル目出度日ニ際シ我等ノ悦ノ一端ヲ諸君ニ現ハシタルニ過キス之ヲ一個人ニ例ヘンカ諸君カ友人ヲ訪問シ偶々同人カ某事ヲ祝シツヽアルニ際会シ其席ニアル茶菓若クハ一盃ノ酒ヲ進メラルヽト同様ニシテ斯ルモノハ贈物トシテ見ル性質ノモノニアラス況ンヤ諸君ハ独逸政府ノ禁スル所ト称スルモ「アンデルス」少佐ハ斯ル命令ナシト云フ又従来ハ諸君ハ之ニ類似ノ場合ニ異議ナク受領シ来リシニアラスヤ然ルニ今回之レヲ拒絶スルカ如キハ日本官憲ニ対シ侮辱ヲ加フルコトト信セサルヤ諸君若シ監獄中ニアリト仮定シ我　陛下ヨリ出獄ノ恩典ニ浴スルモ同様ニ之レヲ拒絶スルヤト問ヒシニ彼レハ斯ルコト無論受ケスト答ヘ其言辞及態度我　皇室ニ対シ奉リ頗ル敬意ヲ失セリ彼ハ更ニ語ヲ続ケテ曰ク日本ト独逸ハ目下戦争中ナリ故ニ吾人ハ敵国人タル貴官等ヨリ物品ヲ受クルコトナシト茲ニ於テ小官ハ曰ク汝ハ予等ヲ敵ト見テ相対シツヽアルカ予ハ汝等ヲ「ハーグ」条約ニ基キ人道ヲ以テ取扱ヒ毫モ敵トシテ取扱アラス然ルニ汝カ我等ニ敵トシテ相対スルニ於テハ予ハ普通ノ取扱ヲナス能ハスト云フト云フ《(ママ)》ト同時ニ彼レニ飛ヒ懸リ之ヲ手ヲ以テ打伏セタリ然レトモ彼ハ別ニ負傷スル程度ニハ至ラサリシ同日夕「アンデレス《(ママ)》」少佐ハ米国大使館ヘ即刻館員ノ派遣

ヲ望ム旨ノ電報発送ヲ請求シ来リシモ固ヨリ之ヲ拒絶セリ

斯クテ十六日ニ至リ将校一同連盟シテ別紙甲号ノ抗議書ヲ提出セリ之レニ関シ従来日本側ニ非常ノ存意ヲ有セシ元横浜在住ノ予備少尉「フォークト」及日本人ヲ母トセル「スクリード《(ママ)》」少尉ハ内密ニ小官ノ許ニ来リ告ケテ曰ク独逸将校ハ面目―形式ヲ重ンスルヲ以テ無為ニ止マハ本国ニ帰リシ後面目ナシト考へ単ニ斯ルモノヲ提出セシニ過キス貴官ニ於テハ宜ク之ヲ一片ノ反故トセラル、モ可ナリ

然レトモ小官ハ将校ノ全部カ事ノ順序理否ヲ考へス単ニ自己ノ都合ノミヲ主張スルハ不都合ナリト信シ之レヲ説破セムト思ヒ「アンデルス」少佐ヲ招キ「フォークト」及「スクリーバ」少尉ヲ列席セシメテ今回ノ事件ニ関シ説明センコトヲ述ヘタリ然レトモ彼ハ尚大ヒニ激昂シアリテ曰ク本問題ニ関シテハ勤務上所長ノ命令ハ伝達スヘキモ個人トシテハ相談スルヲ得スト後偵察スル所ニ依レハ同少佐ハ既ニ久シキ以前ヨリ屡々彼レカ日本側ニ対シテ為スコト宜ロシキヲ失セシタメ俘虜将校ノ信用ヲ失ヒ彼ノ言ハ行ハレス頗ル苦境ニアリシ為個人トシテハ小官ト相談スルノ意ヲ有セシナカラ之ヲ拒絶セリト云フ小官ハ従来何等カノ処置ヲ施シ又既ニ事件起リシ場合ニ於テモ総テ其責任ヲ俘虜側ニ帰スル如ク努力シ来リシヲ以テ今回モ亦「アンデルス」少佐ノ言質ヲ捕ヘ将来取締リノ基礎トナシ一方ニ於テハ彼ヲ取詰メント欲シ別紙乙号ノ通リ筆記問答ヲ始テ其原本ニ署名セシメタル上当所ニ保管シアリ別紙乙号ノ問答書ノ通リ彼レカ最後ニ至リ答解ニ窮スルヤ「フォークト」少尉ハ他ノ将校ト相談スヘキヲ以テ猶予ヲ与ヘラレンコトヲ乞ヒ且密ニ告ケテ曰ク予ハ他将校ヲ説得シ能フコトヲ期シアルモ以テ少時此ノ儘ニ放置セラレンコトヲ以テセリ此ニ於テ小官ハ其乞ヒヲ容レ其儘トシ内情ヲ偵察シツ、アリシカ「フォークト」ハ熱心ニ日本ノ習慣ヲ説キ日本ニ於テハ事ノ当然タルコトヲ説明シ大ニ尽シツ、アリタリ依テ一応以上ノ状態ヲ衛戍司令官ニ報告シ一般ノ状況ヲ観察シアリタリ斯クテ去ル二十

(4)　俘虜将校の抗議書

二日「フォークト」少尉小官ノ許ニ来リ告ケテ曰ク予ハ幸ヒニ大部分ノ将校ヲ説得スルヲ得タリ然レトモ将校ニハ現役アリ予備役アリ老人アリ青年アリ各人各様ノ意見ヲ有シ容易ニ纏ルヘクモアラス「アンデルス」少佐ハ勿論各意見ヲ纏メ得ヘキ状態ニアラス
茲ニ已ヲ得ス陸軍省及米国大使館ニ訴願書ヲ提出セントスルノ計画アリ之カ来ルトモ之レニ拘泥スルコトナク一片ノ反故トセラルヘク之レ亦形式ニ過キス遠カラス以前ノ状態ニ帰スヘシト
翌日ニ至リ果シテ別紙丙号丁号ノ訴願書ヲ提出シ来レリ然レトモ「フォークト」少尉ノ前述ノ言モアルアリ又一方ニ於テハ将校モ日ヲ追フテ旧態ニ復シツヽアルノ有様ナルヲ以テ此ノ訴願書ハ進達セサル予定ナリシカ本文ニ記セシ如ク昨二十六日「ホーフェンフェルス」夫妻面会ノ際米国大使ニ出頭シテ「ハーグ」条約違反ノ件ヲ訴フヘキコトヲ述ヘタルヲ以テ事件ノ顚末ヲ詳記シテ茲ニ特報スルコト、セリ勿論「ホーフェンフェルス」夫人カ小官ノ殴打事件ヲ知得シアルヤ否ヤハ尚不明ナリ彼ノ所謂「ハーグ」条約違反トハ何ヲ意味スルモノナルヤ確定スル能ハズ「ホーフェンフェルス」中尉ハ将校中第一ノ傲慢ナルモノナルヲ以テ所員一同ノ嫌フ処トナリ其夫人ハ口ヲ極メテ日本人ヲ悪口スルヲ以テ彼レカ夫中尉ニ向ヒ種々物品ヲ差入レタル際屢々之ヲ取次カサリシコトアリシ為之ヲ以テ「ハーグ」条約違反ト述ヘタルコトモアリシ由ニテ或ハ之ヲ意味スルヤモ知ルヘカラス之レヲ要スルニ従来種々ノ事件起リシ事ハ一ニ彼等傲慢ナル気風即チ独逸人ニ向ヒ何ヲ言ヒ能フモノアリヤト云フコト、我亦日本人ナリ外国人ノ愚弄ニ甘ンスル者ナランヤトノ気風ノ衝突カ諸種ノ場合ニ諸種ノ形式ニ由リ現ハレ来ルニ過キス

抗議書ノ訳文　　　　　　　　　　　　　　　　　　甲（と朱書）

千九百十五年十一月十五日　　　　　　　　　　久留米ニ於テ

日本帝国俘虜収容所宛

吾等俘虜独逸将校及官吏ハ此ヲ以テ一致且ツ断乎トシテ二人ノ防禦力ナキ俘虜将校ノ身体ニ加ヘラレタル虐待ニ対シ抗議ス

署名

(5)

俘虜将校の陸軍省宛訴願書

陸軍省宛訴願ノ訳文　　　　　　　　　　　　　　　丙（と朱書）

本月十六日収容所ニ独墺両国将校及同相当官ノ提出セル抗議ヲ左ニ記シ陸軍省ノ保護ヲ奉願候

「吾人俘虜独逸将校及官吏ハ此ヲ以テ一致且断乎トシテ二人ノ防禦力ナキ俘虜将校ノ身体ニ加ヘタル虐待ニ対シ抗議ス」

此ノ虐待タルヤ所長室内ニテ二名ノ俘虜将校ハ公務上の談合中（本月十五日午後）ニ起リシモノニシテ他ノ日本将校モ之ニ加ハリ収容所長自ラ之ヲ為セルモノナリ依テ此ノ事件タルヤ国際法ノ破棄タルノミナラス将校ノ名誉ヲ毀損シ且重大ナル侮辱ナリ

其ハ日本ノ加盟締結セシ「ハーグ」条約ニ全然悖ルノミナラス青島引渡条件及日本　皇帝陛下ノ武士的且身分ノ相当スル待遇ヲナストノ有難キ聖旨ヲ無視セルモノナリ

当時の久留米収容所の状況については、民間人であった東京の「ジーメンス・シュッケルト」社代表の

表6-10　ドレンクハーンによる収容所評価一覧表

項目	最も良い グループⅠ	それより悪い グループⅡ	最も悪い グループⅢ
住居事情	徳島，名古屋，大分 静岡Ⅱ，大阪，東京	姫路，福岡	静岡Ⅱ，丸亀，松山 久留米
スポーツと運動	東京，静岡，名古屋 徳島		松山，福岡，久留米
散歩	東京，大分		松山，久留米
一般的な雰囲気	徳島 東京　　名古屋 大分	姫路，大阪，丸亀 ：	福岡 静岡Ⅱ　　松山 ： 久留米

ドレンクハーン（Drenckhahn）が各地の収容所を視察し、その報告をスイス経由でベルリンへ送付した文書をフランスが入手し、在仏日本大使館から外務大臣宛にコピーが回送され、さらに外務大臣から大島陸軍大臣宛にも送られたが、九文書六六葉に及ぶこの報告書に見ることができる。アンデルス少佐が久留米における俘虜の先任将校であること、各収容所の日本側の先任将校の氏名、階級や、当時は一二カ所あった収容所の状況の評価などが詳細に記録されている。ドレンクハーンは収容所の評価に項目を立て、「最も良い」のをグループⅠ、「それより悪い」のをグループⅡ、「最も悪い」のをグループⅢとしている。整理してみると表6-10のようになる[45]。

一九一五（大正四）年一〇月二五日付の「報告書」によれば、久留米はどの項目も下位であって、一般的雰囲気では序列最下位となっている。

かつての俘虜たちは、徳島収容所を「模範収容所板東（Musterlager Bando）」と呼ぶのにたいして、久留米については「今日なお怒りをこめて日本の強制収容所（japanisches KZ）」と名づけている[46]。

（1）　防衛研修図書館蔵、旧陸軍省文書「大正三年乃至九年戦役俘虜取扱顛末」（以下「顛末」とする）附表第九号。以下の引

用においては常用漢字に書き直すほかは原文を尊重する。なおこの文書は九〇〇頁以上の記述と三六の表、附録として二六の法令、規則、規程などを付しているが、頁数は付されていないので、以下では章、節のみを掲げる。

(2) 「顚末」「第一章　独墺洪国俘虜、第一節　捕獲及後送」の本文中の表による。
(3) 「顚末」「第一章、第二節　収容及待遇」の記述を整理した。
(4) 「顚末」の記述は、「第三章　俘虜情報局、第一節　俘虜情報局ノ設置」による。条文は外務省外交史料館蔵「日独戦争ノ際俘虜情報局設置並独国俘虜関係雑纂」に付されている「俘虜ニ関スル法規」、「大正七年九月十日訂正三版　俘虜情報局」の陸戦ノ法規慣例ニ関スル規則抜粋」「条約」の四頁から引用。
(5) 「顚末」同上箇所。
(6) 「顚末」同上箇所。
(7) 「顚末」同上箇所。
(8) 俘虜情報局「俘虜ニ関スル法規」、「法令及例規」四二頁以下。
(9) 「俘虜取扱規則」は上記「俘虜ニ関スル法規」、「法令及例規」九頁以降。第六条は、「俘虜不従順ノ行為アルトキハ監禁制縛其ノ他懲戒上必要ナル処分ヲ之ニ加フルコトヲ得
俘虜逃走ヲ図リタル場合ニ於テハ兵力ヲ以テ防止シ必要ノ場合ニハ之ヲ殺傷スルコトヲ得」、第七条は、「宣誓セサル俘虜逃走ヲ遂ケスシテ再ヒ捕ヘタルトキハ懲戒処分ニ附スヘシ
前項ノ俘虜逃走ヲ遂ケタル後再ヒ俘虜ト為リタルトキハ前ノ逃走ニ対シテハ何等ノ罰ヲ加フルコトナシ」、第八条は、「俘虜懲戒ノ方法ハ前諸条ニ規定スルモノノ外陸軍懲罰令ニ準シ其ノ犯罪ハ陸軍軍法令会議ニ於テ審判ス」とあり、逃走行為は懲罰令による懲戒であり、犯罪とはしていない。
(10) 「顚末」附表第二十号、第二十一号を整理した。
(11) 「顚末」「第一章　第四節　取締」の末尾の「俘虜収容所長会同席ニ於ケル陸軍大臣口演要旨（大正五年九月十九日於陸軍省）」。なお当時の陸軍大臣は大島健一。日本近代史料研究会編『日本陸海軍の制度・組織・

人事』東京大学出版会、一九七九年、五版、一三一頁。

(12) 外務省外交史料館「日独戦争ノ際俘虜情報局設置並俘虜関係雑纂」第九巻「俘虜ノ処罰ニ関スル件」。以下「外務省文書」と略記する。なお「独逸及墺洪国俘虜名簿大正六年六月改訂日本帝国俘虜情報局」によれば、その四頁「将校並同相当者」に俘虜番号一六三八として登録されたまま残っていて、氏名の下に「(逃亡 entflohen)」と印刷され、階級、所属部隊、収容所、本籍地が手書の横線によって消去されている。なおこの海軍省の文書はこれまで見たうちで最初の邦文タイプライターの文書である。一九八五年九月八日(日)午前一〇時三〇分～一一時CBCテレビ「ザ・ビックデー」によれば、杉本京太の特許出願が大正四年六月一二日、発表会が一〇月とのことなので、タイピストの養成を考慮に入れれば海軍省の邦文タイプライター導入は早いことになる。なお「俘虜」の「俘」は「浮」に手を入れ、虜その他若干の漢字と英文字は手書である。

(13)「外務省文書」。なお「顛末」附表第二十二号「俘虜仮出獄者一覧表」によれば、モッデは他の三名と共に「共謀逃走」の罪名で大正五年一月一九日禁錮三年の宣告を受け、同六年六月二〇日に仮出獄し、福岡から習志野収容所へ最終的には移動している(前記「俘虜名簿」による)。

(14)「外務省文書」大正四年一二月一五日付の芝罘日本領事館事務代理草政吉から石井外務大臣宛の文書には英国領事の書翰の写しが付されている。

"Confidential

British Cosulate

11 Decem. 1915.

Dear Mr. Kusa

I am informed that there is a gentleman named Heilberg at present staying with Dr. Gulowsen who is reputed to be a German military officer, possibly one of those escaped from Japan. I mention this in case you may not have heard of him.

yours sincerely,"

人相書は個人別に毛筆によって記述され、「逃亡独逸俘虜写真　参葉在中」の上書きと薄紙に名前を記入して被せた写真一枚が残っている。写真の五名中四名に「ケンペ、ザクセー、ウェンクシュテルン、シュトレーラー」と配置の線画上に記入している。

(15) いずれも山口県知事黒金泰義から石井外務大臣宛のもので、ザクセとケンペについては二六日付の「高第三六一〇号」、シュトレーラーは二九日付「高第三六八三号」、ヴェンクシュテルンは三〇日付「高第三七一八号」文書。文書の送付先としていずれも「内外相、福岡県知事、警務総長」とある。

(16) 外務省文書、「高秘第四一一九号　大正七年三月四日　福岡県知事谷口留五郎」から「内務大臣男爵後藤新平殿　外務大臣法学博士子爵本野一郎殿、警視総監殿、山口、長崎各県知事殿」宛文書。

(17) 「顛末」第一章「第四節　取締」の「第三款　各俘虜収容所ニ於ケル取締ノ状況　其八　逃亡予防」福岡収容所のまとめ。

(18) Helmut Rufer-Wolf Rungas „Handbuch der Kriegsgefangenenpost Tsingtau“, Poststempelgilde „Rhein-Donau“ e. V., 1963, 一七頁「成功した逃亡 Gelungene Fluchtversuche」より。

(19) 「顛末」第一章「第七節　懲戒及刑罰」の記述、附表による。

(20) 上記 „Handbuch der Kriegsgefangenenpost Tsingtau“, 一三頁の „Ausbrecherkönig Artelt“ より。

(21) 「外務省文書」大正四年九月拾日接受、秘受七八三□（判読不能）号。

(22) 「顛末」「第一章　第四節　取締　第三款　各俘虜収容所ニ於ケル取締ノ状況　其八　逃亡予防」似島俘虜収容所の報告から。

(23) 「顛末」「第一章　第七節　懲戒及刑罰」似島俘虜収容所の報告から。

(24) 同上、俘虜情報局の記述から引用。

(25) 大分県警察部『大分県警察史』昭和一八年、一〇八六頁に引用された当時の新聞記事による。

(26) 「外務省文書」「大正四年二月廿七日兵発第一三八号」兵庫県知事服部一三から内務大臣、外務大臣、陸軍

大臣、海軍大臣宛の報告書。景福寺から逃走したのは「墺国人海軍々曹アレッシ、ヤーン、リップスキー」、本徳寺からの二名は「アルイシ、ハインリシ」とあるが、ヤーンとリップスキー以外は「俘虜名簿」での確認はできていない。リップスキーは後に「宣誓解放」をしたようで、横線によって消去し「宣誓解放」の印が押してある。

(27) 「外務省文書」「大正四年四月二十六日　神奈川県知事石原健三」から内務大臣、陸軍大臣、静岡県知事宛の報告書。「俘虜名簿」によればWilhelm Schubert（ウィルヘルム・シューベルト）は静岡閉鎖後は習志野へ収容されている。

(28) 「外務省文書」「大正五年四月十八日　長崎県知事李家隆介」から内務大臣、外務大臣、陸軍大臣、福岡県知事、久留米俘虜収容所長宛の報告書。

(29) 「顛末」「第一章　第七節　懲戒及刑罰」の総論的な記述から。

(30) 「顛末」同上個所。

(31) 「顛末」「第一章　第四節　取締　第三款　各俘虜収容所ニ於ケル取締ノ状況　其五　俘虜ノ起居及勤務」の「十　板東収容所」の報告から。

(32) 「顛末」同上の「二　大分収容所」の報告から。

(33) 「顛末」「第一章　第六節　給養及労役」の本文中の表を横書とした。

(34) 同上個所。

(35) 俘虜情報局「俘虜ニ関スル法規」、「法令及例規」の九頁以降。

(36) 「顛末」附表第二十一号を整理した。

(37) 前掲„Handbuch der Kriegsgefangenenpost Tsingtau"一一頁。徳島収容所長松江豊寿中佐は徳島、松山、丸亀の四国三収容所を板東に統合した時、その所長となり、やがて大佐、大正一一年二月に少将、同年五月に予備役となった。『陸海軍将官人事総覧』芙容書房、昭和五七年第二刷、陸軍篇一一八頁。

(38) 「顛末」附表第二十号から整理。

(39)「顚末」「懲戒及刑罰」の名古屋収容所の報告。
(40)「顚末」同上個所。
(41) 同上、大阪収容所の報告。
(42) 同上、板東収容所の報告。
(43) 同上、久留米収容所の報告。
(44) 防衛研修所蔵、旧陸軍省文書「日独戦役」、「俘虜ニ関スル書類」から引用。
この文書中の人名を「俘虜名簿」によって注記すれば、

1　ヘルトレー　Haertle, Thaddaeus 第Ⅲ海兵大隊第三中隊、講和後ポーランド領となったポーゼン出身、連合国寄りのため孤立、「迫害」を受け、後板東収容所に移されたが、そこでも連合国寄りの他の俘虜と共に分置所に隔離収容された。名簿には横線が引かれ、「宣誓解放」の印が押してある。

2　オーダーマン　Odermann, Albert, 予備少尉、第Ⅲ海兵大隊工兵中隊所属。

3　ベーゼー　Boese, Robert（ベーゼ）中尉、第Ⅲ海兵大隊重榴中隊所属。

4　アッロリヤーン　Florian, Paul（フローリアン）中尉、東亜派遣隊第二中隊所属。

5　アンデルス　Anders, Ernst 少佐、第Ⅲ海兵大隊本部。

6　フォークト　Vogt, Karl 予備少尉、東亜派遣隊第二中隊。

7　スクリーバ　Scriba, Emil 予備少尉、第Ⅲ海兵大隊所属。

8　ホーフエン・フエルス　Hofenfels, Hermann Freih. v.（ホーフェンフェルス、男爵ヘルマン・フォン）中尉、第Ⅲ海兵大隊本部。

久留米俘虜収容所長真崎甚三郎中佐は大正四年五月二五日から翌五年一一月一五日まで在職した。後の大将。前掲『陸海軍将官人事総覧』「陸軍篇」一三九頁。

(45)「外務省文書」の第五巻の一にドレンクハーン報告は入っている。筆者の「ドレンクハーン報告書——日独戦争と在日ドイツ俘虜――資料紹介」、豊橋技術科学大学人文・社会工学系紀要『雲雀野』第三号を参照されたい。

(46)　前掲 „Handbuch der Kriegsgefangenenpost Tsingtau"，板東については三七頁、久留米については五一頁参照。なお KZ は Konzentrationslager の略、字義の上では集中収容所、特にナチのいわゆる「強制収容所」に使用した。

編者注

〔一〕「ブッターザック」は鳴門教育大学の報告書では「ブッダザック」となっているが、著者は自身の論文では表記のように書いているので、編者の判断で訂正した。
〔二〕当初発表された論文で扱われている逃亡については、本論文集に収録されている「俘虜の逃走と懲罰」に同じケースが詳しく書かれているので、ここでは編者の判断によって割愛した。
〔三〕第三章中の「板東の周辺」では、丸亀から板東への移動は三四〇名となっている（一八二頁）。これは著者が利用した資料によるものである。
〔四〕原タイトル „Drei Märchen" は、当初「童話三つ」と訳されたが、のちに「三つの童話」に統一された。
〔五〕これは原タイトル „Lagerfeuer" を著者がこのように訳したものであるが、この訳名はここだけで、以後は「陣営の火」と訳されている。この訳については冒頭の講演で説明している（三七頁）。
〔六〕「徳島の病院」は本文中（一一七頁など）で「軍病院」と言われているもので、一七九頁にある「徳島衛戍病院」のことであると思われる。「スペイン風邪」中の「徳島陸軍病院」（二〇六頁）も同じである。
〔七〕以下の中隊番号は『バラッケ』の記事の記載通りであるが、九七頁の出身部隊の表記法に従えば、以下の中隊番号はローマ数字で表記されるべきものと思われる。
〔八〕俘虜の音楽活動については、著者が『バラッケ』の記事及び音楽会のプログラムを集め、翻訳したものが一冊にまとめられ、未発表のまま残されている。またエンゲル・オーケストラについては、そのメンバーであったヘルマン・ヤーコプによって書かれた『エンゲル・オーケストラ　その生成と発展　一九一四―一九一九』という本が、収容所印刷所によって一九一九年に発行されているが、所在不明になっていたものを著者が発見し、翻訳している。これも未発表である。

著者はこの本とともに、神戸の貿易商ハンス・ラムゼーガーが当時作曲し、エンゲル・オーケストラによって収容所内で一九一七年一〇月に演奏された「忠臣蔵前奏曲」と「序曲忠臣蔵」の楽譜も発見した。

〔九〕「救済基金東京」は一二九頁では「東京救援基金」となっているが、同じものである。

〔一〇〕「徳島衛戍病院」については注〔六〕参照。

〔一一〕注〔三〕参照。

〔一二〕原資料では通巻六二号とされているが、これは前号の九号を通巻「六一」号と、八号と同じ番号を付けてしまったためで、一一号になって通巻六四号と修正されている。編者の判断で訂正した。

〔一三〕一二月九日にパウル・ゴミレが死亡し、彼に対する追悼文は『バラッケ』の翌一一号（通巻六四号）に掲載されている。

〔一四〕「三つの童話」は一九一七年の初版本を元に著者が翻訳し、挿絵、装丁をできる限りオリジナルに忠実に復元し、頁配分も合わせて、一九八四年に出版した。現在、鳴門市ドイツ館で頒布されている。

〔一五〕「この組織は……創設された」までは、正確を期すために原資料にあたり、編者が訳し直したので、著者による訳とは若干異なっている。

（著者紹介）

冨田　弘（とみた　ひろし）

一九二六（大正一五）年愛知県に生まれる。一九五二年名古屋大学文学部卒業。その後、名城大学講師、愛知県立女子短期大学講師、愛知県立大学教授を歴任し、一九七八年豊橋技術科学大学工学部教授に就任した。永年、ドイツ語・ドイツ文学およびドイツ社会思想史の教育・研究に携わり、ハインリッヒ・マン、レッシング、ジェルジ・ルカーチらの研究で知られる。『文芸思想史』II・III（三一書房、一九五七年、共著）、『現代思想としてのマルクス主義』（大月書店、一九五九年、共著）、フランツ・メーリング『レッシング伝説』I・II（風媒社、一九六八・七一年、共訳）などの著訳書を上梓する一方、一九七五年以降、板東俘虜収容所の新聞『バラッケ』の紹介を愛知県立大学および豊橋技術科学大学の紀要に前後一〇回にわたって連載し、「日独戦争と在日ドイツ俘虜」に関する資料の発掘・翻訳・紹介に没頭してきた。徳島県鳴門市が日本で初めてベートーベンの「第九交響曲」が演奏された土地であることを発見したのも著者であり、その手堅い実証的な在日ドイツ俘虜の研究は、本書をはじめ「鳴門市立ドイツ館収蔵印刷物解説目録」などの功績に結実している。一九八七年にはその功績に対して「鳴門市長賞」が授与された。一九八八（昭和六三）年八月癌性胸膜炎で死去。享年六二歳。

板東俘虜収容所
——日独戦争と在日ドイツ俘虜

一九九一年一二月一八日　初版第一刷発行
二〇〇六年　五　月一〇日　新装版第一刷発行

著　者　冨　田　　弘

編　者　冨田弘先生遺著刊行会
発行所　財団法人法政大学出版局
〒一〇二-〇〇七三
東京都千代田区九段北3-2-7
電話　東京03(五二一四)五五四〇
振替　東京六-九五八一四
製版・印刷　平文社
製本　鈴木製本所
Printed in Japan

ISBN4-588-32124-2

付　板東俘虜収容所案内書

板東俘虜収容所新聞の日誌によると1918年８月７日に久留米から転属してきた人たちが板東に到着している。蚊帳の購入，衣類の消毒などによって新来者に暖かい配慮をするとともに，板東収容所の現状を示す56頁のパンフレットをも用意した。収容所内の組織，俘虜の「営業」活動，スポーツ・文化活動を示す最良の資料となっているので，日本語に移した。

営業活動を広告する記述には楽しい線画が添えられているが，ここでは割愛し，枠で囲うにとどめた。赤色印刷は黒に統一し，図面は縮小した。

板東俘虜収容所

案内書・日本

久留米から板東へ転属の戦友の到着を機に

板東収容所印刷所　編　集

1918年 8 月

第　一　部

収容所内周覧

まず門から歩き始め，右の方へ別紙図面の赤い線をたどってみる。全体がよく見渡せるように，個人小屋は図面には記入してない。留意すべきものはすべて赤い丸のなかの数字で指示してある。

1　管理棟

2　収容所長室　松江大佐

3　本部事務室

I　諏訪中尉

a．郵便物，金銭授受（水兵クレッフェル）

1．発送郵便物

発送郵便物の送達は以下のように規定されている：

a．将校：毎月5，15，25日に発送葉書の送達，毎月10，20日に発送書状の送達。―送達は午前9時週番士官による。

b．准士官：毎月10，25日に葉書，5，20日に書状。送達は午前9時各棟先任准士官による。

c．下士官：毎月5，25日葉書，15日書状。送達は午前9時週番下士官による。

d．兵：毎月5日葉書，20日書状。送達は午前9時週番下士官による。

金銭，小包および電報の受領書は管理棟玄関に設置した箱に入れること。毎日午前9時に回収する。

2．到着郵便物（12の倉庫の項を見よ）

3．送金。水曜午前8―8.30。

4．郵便貯金の申込（事務所で記入のこと）：隔週水曜（詳細は命令による）

5．申請した郵便貯金支払：隔週水曜（詳細は命令による）

6．到着した郵便為替の支払：木曜。送金の受取人名は，支払日の前の晩に各棟先任者を通じて点呼時に公表され（将校棟は掲示により），支払時間についても同様である。受領者は指示された定刻に事務所に出頭のこと。印刷物の発送は禁止されている。タバコ送付についての照会は国安中尉の所まで。

b．電灯（シュトレ予備伍長）

電灯の注文および代金支払はそのつど命令によって公示される。故障の申告（通電不良など）：毎晩7時第1棟シュトレ予備伍長まで。

同所，同時間に補充品（電球，電灯の笠など）の販売もする。

II　国安中尉（通訳グロースマン水兵）

日本の新聞の検閲。

引き渡し午前9時から10時の間。

日本の新聞の注文。

4　主計事務室（通訳マイスナー水兵）

5　面会室

面会監督：高木大尉または山田中尉

6　日本側本部職員居住室

7　高木大尉事務室（書記：アルブレヒト予備伍長）

面接時間：午前9―11時

すべての請願，照会，苦情などは高木大尉のもとへ。

砂と石の採取許可証の発行。午前9―11時，砂と石の採取は午後2―4時の間に行なうこと。公用車輛の使用はできない。門前の日本人御用商人の車を時間当たり10銭で借用する。

8　日本食堂

戦時俘虜にも日本食を供する。一食20銭から。

9　日本人御用商人浜井

保存食品倉庫

10　魚：鰊，酢づけ鰊巻きなどの販売。

11　日本人理髪店：終日営業

12　倉庫　その役割は：

1　俘虜所有の私物の保管（国安中尉）。

2　兵站倉庫として。兵站係伍長：グライス砲兵伍長。この倉庫は特別の場合（物品引渡しなど）のみ開き，命令により公示される。

3　郵便物引渡し所として。通訳アンドレーアス水兵。午前11時に到着郵便物は週番下士官に，小包は受取人に渡す。

4　毎日午前8.30—9時に，酒保にも門前の日本人御用商人および第1棟にもないような，あらゆる種類の物品の注文を受け付ける。(通訳ファン・デア・ラーン水兵)

5　ここで毎日午前8－11時に掃除用具，スコップ，つるはしなどを交付する。受領した物品は使用後返却のこと。

13　広場　II　点呼用および球打ち競技，ドイツ式ハンドボールのコートとして使用。

14　「収容所体操協会板東」の体操場（協会参照）

15　「徳の力」協会練習場（協会参照）

16　第V棟　棟先任者機関兵ブルーメ

仮兵舎平面図

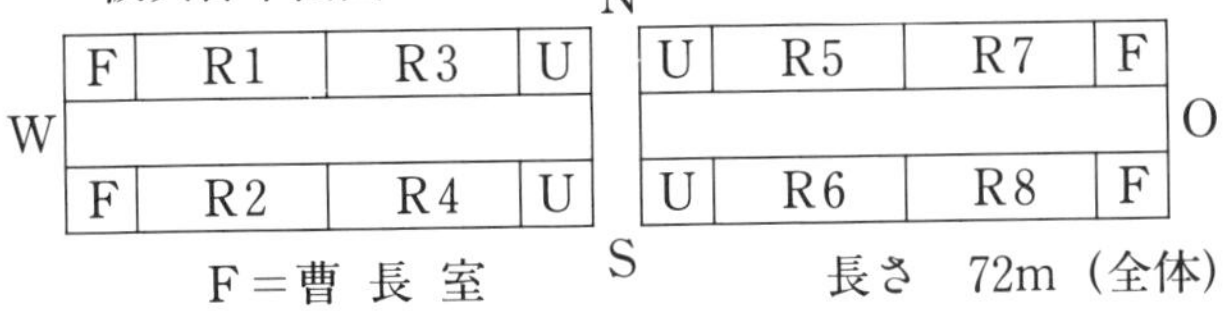

F＝曹 長 室　　長さ　72m（全体）

U＝下士官室　　幅　7 m（全体）

R＝居 住 室

Ⅶ室　C.ヘーネ，ビール販売

Ⅵ室　L.シュタール，ジャム販売
Ⅲ室　Ad.シリング，ビールとタバコ販売
Ⅰ室　Wilh.ラムベ，ビール販売

17　第Ⅵ棟　棟先任者築城曹長カーリウス
Ⅰ室　W.キャードルフ，洗濯
Ⅱ室　Alb.クローゼ，理髪
Ⅲ室　Fr.イムマーハイザー，ビールとタバコ販売
Ⅴ室　P.ケーニヒとFr.プープケ，時計
Ⅵ室　シュミッツとヘルター，葉巻，紙巻タバコとビール販売

18　洗濯屋　店主：クノーベル商会

19　シャワー室　店主：アルブレヒト商会，第6棟，6室

20　第Ⅶ棟　棟先任者シェーファー曹長
Ⅵ室　プリンカー，ビールとタバコ販売
Ⅵ室　クラウス軍曹，マッサージ師，治療法，薬学修業ずみ
Ⅴ室　マイゼン，ザウアー，フェッター，洗濯
Ⅴ室　K.レルゲン，生卵，ゆで卵販売
Ⅴ室　E.ハイツマン，理髪
Ⅴ室　K.フェール，葉巻，紙巻タバコ，ビール販売
Ⅲ室　ヴォルムス軍曹，理髪
Ⅱ室　F.ツィンマーマン，葉巻，紙巻タバコ販売

21　第Ⅷ棟（下士官）棟先任者クリーマント曹長
Ⅱ室　ラーデマッヘル兵曹，ビール販売

22　別荘地区　板東・東
村長　ハーク

23　収容所運送会社

写真作業よろず引受け
H.ゲーシュケ

24　炊事II　浴室および付属家屋
炊事下士官：砲術上級兵曹フムピヒ
25　酒保：食品，消耗品，タバコ，文房具，ビール，ワイン，炭酸水などの販売。たる詰めビール小売。
営業時間：平日　午前　10.30—11.30，午後1.30—4
日曜　午前　8—11
所長：後備伍長ドレークカムプ
26　給水塔
27　収容所屠殺場
(次頁広告を見よ)
28　温水浴場
風呂：45号小屋
営業主：Fr.ヴァイゲル

収容所食肉加工所
毎日　新鮮
精肉およびソーセージ類
営　業
午前　5.30—9および11—12時
午後　4.30—6時

収容所小料理店
たっぷりとした朝夕食の献立をおすすめする。
毎夕食一品料理
各種特注料理など
夕方6時まで。

予約受け付けます。

〔29は欠落〕

30　製パン所倉庫（ホフマイヤー軍曹）

収容所製パン所用の物資の保管のためのもの。ここで内務班にパンを引き渡す，方法は：

週日：午後5.00—5.30

日曜：午前11.00—11.30

31　収容所製パン所

給養のためのパンの製造。パンとブレーチェンの販売，終日営業。

32　水場

33　ハッシュ商会，車輛製造　79号小屋

34　水晶宮および撞球場

（次頁広告を見よ）

35　石版印刷所

（16頁の広告を見よ）

36　奏楽堂および将校集会所

37　将校宿舎II

38　植物園

39　展望台

40　将校用屠殺場

（119頁広告を見よ）

水晶宮

広場の上品なレストラン

極上ビールのみ

所有主　G. カーレおよびR. シューベルト

撞球場

フランス式大キャノン撞球

午前6時より夜10時まで

料金
一時間　30―35銭

板東収容所石版印刷所
板東・東，南池の畔

将校用食肉加工場
肉およびソーセージ類各種
終日営業

41　ソーセージ　ホーン（23号小屋）
精巧な木工仕上げ

42　シュルツとラングロック
機械作業所
修理製作

43　医務室　開室毎日午前９時
（ラッパ）
日本人歯科医の診療室
（通訳：工兵ヴェルナー）
診療時間
月，木　午前　７―12時

44　製本所（収容所印刷所付属！）
書籍等の製本の注文は収容所印刷所において受け付ける。

45　収容所図書館
図書貸出：平日　午前７―８時
雑誌の貸出は日曜のみ10―11時75号小屋において。

46　板東収容所印刷所
印刷物各種調製――
多色印刷

郵便葉書

久留米からこちらへ転属した戦友は，住所変更通知の葉書を任意の枚数発送を許されている。これに使用できるのは公式葉書のみで，収容所印刷所で１枚２銭で入手できる。

日刊電報サービス

日本の新聞の最新ニュースを提供。

週15銭

ニュースサービス

アメリカおよび本国の新聞のニュースを提供。

１部１銭

『バラッケ』

板東俘虜収容所新聞，毎週日曜発行。

月50銭

編集：マルティン中尉，予備少尉ゾルゲル，予備火器技術軍曹ラーハウス，予備軍曹メラー，後備伍長マーンフェルト。

書籍印刷——製本

収容所印刷所

47　読書室

ここには自由利用の雑誌が置いてある。

48

化学実験室

化粧品など	薬品など
ヘアトニック	軟こう
うがい薬	下剤
歯みがき	下痢止め，頭痛薬
オー・デ・コロン	など

商　標

レモンエッセンス	板東―ボーネカムプ
(レモンスカッシュ)	
人造レモンジュース	選帝侯健胃剤
	薬草健胃剤
A.ヴンダーリヒ	Fr.ローデ
化学者	薬剤師

49 浄水場（下の広告を見よ）

50 写真業務
現像
焼付
など
ケーベルライン

置換式濾過器
〔システム：リービヒ博士，（ローベルト・ガンツ，ベルリン)〕
板東―西，医務室南の凸出部で提供する
飲　料　水
1リットル2銭！
給水：平日　朝7－8，午後12－1および
4.30―5.30
日曜　朝7－8
給水の間にフイルター前にて月極および割引切符を販売
ピーツカーおよびシュタインフェルト
4棟，8室

51
W.ザイデル，板東一西
35号小屋
毎日いりたてのコーヒー

北部から炊事Ⅰまでの全地域が小屋街板東一西をなしている。
村長：シェーファー水兵

52 炊事Ⅰ　浴室および付属家屋。
炊事下士官：軍曹リンケ

53 市民公園　ここで吹奏楽団の演奏会が開催されることがある。

54 第Ⅳ棟　棟先任者：バウツ曹長
Ⅱ室　W.トマシェフスキー，洗濯
S.シュペルル，仕立
Ⅲ室　A.デッセル，仕立
J.ボート商会，洗濯
Ⅴ室　J.ヘックマン，ビール販売

フィッシャー石鹸で顔を洗えば，
むきたて卵のようにスッキリします。
在庫豊富：化粧石鹸，油脂石鹸，医用
石鹸，生地洗い石鹸
A.フィッシャー，4/96　7室

Ⅶ室　M.ノイマン，家具
Ⅶ室　ゴミ処理会社
(ハーベレヒト，ヘッケルト，ブロードニッキー)
各内務班毎に月40銭の料金でゴミ処理をする。

55 第Ⅲ棟　棟先任者：シュレーダー曹長
Ⅵ室　エルンスト・メラー，ビール販売
Ⅴ室　グスターフ・ポペック，「ハリー」靴店
パウル・グリル，家具

Ⅳ室　ペーター・クラヴァツォー，洗濯
Ⅲ室　グスターフ・ショルツ，家具
Ⅱ室　W・レークス，床屋
Ⅰ室

靴修理場
F.ローレンツ

Ⅰ室　ヨーハン・ブロンナー，ビール販売
　フランツ・ヌス，床屋

56
冷水シャワーで身をひやす人は，
常にさわやかな健康感を持つ。
なん人もこれに思いをいたし，
私どものシャワー浴をされたし。
西給水タンク横のシャワー6を持つ私どもの水浴場をおすすめします。料金月額1円，水浴回数制限なし，エーレルス軍曹，ハイスター伍長

57　第Ⅱ棟　棟先任者：機械長フェール

葉巻および紙巻煙草
販売
フランツ・グラードル
2棟/4番

Ⅲ室　J・ブライデナッセル，ビール販売

この棟の中央廊下にブレーデブッシュ水兵のニュースセンターがある。日本の新聞到着直後に要約が掲示公示され，前線の変化は掲示してある地図上に記入される。

Ⅴ室　フランツ・シェック，洗濯
　K.リュープケ，ビール販売

P.ゴミレ，洗濯

O.クレッチュマール，靴下

Ⅵ室　E.オーレン，蜂蜜販売

Ⅶ室　J.ケスラー，洗濯

Ⅷ室　R.コッホ，床屋

N.オッテン，タバコ販売

58　第Ⅰ棟

東半分

演劇，音楽，講演のための講堂。

ここへ来る日本側の

商　人：火，土

靴　屋：火，土

仕立屋：〃　〃

時計屋：水

本　屋：〃

楽器，弦などおよびスポーツ用品の商人：水

洗濯屋：水，土

西半分

日本側衛兵控室

59　広場Ⅰ

球打ち競技およびドイツ式ハンドボールのコートに使用。

60　大鮑島《ターバウタウ》　村長　後備伍長コッホ

80号小屋　リンデンベルクとシュミット，家具

74号小屋　マイヤーとリスト，卵販売（下の広告を見よ）

76号小屋　ショルツ，仕立

25号小屋　トランペット吹きシュルツ，楽器修理

14号小屋　シュトリーツェルとヘフト，鍛冶屋，金属加工

13号小屋　コッホ，靴屋

グリューネヴェラーとドリューゲ，家具
12号小屋　ケスラーとギュンシュマン，家具および大工

ホルトカムプ
写真作業各種
大鮑島，10号小屋

卵，ボンボン販売
塩漬けキュウリ，漬け込み果実
清涼飲料水販売
Chr.マイヤーとリスト
大鮑島，74号小屋

収容所詩作グループ
ページー
詳細は T. T. B.による

18号小屋　シュタイネマン商会，家具
8号小屋　村長　コッホ

仕立工房
G. クルーゼ　大鮑島7号小屋

製本　大鮑島　20号小屋
H.ライキング

19号小屋　ペルレ，家具
22号小屋　ルーツ，理容
30号小屋　ベームとグヌシュケ
配管および機械工

5号小屋　シャラーとヴェーバー，家具

F.グローセ
写真作業　大鮑島　5号小屋

毎日　アイスクリーム
ライスト　大鮑島　3号小屋

2号小屋　パウル・エンゲル，音楽教授

板東ボーリング場
大鮑島　1号小屋
所有者：援助金庫「公会堂」
場　長：A.ドライフース，4棟，6室
開場時間：午前7.30時から夜9時まで

料　金：	午前	7.30—11.30	一時間	¥—.40
	午後	12—3	〃	〃—.30
	夕	3—7	〃	〃—.40
		7—9	〃	〃—.50

どこの食事が一番良いか？
ボーリング場キチンです

61 「ゲーバ」
有名なケーキ
紅茶，コーヒーのクッキー
お祝い用ケーキ
ライ麦パンをおすすめする
販売　11.30—3

62 衛兵所，フィリップおやじこと営倉つき
火災監視および馬

63 衛兵所横の小屋（海砲兵上等兵曹ブーツマン）

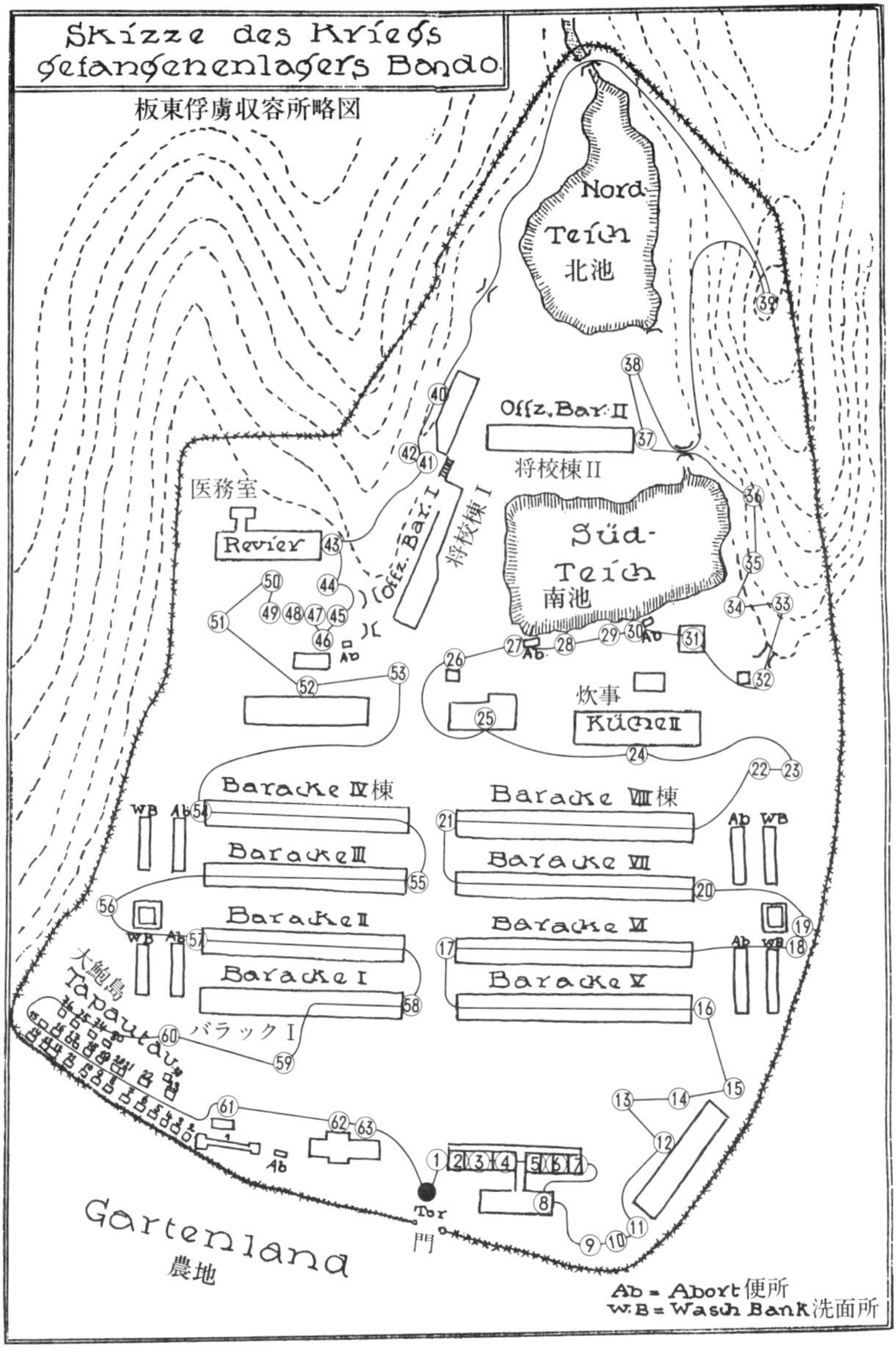
Skizze des Kriegs gefangenenlagers Bando
板東俘虜収容所略図
Nord Teich
北池
Offz. Bar. II
将校棟II
Offz. Bar. I
将校棟I
医務室
Revier
Süd-Teich
南池
炊事
Küche II
Ab
Baracke IV 棟
Baracke VIII 棟
Baracke III
Baracke VII
Baracke II
Baracke VI
Baracke I
Baracke V
バラック I
WB
大鮑島
Tapautau
Tor
門
Gartenland
農地
Ab = Abort 便所
W.B = Wasch Bank 洗面所

牛乳の注文　（1本4銭）
氷　の注文　（1貫12銭）
牛乳の受領　午前5.45—6.30
　　　　　　午後5.00—5.30
氷　の受領　午前8時

第　二　部

門前の借上地域

門前の地区へ入るには許可証が必要である。

以下の所で許可証を発行する。

I　木材購入用，これは高木大尉の事務室で貰えるが，午前11.30までしか効力がなく，利用後ただちに返却すること。

II　家禽飼養場の占有者用。標識：H

この種の証明発行の申込みは「家禽所有者会理事」H. K. W.ミュラー後備伍長，第8棟（家鴨組）とH.ヘルマン後備上等兵，第2棟（鶏組）の斡旋によってのみ提出できる。

家禽所有者は借上地域に毎日起床から日夕点呼まで立入りを許される。

III　畑の借用者。標識：A.

この種の証明発行の申込みは，クレッツィヒ後備伍長，第5棟を通じてのみ。農地借用者は借上地域に毎日朝の点呼から日夕点呼まで立入りを許される。

IV　スポーツ練習用。標識：S.

この種の証明発行の申込みは，スポーツ委員会委員長，トレンデルブルク中尉殿を通じてのみ。スポーツをする者は借上地域に水曜と土曜を除き毎日午前6.30—10.30までと午後2.30—5.30まで立入りを許される。

V　音楽練習用。標識：M.

申込みは，軍楽長ハンゼンおよびラッパ手伍長シュルツを通じてのみ。許可時間：Ⅳの通り，ただし水曜，土曜を含む。

IIからVまでの証明持参者は，指定の時間の間，白旗の標識のある区域内の全借上地域に立入ることができる。この境界を越えるときは，許可証の没収と拘留の罰を受ける。

許可証は，収容所を出るときと入るときに，歩哨がその表と裏を読みうるように提示しなければならない。

借上地域周覧

門のすぐ前の，板東に通ずる道路の左右にまず見えるのが養鶏場で，ついで酒保に品物を納入する日本人の家がある。近ごろでは，これらの家で物を買うのは禁止されている。この例外は木材商である（左の最初の家）。その向かいには「小松ジャム製造所」がある。所長はW.イェーガーで，第５棟のシュタールが生産品を売っている。この機会に言及しなければならないことは，その背景に見える酪農場と畜舎である。これはある日本人のものであるが，クラウスニッツァー上等兵が指導している（牛乳の注文については第一部の63項を参照）。特別許可なしにこの施設を訪問することは許されない。借上地域の境界外にあるからである。

畑へ行くには，門まで戻り，左へ行かねばならない（畑の借上げの申込みは後備伍長クレッツィヒ，５棟まで）。畑を突っきると，テニス小屋にある「板東テニス協会」のコートに着く。その南にドイツ式ハンドボール場と，その隣りにホッケー場があり，後者は球打ち競技にも利用される。ホッケー場の向こう側にはサッカー場，その北には，テニス小屋がある「新板東テニス協会」のコートがある。借上地域の西部にはまた畑があり，さらに音楽練習のための小屋が二つ見られる。

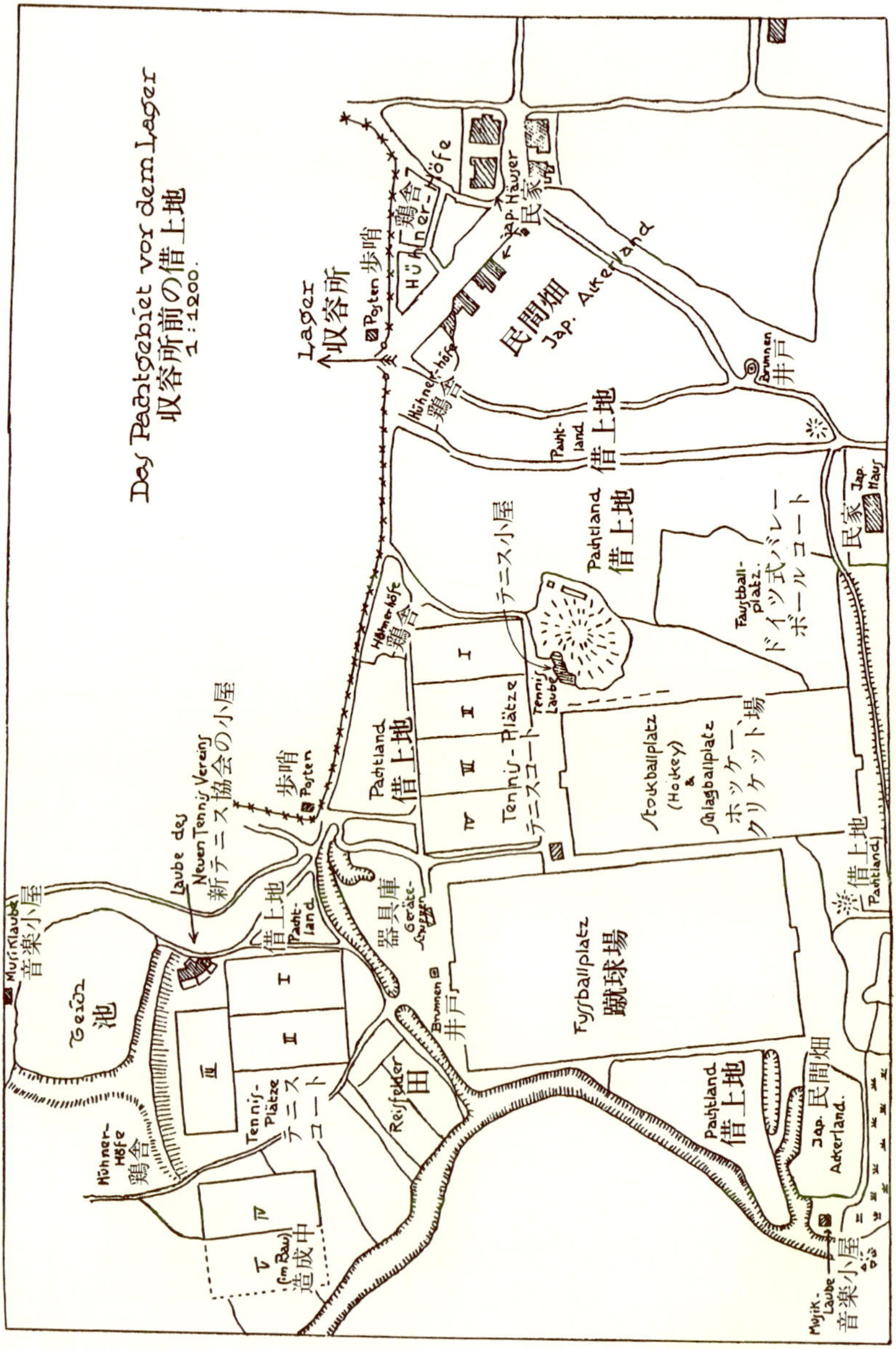
Das Pachtgebiet vor dem Lager
収容所前の借上地
1:1200.
Lager
収容所
Posten 歩哨
Hühner-Höfe
鶏舎
Jap. Häuser
民家
民間畑
Jap. Ackerland
Brunnen
井戸
Pachtland
借上地
テニス小屋
Tennis Laube
Tennis-Plätze
テニスコート
Faustballplatz
ドイツ式バレーボールコート
Jap. Haus
民家
Stockballplatz (Hockey) & Schlagballplatz
ホッケー、クリケット場
Fussballplatz
蹴球場
Geräteschuppen
器具庫
Laube des Neuen Tennis Vereins
新テニス協会の小屋
Musiklaube
音楽小屋
Teich
池
Reisfelder
田
(im Bau)
造成中
Jap. Ackerland
民間畑
Musik-Laube
音楽小屋

第　三　部

そ　の　他

1　収容所の部隊編成

収容所先任者：クレーマン少佐殿

副官：マルティーン中尉殿

(一身上の問題および恤兵)

主計長：シャイダー海軍主計官殿

(給養および会計業務)

中　隊

沿岸砲兵

中隊長：デュムラー海軍大尉殿

第2中隊

中隊長：シュルツ海軍中尉殿

第5中隊および工兵中隊

中隊長：トレンデルブルク中尉殿

第6中隊

中隊長：ブッターザック大尉殿

第7中隊

中隊長：マウラー大尉殿

前大林寺収容所部隊

中隊長：マイヤー予備中尉殿

2　公共組織

収容所会計　公益目的に必要な資金（健康保険，料理助成金，収容所使役など）をまかなうために1917年7月から収容所会計ができている。資金は全収容所の月例集金によって，つまり自発的な直接税を，各人が自己査定して持ち寄る。集金日は，T. T. B.と

掲示によってあらかじめ公示される。寄せられた醵金（初年度は2008.07円＝月平均167.34円）の管理は，従前の部隊代表者からなる委員会：イェンゼン後備曹長（6中隊），オルトハーバー兵曹（大林寺），コッホ後備伍長（7中隊），ブルンディヒ上等兵（工兵中隊），ドルン上等兵（2中隊），マイゼン上等兵（5中隊），シムメル後備兵（沿岸砲兵），によって行なわれる。決算は毎月各棟内の掲示によって行なわれる。

板東健康保険組合　健康保険の目的は，収容所の資金のないすべての病者に援助と便宜を供与し，特に適切な医療費，食品および薬品という形で，薬品については陸軍病院または医務室で入手できないものの場合に供与することにある。健康保険は純然たる福祉事業である。必要な資金はもっぱら収容所構成員の自発的な醵金によってまかなわれる。資金のない病気の戦友たちのことに配慮するのは当然の義務と一般の是認するところだから。集金は毎月初めに収容所集金センター（収容所会計）によって行なわれる。健康保険はその他にドイツ義援金IIから毎月かなりな額の援助を受けている。

健康保険は二つの収容所薬局を運営し，治療術と薬学を修めた戦友，クラウス軍曹（7棟）とハイル水兵（6棟）が主宰している。

収容所薬局の利用に供されている薬品，栄養剤，包帯は主として上海助成金の恤兵品である。収容所薬局はすべての収容所構成員に無償で開放されているが，恤兵品を利用したくない資力のある戦友は，比較的多量の引き取りに際してその対価を健康保険に負託していただきたい。

健康保険は所内で活動中のドイツ人理髪店のために消毒装置を購入していて，その定期的利用の監督を行なっている。

健康保険の関与が望ましい，もしくは必要と思われる場合には，下記の世話人の一人に通知すること：

沿岸砲兵：ケラー水兵長，2棟，1室

2中隊：デーゼブロック後備伍長，4棟，6室
5中隊：クラウス軍曹，7棟，6室
6中隊：シュタインフェルト水兵，4棟，8室
工兵中隊：ノイマイヤー後備伍長，8棟，8室
前大林寺収容所：ブルーメ機関兵，5棟，1室
7中隊：ヒンツ上等兵，4棟，6室

援助金庫「公会堂」（6中隊）　この事業は6中隊の隊員という小グループによって松山で設立されたが，やがて会費と寄付金，さらに最後には板東ではボーリング場の純益で，かなりの金額をまかなうことができた。この金は松山で貧しい戦友の援助に使われたが，また800円以上の金額をシベリアへ送ることもできた。板東ではこの資金が6中隊の病者の看護と健康保険の援助（1917年4月—1918年7月：390円）および公共の利益（劇場など）のために使われる。運営は下記の人からなる委員会の手によって行なわれる。

イェンゼル曹長
カイスナー水兵
クナーク水兵
シュタインフェルト水兵
ヴェーバー伍長

板東収容所義勇消防団　1918年2月23日以降，義消団が収容所の防火に責任をもっている。
器　具　手動ポンプ2台が付属品とともに衛兵所に格納されている。消火器と梯子は収容所内に配置されている。
人　員　収容所消防長，ズーゼミール後備伍長
第1小隊：長 J.ボムスドルフと14名
第2小隊：長 J.ヴァーグナーと14名
第3小隊：長 H.ヘルマンと8名
これに機械工1名
火災の報知は：

1．　収容所消防長，５棟へ
2．　衛兵所にある看板を示しながら衛兵に

所内通貨　収容所における小銭不足を解消するために，グリレ後備上等兵が一種の一円札2000枚を流通させた。保証として事務室に2000円が供託されている。

この紙幣の原型はアードラー後備上等兵が作った。

3　スポーツ

スポーツ委員会

委員長：トレンデルブルク中尉殿

沿岸砲兵　レンケル上等兵曹
２中隊　ヴァイヒホルト伍長
５中隊および工兵　ヤンセン軍曹
６中隊　アルプスIIおよびフレーゼ予備伍長
４中隊と７中隊　ヤンセン予備伍長
大林寺　ヘンチェル副曹長

スポーツ委員会は公共のスポーツ関係のことすべてを管理する。

板東テニス協会

理事長：シュテッヒェル大尉殿
コート係：ジームセン予備副曹長
競技係：ダーム予備見習士官
記録係：アルプスI予備伍長
会計係：ダーレ水兵

会員数：45

新会員は現会員脱会の場合のみ加入できる。

入会金：10円
月会費：１円

新板東テニス協会

会員数：52名および名誉会員１名
役　員：シャイダー海軍主計官殿，理事長

シュレーゲル予備伍長，会計係

フィセリング水兵，記録係および競技係

ベーフィング予備伍長，コート係

ヴァインホルツ予備上等兵，テニス小屋管理人

新会員は，これまでの会員が脱会した場合のみ加入できる。

板東ホッケー協会

目　的：ホッケー競技の育成

役　員：

理事長：クラインシュミット予備少尉殿

庶務係：H.ティース後備上等兵

コート係：アルプスII予備伍長

器具係：ダーム予備見習士官

会計係：ヴィーザー水兵

ティーム：ブラント，レンジング，ダーレ，ヴィオレット，カイスナー，デーゼブロック

会員は88名を限度としているが，久留米から来る人で加入したい人は受け入れる。

入会金：４円，会費月額：35銭

松山スポーツ協会

役　員：

フレーゼ予備伍長

フォイエルバハ水兵

クリーガー上等兵

ファビアネク水兵

会員数：100

入会金：50銭，月会費：15銭

申込みはフレーゼ予備伍長が受け付ける。

丸亀蹴球クラブ

役　員：

クラーゼン予備伍長

クレッツィヒ後備伍長

H. K. W. ミュラー後備伍長

コッホ上等兵

シュタインライン水兵

ハック水兵

会員数：70

入会金：30銭，月会費：15銭

申込みはクラーゼン予備伍長が受ける。

M. A. スポーツ協会

役　員：

デュムラー海軍大尉殿

キュッパー予備消防副長

プリンツ砲術兵曹長

レンケル砲術兵曹長

ヤーン砲術兵曹

会員数：150，月会費15銭

申込みはレンケル砲術兵曹長，8棟が受け付ける。

「収容所体操協会板東」の会員数は114名で，さらに陸上競技部が協会に付属している。

体操協会は，トレーナーのヤンセンの指導で水曜と土曜の夕6.30—7.30まで練習する。さらに日曜の午前7—8時に実地指導者のための練習と8時以降の自由練習を行なう。陸上競技は，フェルヒネロフスキーの指導で水曜と金曜の朝7—9時に練習する。

スポーツ協会　青年の力

目　的：レスリングおよびボクシングの育成

理事長：フェルヒネロフスキー上等兵

会員数：40

入会金：20銭，月会費10銭

ドイツ式ハンドボール協会「壮年」

会員数：30

コーチ：ヘンチェル軍曹
庶務係：マース兵曹
器具係：シャルフ水兵

クリケット協会「壮年」

会員：30　主将：メンケ海軍書記，８棟

水　浴

Ⅰ　所内　所内の浴室は夏は毎日起床以降開いている。冬は温浴が内務班毎に調整される。

Ⅱ　乙瀬川での水浴

指揮：カーリウス築城曹長

夏季には毎日土曜を除き午前7.30と午後3.30に乙瀬川（収容所から約20分）で水浴が許可される。

添付の水浴場略図参照。

組分け：

Ⅰ組：（将校棟８棟と１棟の兵曹長および曹長）

Ⅱ組：２棟と３棟

Ⅲ組：４棟と５棟

Ⅳ組：６棟と７棟

Bade Platz　水泳場

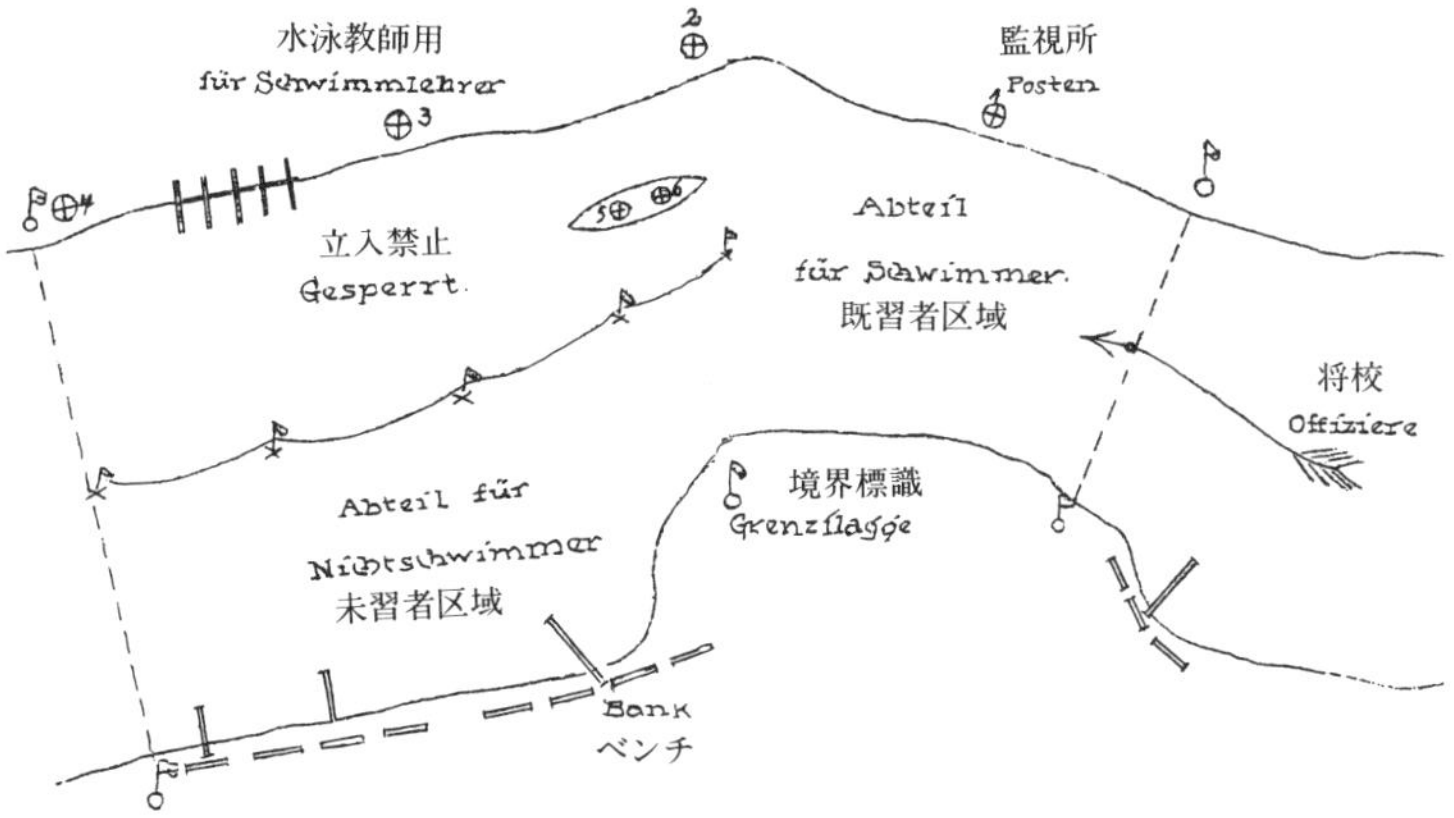

各組の順番は1棟掲示板の掲示によって公示される。

無料水泳教室

水泳教官：ウルブリヒ兵曹長，グレゴルチュク伍長，ブラーシケ伍長，シュミット上等兵（工兵中隊），クリーガー上等兵（工兵中隊）

4　音　楽

徳島オーケストラ

指揮者：軍楽兵曹長　ハンゼン

8　第1ヴァイオリン
7　第2ヴァイオリン
5　ヴィオラ
6　チェロ
3　コントラバス
2　フルート
2　オーボエ
2　クラリネット
2　オルガン（ファゴットの代用）
2　ホルン
2　トランペット
1　トロンボーン
2　打楽器

総　員：45名

沿岸砲兵吹奏楽団

指揮者：軍楽兵曹長　ハンゼン

2　フルート
1　オーボエ
4　クラリネット
2　サキソホン
2　トランペット

2　ホルン
2　バリトン
1　バリトンラッパ
3　トロンボーン
1　チューバ
2　打楽器
総　員：22名

エンゲル・オーケストラ
指揮者：パウル・エンゲル
9　第1ヴァイオリン
8　第2ヴァイオリン
4　ヴィオラ
6　チェロ
2　コントラバス
3　フルート
2　オーボエ
2　クラリネット
2　ホルン
2　トランペット
3　トロンボーン
2　打楽器
総　員：45名

――

シュルツ・オーケストラ（吹奏楽）
指揮者：ラッパ手　シュルツ

――

合唱団
収容所合唱団　指揮：ヤンセン予備伍長
パート責任者：
Ⅰ　テノール：ケーニヒⅠ

II　　〃　：イェンゼン後備軍曹
I　バス：シュテフェンス予備軍曹
II　　〃　：ピューグナー後備伍長
総　員：60名
月会費：10銭

モルトレヒト合唱団

指揮者：モルトレヒト軍曹
総　員：60名
月会費：５銭

5　演　劇

指導：ゾルゲル予備少尉

上演，公演計画はすべて少尉に申し入れること。

劇場委員会：シュリヒティガー海軍機関係，リースマン上等兵，ケーニヒI水兵，シュタインフェルト水兵，フェルヒネロフスキー上等兵，アーベライン水兵。

この委員会は劇場の入場券を販売し，収容所居住者の希望と提案を劇場指導部およびそれぞれの劇団に取次ぐ。

これまでの公演

1917年５月　『名誉』ズーダーマン
６月　『演芸会』
７月　『群盗』シラー（野外公演）
８月　『演芸会およびレスリング大会』
〃　『良心の苛責』アンツェングルーバー
10月　『新聞記者』フライターク
11月　『ミンナ・フォン・バルンヘルム』レッシング
12月　『シェラー寮』ラウフス
〃　『ハンス・ザックスの夕べ』
〃　『ゲッツ・フォン・ベルリヒンゲン名場面』ゲーテ
1918年１月　『シャーロック・ホームズ』ボン

2月　『無慈悲な女』ヴィルデンブルフ
〃　『ペーター・スクヴェンツ』グリフィウス
3月　『演芸会』
4月　『こわれ甕』クライスト
〃　『人形劇』
5月　『ヴァレンシュタインの陣営』シラー
〃　『人生は夢』カルデロン
6月　『じゃじゃ馬ならし』シェークスピア

6　講　演

これまでの講演：
『中国の夕べ』(講演シリーズ)
『株式会社における金融方法』(講演シリーズ)
『カンネの戦い』
『戦況』
『Uボート戦とその効果』
『スカーゲラク海戦』
『要塞築城の歴史的発展』
『旅順港と青島』
『日本側の見解による青島戦』
『「ミンナ・フォン・バルンヘルム」についての講演』
『「鐘」についての講演』
『ドイツの歴史と芸術』(講演シリーズ)
『郷土研究』(講演シリーズ)
『大戦前史と1914年当初の軍事情勢』
『両軍の進撃と西部戦線での緒戦』
『モンス―ディナン―ロンヴィ線とワーズ川マース河戦線の戦い』
『マルヌ河の戦い』
『アントワープ包囲攻撃』

『ベルギー』
『エルザス・ロートリンゲン』
『東ヨーロッパの歴史』
『東部戦線の軍事情勢と進撃』
『ドイツ近代史』（講演シリーズ）
『東部戦線における緒戦，殲滅戦』
『東プロイセンの解放』
『ガリシアにおける初期の戦闘』
『戦前の東ヨーロッパの文化相』
写真展：『青島―松山』
『ブレスト・リトフスク講和による東ヨーロッパの新しい姿』
『リトアニア』
『ベートーベンの第九交響楽』についての講演
『ドイツ・ハンザ』
『ドイツ騎士団』
『シベリヤにおけるロシアの拡張』
『シベリヤ』
『土地改革』
『屯田兵』

連合国人

最初この収容所には18名の連合国人（イタリア人，ポーランド人，ルクセンブルク人など）がいた。そのうち13名は前線へ送られたそうだ。板東村にはあとの5名がいる。残念ながら，近頃この収容所で挨拶する機会はまれになってしまっている。

未発表邦訳資料

冨田弘先生が亡くなった後，いくつかの翻訳された資料が残った。松山と板東の俘虜収容所で発行された俘虜新聞と，板東で発行された単行本である。これらの翻訳資料をここに紹介し，今後の研究の用に供することにしたい。俘虜新聞については，ルーズリーフのノートに書かれたものは除き，冨田先生によって特定のテーマについて編集されたもののみを挙げる。単行本については，ドイツ語の原題と冨田先生による邦題を掲げるが，原本にある「板東収容所印刷所印刷・製本」(„Gedruckt und gebunden in der Lagerdruckerei Bando“) 等の表示は，原本・邦訳いずれにおいても省略した。〔 〕内は編者の注である。なお，これらの資料はすべて，ワープロ原稿を簡易製本した形で残されており，特に単行本については，表紙の体裁から本文のイラストまで，原本を再現したものになっている。

I 単行本

(1)原題：Fremdenführer durch das Kriegsgefangenenlager Bando, Japan. Herausgegeben von der Lagerdruckerei Bando gelegentlich der Ankunft der von Kurume nach Bando verlegten Kamaraden, 1918.

邦題：板東俘虜収容所案内　日本。久留米から板東へ転属者を迎えるに当たり板東収容所印刷所編集

〔訳者による解説付き（以下，解説付きあるいは注付きという場合は，訳者冨田先生のという意味である)〕

(2)原題：Plaudereien aus dem Kriegsgefangenenlager Bando in Japan. Von Paul König mit Bildern von G. M., 1919.

邦題：漫筆。日本　板東俘虜収容所生活から。パウル・ケーニヒ著。挿絵G. M.〔グスターフ・メラー〕

〔巻末に『バラッケ』第III巻10号，1918年12月 8 日，p. 197—206の記事の翻訳（スペイン風邪について)；第 I 巻19号，1918年 2 月 3 日，p. 1-10の翻訳（板東健康保険組合について)；第 II 巻21号，

1918年８月18日，p. 549-557の翻訳（収容所基金について）〕

⑶原題：Das Engel-Orchester. Seine Entstehung und Entwicklung 1914-1919, 1919.

邦題：エンゲル・オーケストラ　その生成と発展　1914-1919。

⑷原題：Dreiundzwanzig Jahre Seemannsleben. Erinnerungen von Fritz Braun. 1919.

邦題：船員生活二十三年。フリッツ・ブラウンの回想。

⑸原題：Theater K. 6. Kriegsgefangenenlager Bando Japan. Ende der Kriegsgefangenschaft 1919.

邦題：第六中隊の演劇。俘虜収容所板東　日本。戦時俘虜生活の終結 1919

⑹原題：Schlagschatten aus der Vergangenheit der K. 6 oder Gedankenblitze eines unheilbar Stacheldrahtkranken, von Karl Bähr, vorgetragen am Abschiedsabend der K. 6. Ⅲ. SB am 22. Dezember 1919, 1920.

邦題：第六中隊の過ぎ去りし日々の影絵　もしくは　不治の鉄条網病患者の頭の閃き。カール・ベール作。第Ⅲ海兵大隊第六中隊の遠別離会において公演。1919年12月22日

〔芝居の脚本。注付き〕

II　俘虜新聞の記事より

⑴板東俘虜収容所における俘虜の音楽活動

——収容所新聞『バラッケ』の記事及び音楽会プログラム——

編集，翻訳，解説　冨田弘

⑵母への手紙。ヘルマン・ハーケ

〔ドイツ館所蔵の書簡を集めて翻訳したもの〕

⑶松山

〔松山俘虜収容所新聞『陣営の火』1916年１巻32，34，36，38，39号に連載された記事『松山』の翻訳。注付き〕

⑷板東俘虜収容所日誌

〔『バラッケ』に基づく，1917年４月から1919年10月までの行事記録。注付き〕

⑸徳島，板東関係『バラッケ』記事

〔注付き〕

(6)日本関係『バラッケ』記事
〔注付き〕

〔備考〕 生前に翻訳出版されたもの

(1)原題：Drei Märchen. Von E. Behr, 1917.
邦題：三つの童話　E. ベール。発行所　徳島出版　1984年
〔装丁，頁割，挿絵をオリジナルに忠実に再現したもの。訳者の別冊解説書付き。鳴門市ドイツ館でのみ頒布している〕